부자들의 음모

—

개정판

Conspiracy of the Rich by Robert T. Kiyosaki
Copyright © 2009 by Robert T. Kiyosaki.
Korean translation copyright © 2010 by Next Wave Publishing Co.

이 책의 한국어판 저작권은 대니홍 에이전시를 통한
저작권자와의 독점 계약으로 (주)흐름출판에 있습니다.
신저작권법에 의해 한국 내에서 보호를 받는 저작물이므로 무단 전재와 무단 복제를 금합니다.

부자들의 음모(개정판)

초판 1쇄 발행 2010년 9월 3일
개정 1쇄 발행 2025년 7월 4일

지은이 로버트 기요사키
옮긴이 윤영삼
펴낸이 유정연

이사 김귀분
기획편집 신성식 조현주 유리슬아 서옥수 황서연 정유진 **디자인** 안수진 기경란
마케팅 반지영 박중혁 하유정 **제작** 임정호 **경영지원** 박소영

펴낸곳 흐름출판(주) **출판등록** 제313-2003-199호(2003년 5월 28일)
주소 서울시 마포구 월드컵북로5길 48-9(서교동)
전화 (02)325-4944 **팩스** (02)325-4945 **이메일** book@hbooks.co.kr
홈페이지 http://www.hbooks.co.kr **블로그** blog.naver.com/nextwave7
출력·인쇄·제본 (주)상지사 **용지** 월드페이퍼(주) **후가공** (주)이지앤비(특허 제10-1081185호)

ISBN 978-89-6596-728-6 03320

- 이 책은 저작권법에 따라 보호를 받는 저작물이므로 무단 전재와 복제를 금지하며,
  이 책 내용의 전부 또는 일부를 사용하려면 반드시 저작권자와 흐름출판의 서면 동의를 받아야 합니다.
- 흐름출판은 독자 여러분의 투고를 기다리고 있습니다. 원고가 있으신 분은 book@hbooks.co.kr로
  간단한 개요와 취지, 연락처 등을 보내주세요. 머뭇거리지 말고 문을 두드리세요.
- 파손된 책은 구입하신 서점에서 교환해드리며 책값은 뒤표지에 있습니다.

Rich Dad's Conspiracy of the RICH

부자들의 음모
부자 아빠의 8가지 돈의 규칙

로버트 기요사키 지음
윤영삼 옮김

한국어 개정판

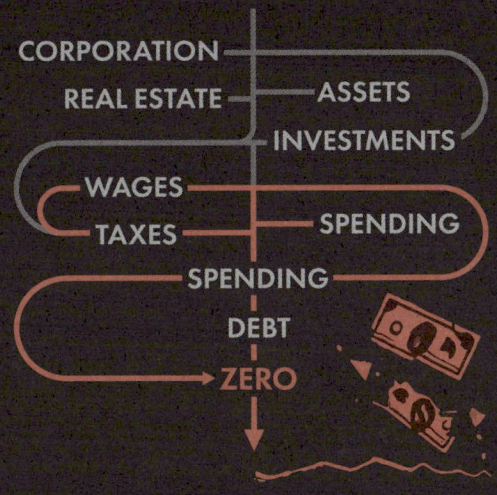

흐름출판

일러두기

• 본문 중 '달러'는 내용의 이해를 돕기 위해 간혹 '원'으로 환산해 쓰고 있습니다.

개정판 서문

전 세계를 여행하며 나는 다양한 인종, 직업, 나이를 가진 이들을 만나왔습니다. 외모와 생각, 처한 환경이 제각각 달라도, 그들이 나에게 던지는 질문은 결국 하나로 귀결됩니다.

"무엇에, 그리고 어떻게 투자해야 하나요?"

이 질문에 답하기란 쉽지 않습니다. 저마다 처한 상황이나 살아가는 나라의 현실이 다르기 때문이죠. 그러나 나는 '부자 아빠' 철학을 바탕으로 항상 같은 답을 합니다. 서울이든 시드니든 로스앤젤레스든 런던이든 당신이 그 어느 곳에 살더라도 이것만은 꼭 기억하십시오.

"무엇에, 어떻게 투자할지 결정하기 전에, 먼저 자기 자신에게 투자하십시오."

이 철학은 누구에게나 적용할 수 있습니다. 당신도 바로 오늘부터 이 철학을 실천할 수 있습니다. 돈은 전혀 들지 않습니다. 필요한 것은 배움에 대한 의지와 꾸준한 자기 관리, 내면에서 우러나오는 정신력과 의지뿐입니다. 그리고 이 모든 것은 이미 당신 안에 있습니다.

『부자 아빠』 시리즈를 읽어보셨다면 아시겠지만 당신 자신이 가장 큰 자산입니다. 우리는 '나'라는 자산을 제대로 활용하기 위해 마음을 훈련해야 합니다. 마음을 단련하면 보이지 않던 기회를 포착할 수 있습니다. 인플레이션과 경기 침체, 변동성 큰 시장 상황 속에서도 스스로의 길을 개척할 수 있습니다.

다시 한번 강조합니다. 나 자신에게 투자하십시오. 그리고 투자의 시작은 돈에 대해 배우는 것입니다. 돈을 벌고 자산을 늘리기 전에 금융 공부를 해야 합니다. 돈을 버는 것보다 지키고 키우는 일이 더 어렵기 때문에 금융 교육은 반드시 필요합니다. 특히 젊은 세대는 급여 인상보다 자산 증식에 집중해야 합니다. 돈을 위해 일하는 것이 아니라, 돈이 당신을 위해 일하도록 만드는 법을 배워야 합니다. 이것이 진정한 경제적 자유로 가는 길입니다.

세상은 빠르게 변하고 있고 기회는 도처에 있습니다. 지금까지의 삶은 잊으십시오. 지금 이 순간부터 당신은, 미래를 바꿀 수 있습니다. 돈과 투자, 세계 경제의 흐름에 대해 배우겠다는 결심만 하면 됩니다. 진정한 자유는 선택권을 갖는 것입니다. 무엇을 할지, 하지 않을지, 어떤 길을 택할지 스스로 결정할 수 있을 때 비로소 진정한 자유를 누릴 수 있습니다. 지금처럼 성장이 멈춘 시대일수록 더욱 적극적으로 부를 창출할 기회를 찾아야 합니다. 글로벌 경제 상황에 당신의 미래를 맡기지 말고, 혁신적이고 창의적인 방법으로 스스로 부를 일구어 나가십시오. 이때 가장 중요한 무기가 바로 금융 교육입니다.

이 책의 제목은 『부자들의 음모』입니다. 세상에는 다양한 음모론이 존재하지만 중요한 것은 음모 뒤에 숨은 진짜 목적을 통찰하고 사실에 기반하여 판단하는 것입니다. 정치나 경제, 교육 분야에서 보이지 않는 세력들이 우리를 방해하거나 조종하려 한다고 느껴질 때가 있습니다. 이 책의 본문에도 밝혀두었지만 학교에서 돈에 대해 가르치지 않은 것은 미국 산업시대의 기업가들이 자신들의 이익을 위해 고의적으로 꾸민 음모라고 나는 생각합니다. 그들은 창의적인 사업가가 아니라 공장을 돌릴 직원을 필요로 했기 때문에 자신들이 부를 쌓은 규칙과 다른 방식으로 교육제도를 설계했습니다.

분명히 말씀드립니다. 지금까지 여러분이 배운 '상식'은 부자가 되는 길을 알려주지 않습니다. 학교는 절대 돈의 진실을 가르쳐주지 않았고, 그 결과 대부분의 사람들은 평생 일만 하다 가난하게 늙어갑니다. 반면, 부자들은 위기를 기회로 삼고 시스템을 이용해 부를 키워왔습니다. 부자 아빠와 가난한 아빠의 차이는 단 하나, 게임의 룰을 아느냐, 모르냐 입니다. 이 책을 통해 그 룰을 있는 그대로 알려드릴 것입니다.

더 이상 속지 마십시오. 이제는 이용당하는 쪽이 아니라, 판을 읽고 움직이는 쪽이 되어야 합니다. 부자가 되려면, 부자처럼 생각하고 행동해야 합니다. 그것이 바로 지금, 당신이 이 책에서 반드시 가져가셔야 할 핵심입니다. 진정 중요한 것은 이러한 부자들의 음모를 알고 난 뒤, 여러분이 어떤 선택을 하느냐에 달려 있습니다. 현실에 안주하지 마십시오. 미래는 오로지 여러분의 선택에 달려 있습니다.

부자들의 사탕발림에
더 이상 속지 마라

1971년 리처드 닉슨 미국 대통령은 의회의 동의도 없이 달러에 대한 금태환제도를 없앰으로써 돈의 규칙을 바꿨다. 미국뿐만 아니라 전 세계에 충격을 몰고 온 이 조치는 2007년 시작된 금융 위기를 이끈 주요한 원인 중 하나다. 이 조치를 통해서 미국은 무제한으로 돈을 찍어내고 마음 내키는 대로 빚을 질 수 있게 되었다.

오늘날 경제위기는 단순한 사고일까? 시간이 지나가면 진정되는 한순간의 해프닝일까? 그렇게 이야기하는 사람도 있겠지만 나는 그렇지 않다고 생각한다.

우리 지도자들은 지금의 경제위기를 해결할 수 있을까? 많은 사람들이 그러기를 바라지만, 나는 불가능하다고 생각한다. 경제를 혼란에 빠뜨린 사람과 조직이 그대로 권력을 차지하고 있다면, 또 기존에 만들어내던 수익을 여전히 거둬들이고 있다면 과연 그들은 혼란을 제대로 수습하고자 하겠는가? 결국 사람들의 바람과는 달리 지금의 혼란은 계속 커질 것이다. 1980년대 미국 정부가 사용한 긴급구제금융은 수백만 달러에 불과했지만, 1990년대에는 수십억 달러로 불어났고 지금은 수조 달러로 치솟았다.

나는 '혼란'을 '변화가 일어나기 위해 지르는 비명'이라고 정의한다. 하지만 우리 지도자들은 변화가 일어나는 것을 결코 원하지 않는다. 결국 당신과 내가 변해야만 한다는 뜻이다.

이 책은 보이지 않는 음모에 대해 이야기하지만, 누군가를 비난하거나 마녀사냥을 하려는 것도 아니고, 모든 것을 체념을 조장하려는 것도 아니다. 사실 우리가 사는 세상은 음모로 가득 차 있다. 악의적인 음모도 있지만 그렇지 않은 음모도 있다. 전반전이 끝나고 라커룸에 모여 앉아 작전을 짜는 것도, 기술적으로 말하자면 상대팀에 대한 일종의 음모를 세우는 것이다. 사람들이 자신의 이익을 우선시하는 것도 음모라고 할 수 있다.

이 책의 제목을 '부자들의 음모'라고 이름 붙인 이유는 부자들이 은행, 정부, 금융시장을 통해 세계경제를 어떻게 지배하는지 이야기하기 때문이다. 누구나 알겠지만 이러한 비밀스러운 지배는 수세기 동안 진행되어왔으며, 지구상에 인간이 걸어 다니는 한 계속될 것이다.

이 책은 두 부분으로 나뉘어 있다. 1부는 음모의 역사에 대한 것이다. 거대 갑부들이 돈 공급량을 조절하여 세계경제와 정치 시스템을 어떻게 통제하고 있는지 설명한다. 현대 금융의 역사는 미국의 연방준비제와 재무부의 관계 변화를 중심으로 펼쳐진다. 세부적으로는 거대 은행들이 절대 무너지지 않는 이유, 학교에서 금융 교육을 실시하지 않는 이유, 오늘날 저축이 가장 미련한 짓이 된 이유, 돈이 진화해온 과정에 대해 이야기할 것이다. 또한 1974년 미국 의회가 퇴직연금제도를 바꿔 아무런 금융지식도 없던 근로자들의 돈을 주식시장에 퍼붓도록 만든 이유가 무엇인지, 그리고 그러한 방법을 통해 어떻게 부자들은 자기 주머니를 채우는지 설명한다.

간단히 말해서 1부는 역사를 둘러보는 시간이 될 것이다. 역사를 이해함으로써 우리는 더 밝은 미래를 볼 수 있고 준비할 수 있다.

2부에서는 이러한 부자들의 음모 속에서 우리 돈을 지키는 방법에 대해 이야기한다. 부자들이 만든 부자들만의 게임에서 더 이상 이용당하지 않기 위해, 그들의 음모를 물리치기 위해 작전을 짜는 것이다.

부자들은 끊임없이 우리에게 "버는 한도 안에서 아껴서 살라"고 말하지만 이것은 자신들의 주머니를 더 많이 채우기 위한 속임수일 뿐이다. 부자들이 따르는 규칙은 전혀 다르며, 따라서 더 큰 부자가 된다. 그러면서 사람들에게는 전혀 다른 말을 퍼뜨린다. 더 열심히 일하고, 더 많이 저축하고, 빚을 얻어서라도 집부터 장만하고, 융자금을 빨리 갚고, 주식·채권·펀드 등에 골고루 분산해서 장기적으로 투자하라고 부추긴다.

귀가 닳도록 들어온 이러한 재테크의 격언들은 사람들을 재정적인 수렁 속에서 평생 힘겹게 살아가도록 부추기는 음모일 뿐이다. 소위 금융 전문가들의 조언을 따르다 지금 수백만 사람들이 재정적인 고통 속에서 허우적거리고 있는 것이다. 집을 사기 위해, 노후자금을 모으기 위해 힘들게 번 돈을 아끼고 저축하다 한순간에 모두 날려버리고 만다.

사람들을 가난에서 벗어날 수 없도록 만드는 가장 큰 요인은 다음 네 가지다.

- 세금
- 부채
- 인플레이션
- 퇴직연금

궁극적으로 이 책은 이 네 가지 요소에 대한 이야기다. 이것이 바로 부자들이 우리 돈을 빼앗아가는 통로다. 부자들은 전혀 다른 규칙에 따라 움직이기 때문에 이 네 가지 통로를 이용해 주머니를 더욱 두둑하게 불린다. 바로 이 통로를 활용해 당신의 주머니에 있는 돈을 꺼내 자신들의 주머니로 옮긴다.

따라서 경제적인 수렁에서 끊임없이 허덕이는 삶에서 벗어나고 싶다면 먼저 당신의 금융 규칙부터 바꿔야 한다. 즉 금융 교육을 통해 금융 IQ를 높여야만 한다. 사람들이 금융지식에 무지할 때 부자들은 제대로 된 금융지식을 이용해 부당한 혜택을 누리게 된다. 나 역시 돈이 무엇인지, 돈이 어떻게 작동하는지 가르쳐준 부자 아빠가 있었기에 수많은 혜택을 누릴 수 있었다. 부자 아빠는 세금, 부채, 인플레이션, 퇴직연금에 대해 가르쳐주었으며 그러한 것들을 어떻게 역이용할 수 있는지 알려주었다. 부자들만이 아는 게임의 법칙을 어린 나이에 배운 것이다.

그토록 많은 사람들이 경제적 곤란을 겪고 있는 지금 이 순간에도 부자들은 더 많은 돈을 벌어들이고 있다. 이 책을 덮을 때 당신은 그 이유를 알게 될 것이다. 하지만 무엇보다도 자신의 경제적 안정을 보호하고 미래를 대비하기 위해서 무엇을 해야 하는지, 무엇을 할 수 있는지 깨닫게 될 것이다. 금융지식을 높임이고 돈에 대한 생각을 바꿈으로써, 세금·부채·인플레이션·퇴직연금의 희생양이 되지 않고 오히려 그것들을 활용하여 수익을 얻는 법을 터득하게 될 것이다.

사람들은 세상의 정치적·경제적 시스템이 빨리 바뀔 날만을 기다린다. 하지만 시간 낭비일 뿐이다. 지도자와 시스템이 바뀌기를 기다리기보다는 자기 자신이 바뀌는 것이 훨씬 빠르고 쉽다.

자신의 돈과 경제적 미래를 스스로 통제하고 싶은가? 우리가 살아가는 세상을 통제하는 사람들이 숨기고 싶어하는 비밀을 알고 싶은가? 난해하고 복잡한 금융 용어를 쉽게 이해하고 싶은가? 그렇다면 이 책의 주인은 바로 당신이다.

개정판 서문 • 5
나는 왜 이 책을 썼는가 부자들의 사탕발림에 더 이상 속지 마라 • 9

1부
부자들의 계략

돈은 모든 악의 뿌리인가 23 | 새로운 시대, 돈의 규칙이 바뀌다 24 | 세상이 작동하는 방식 27 | 음모는 정말 있는가 29 | 돈의 새로운 규칙을 배워야 할 때 34 | 부자들의 음모에 대비하라 41

1장 미국이 실패한 이유 • 45

미국발 금융위기의 시간표 45 | 경제위기를 맞은 대통령의 대처 51
금융 혼란을 초래한 장본인들은? 53 | 연방준비제도의 실체 55
가난한 아빠가 부자 아빠가 되지 못하는 이유 59
우리는 우리 자신을 어떻게 구할 수 있을까 63

2장 교육에 대한 부자들의 음모 • 69

학교에서 돈에 대해 가르치지 않는 이유 69
지금 학교 교육은 잘못되었다 70
부자들은 교육 시스템을 어떻게 장악했는가 75
일반인들이 금융 노예로 전락한 과정 78 | 돈에 관한 거대한 거짓말 82
우리에게 지금 필요한 것은 금융 교육 87
돈에 관한 8가지 새로운 규칙 1 돈은 지식이다 90

3장 은행은 절대 망하지 않는다 • 93

달러가 죽던 날 93 | 돈의 변화를 목격하다 95
마침내 돈의 규칙을 읽다 98
돈의 노예가 되어가는 사람들 101 | 돈은 자산이 아니라 빚 105
돈에 관한 8가지 새로운 규칙 2 빚을 이용하는 법을 배워라 107
은행은 절대 망하지 않는다 110
돈에 관한 8가지 새로운 규칙 3 현금흐름을 통제하는 법을 배워라 112
그 많던 돈은 다 어디로 갔을까 112 | 스스로 돈을 찍어내라 114

4장 우리 부를 빼앗기 위한 음모 • 117

공황을 맞이할 준비는 되었는가 117 | 가난한 아빠와 부자 아빠의 공황 119

부자만을 위하는 사회주의 120 | 공황은 절대 끝나지 않았다 123

공황의 두 가지 유형 128 | 어떤 공황이 다가오고 있는가 130

다가오는 공황에 대비하라 134

돈에 관한 8가지 새로운 규칙 4
힘든 시기를 대비하라. 그러면 좋은 시절만 누릴 것이다 138

5장 금융 교육을 가로막는 보이지 않는 손 • 140

마술쇼는 계속된다 140 | 돈의 진화 142

보이지 않는 은행 강도 150 | 은행에도 계급이 있다 155

AIG 파산은 시작일 뿐 157 | 우리가 원하는 변화는 가능한가 158

돈에 관한 8가지 새로운 규칙 5 **지금 필요한 건 스피드** 161

이제 행동할 시간 162

2부
부자들의 음모를 해킹하라

역사를 공부해야 미래를 준비할 수 있다 **165** | 평생 갚아야 하는 이자 **168** |
정부가 주도하는 현금 강탈 **169** | 연방준비제도를 폐지해야 할까 **170**

6장 지금 우리는 어디에 있는가 • 172

경제위기는 끝난 걸까 **172** | 1954년에는 어떻게 회생했는가 **173**
중산층이 사라지고 있다 **175** | 1987년 vs 2007년 시장 붕괴 **178**
보이지 않는 세상이 다가온다 **180** | 새로운 경제, 새로운 부의 탄생 **183**
지금은 부자가 될 수 있는 기회 **188**

7장 게임의 법칙을 이해하라 • 194

돈의 게임에서 이기고 싶다면 **194**
실제 우리 삶에서 작용하는 게임의 법칙 **197** | 지식은 새로운 돈이다 **201**
돈에 관한 8가지 새로운 규칙 6 돈의 언어를 배워라 204
10퍼센트 클럽에 들어가기 **205** | 자본이득 vs 현금흐름 **207**
현금흐름에 초점을 맞추다 **210** | 자본이득의 위기 **213**
왜 사람들은 현금흐름에 투자하지 않는가 **216**

8장 자신의 돈을 찍어내라 • 222

보통 사람들과 부자들이 투자하는 게임은 다르다 222
진정한 분산투자란 226 | 가난한 사람의 언어 vs 부자의 언어 229
파생상품은 대량 살상무기 232 | 돈 한 푼 없이 돈을 버는 방법 234
우리는 모두 파생상품을 만들 수 있다 236

9장 성공의 비밀: 팔아라! • 241

금융 동화 1: 버는 한도 내에서 생활하라 241
금융 동화 2: 좋은 학교를 나와 안정적인 직장을 잡아라 247
금융 동화 3: 사회보장제도와 주식시장은 안전하다 251
가장 먼저 '파는 방법'을 배워라 254 | 성공의 비밀은 '판매'에 있다 258

10장 미래를 위해 집을 지어라 • 263

당신의 집은 금융위기에 안전한가 263
경제적인 균형을 잡기 위한 8가지 요소 266
집을 짓기 위해 가장 먼저 해야 할 일 276
집값 폭락 279 | 우리는 태풍의 눈 한가운데 서 있다 284
살인적인 인플레이션에서 살아남으려면 287

돈에 관한 8가지 새로운 규칙 7
삶은 팀 경기다. 자신의 팀을 신중하게 선택하라 289

11장 금융지식을 배워라 • 290

살아가는 데 돈이 더 드는 이유 290
라이프스타일이 다른 부부의 비교 1: 수입 292
라이프스타일이 다른 부부의 비교 2: 지출 296
금융지식을 배워야 하는 결정적 이유 298 | 사업체를 통해 돈 찍어내기 300
부동산으로 돈 찍어내기 302 | 종이자산으로 돈 찍어내기 306
금과 은으로 돈 찍어내기 307

돈에 관한 8가지 새로운 규칙 8
돈의 가치가 떨어질수록 자신의 돈을 찍어내는 법을 배워라 308

우리는 실수를 통해 배운다 309 | 일찍 은퇴하는 꿈을 이루다 312

12장 학교에서 가르쳐주지 않는 부자 아빠의 금융 수업 • 314

1. 돈의 역사 315 | 2. 재정 보고서 이해하기 321
3. 자산과 부채의 차이 322 | 4. 자본이득과 현금흐름의 차이 324
5. 근본 투자와 기술 투자의 차이 327 | 6. 자산의 강점 측정하기 330
7. 좋은 파트너 찾기 332 | 8. 어떤 자산이 나에게 가장 적합한가 335
9. 집중할 때와 분산할 때 338 | 10. 위험을 최소화하는 법 340
11. 세금을 최소화하는 법 342 | 12. 부채와 신용의 차이 345
13. 파생상품 사용법 348 | 14. 부는 어떻게 빠져나가는가 349
15. 실수하는 법 350 | 부자들의 게임에서 당신은 어느 편에 설 것인가 352

에필로그 부자가 되고 싶다면 부자들의 언어를 써라 354
감사의 말 인터넷으로 독자들과 직접 교류하며 쓴 첫 책 358

Robert T. Kiyosaki

1부
부자들의 계략

경제위기는
부자들의 음모에서
시작되었다

Conspiracy of the RICH

돈은 모든 악의 뿌리인가

돈을 사랑하는 것이 정말 악의 뿌리일까? 아니면 돈을 무시하는 것이 진정한 악의 뿌리일까?

당신은 학교에서 돈에 대해 무엇을 배웠는가? 학교에서 돈에 대해서 거의, 아니 하나도 가르치지 않는 것을 궁금하게 여긴 적은 없는가? 학교에서 금융 교육을 하지 않는 것은 단순히 교육 지도자들이 부주의한 탓일까? 아니면 혹시 우리 사회를 지배하는 거대한 음모가 작동한 결과는 아닐까?

이유가 어떠하든 상관없다. 돈이 많건 적건, 교육을 받았건 받지 못했건, 어른이건 아이건, 직장이 있건 없건, 우리는 모두 돈을 쓰며 살아야 한다. 좋든 싫든 현대 사회를 살아가기 위해서는 돈이 필요하다. 돈이 있느냐 없느냐에 따라서 우리 삶은 엄청나게 달라진다. 그렇기 때문에 학교에서 돈을 가르치지 않는 것은 터무니없고 잔인하고 악랄한 것이다.

> **독자 코멘트**
>
> 우리는 모두 깨어나 행동을 해야 한다. 우리 교육 제도가 돈에 대해 책임지고 가르치도록 바뀌야 한다. 우리 아이들에게 돈을 가르치지 않는 것은 언제 충돌할지 모르는 폭주 기관차를 타고 있는 것과 마찬가지다. — Kathryn Morgan
>
> 나는 플로리다와 오클라호마에서 중학교와 고등학교를 다녔다. 금융에 대한 교육은 전혀 받아본 적이 없다. 학교를 졸업하자마자 그들은 날 철공소로 쫓아냈다.
> — Wayne Porter

새로운 시대, 돈의 규칙이 바뀌다

1971년 닉슨 대통령은 돈의 규칙을 바꿨다. 의회의 비준도 받지 않고 달러와 금의 교환을 금지한 것이다. 메인 주 미놋Minot 섬에서 이틀 동안 조용히 회의를 하고 난 뒤 일방적으로 내린 결정이었다. 국무부와도, 국제통화제도와도 상의하지 않았다.

당시 미국은 베트남전쟁에 돈을 쏟아 붓는 바람에 세입보다 세출이 압도적으로 늘어났고, 이를 메우기 위해 엄청난 돈을 외국에서 빌렸다. 또한 경제가 성장하면서 더 많은 기름을 수입해야만 했다. 국가 부채를 갚기 위해서 미국 재무부는 계속 돈을 찍어내야 했고, 그만큼 금을 확보하는 것이 어려워졌다. 달러를 금과 직접 교환할 수 없게 된 것이다. 이러한 상황에서 달러를 국제통화로 사용하는 나라들이 달러의 가치를 의심하기 시작했다.

실제로 미국은 하루하루 파산으로 치닫고 있었다. 버는 것보다 쓰는 돈이 더 많았다. 미국은 그 돈을 갚을 수 없었다. 달러를 더 찍어내려면 더 많은 금이 필요했지만, 그만한 금을 확보할 수 없었다. 결국 닉슨은 달러를 방어하기 위해 금태환 정지 조치를 취함으로써 빚의 구렁텅이에 빠진 미국을 구해내기 위한 돌파구를 마련한 것이다.

1971년 순식간에 돈의 규칙이 바뀌면서 엄청난 돈이 쏟아져 나오기 시작했다. 역사상 유례없는 경제 호황이 시작되었다. 아무런 근거도 없이, 고정된 가치도 없이 마구 찍어낸 달러를 사람들이 받아들이는 한 호황은 계속되었다. 세계가 달러를 믿고 사용하는 것은 어떠한 가치로 그것이 보장되기 때문이 아니었다. 그 가치를 갚겠다는 미국 정부의 약속, 정확히 말해서 미국 국민들이 성실하게 세금을 낼 것이라는 신용만이 달러의 가치를 보장할 뿐이었다. 어쨌든 엄청난 돈이 쏟아지면서 인플레이션은 순식간에 폭발했다.

화려한 파티는 계속되었다. 해마다 더 많은 돈을 찍어냈고, 달러 가치는 계속 하락했으며, 상품과 자산의 가격은 치솟았다. 집값이 치솟으면서 중산층은 백만장자가 되었다. 돈이 하늘을 뒤덮었다. 신용카드가 우편으로 날아다녔다. 신용카드로 쓴 돈을 갚기 위해 사람들은 집을 담보로 돈을 빌렸다. 집은 현금 자동지급기나 다름없었다. 하지만 걱정할 것 없다. 집값은 앞으로도 계속 오를 테니까. 그렇지 않은가?

하지만 이러한 경제 시스템에 이상 신호가 감지되기 시작했다. 아니 눈앞에서 경고 신호가 깜박이는데도 탐욕에 눈이 먼 사람들, 신용카드의 편리함에 눈이 먼 사람들은 그 신호를 무시했다.

2007년 한 번도 들어보지 못한 새로운 용어가 우리 앞에 나타났다. '서브프라임 모기지Sub-Prime Mortgage'라는 말이다. 집을 살 만한 여력이 안 되는 사람들에게 집 살 돈을 빌려주는 제도를 말한다. 집값은 계속 오르기 때문에, 대출금을 회수하지 못한다고 하더라도 집만 담보로 잡고 있으면 된다는 계산에서 아무한테나 마구 돈을 빌려준 것이다.

서브프라임 모기지 사태가 터졌을 때 사람들은 가난한 사람들, 즉 자기 집을 갖고 싶다는 허황된 욕심에 눈이 멀어 엄청난 돈을 빌린, 경제관념이 없는 한심한 사람들의 이야기라고 생각했다. 또는 대박을 노리고 날뛰는 부동산 투기꾼들의 이야기라고 여겼다. 심지어 2008년 말까지도 공화당 대통령 후보 존 매케인John McCain은 이 사태를 심각하게 받아들이지 않았다. 그는 이런 말로 사람들을 안심시키려고 했다.

"우리 경제의 펀더멘털fundamental은 튼튼합니다."

이와 비슷한 시기에 또 다른 단어 하나가 일상 대화 속으로 들어왔다. 바로 '구제금융bailout'이라는 말이다. 무모하게 큰돈을 빌린 서브프라임 대출자들과 마찬가지로, 현금도 없는 상태에서 엄청난 빚을 진 거대 은행들이 망하지 않도록 정부가 돈을 대주는 것을 말한다.

금융위기가 확산되면서 수백만 명이 직장과 집을 잃고 저축한 돈, 보험, 퇴직연금을 모두 날렸다. 아직까지 무사하다 하더라도, 언제 자기 차례가 올지 모른다는 생각에 많은 사람들이 불안에 떨고 있다. 나라 전체가 파산 직전 상황에 처해 있다. 미국에서 가장 부유한 주였던 캘리포니아는 파산에 직면하여 의회 의원들의 급료를 차용증IOU(후불수표)으로 지급할 것을 고려했다.

세상이 작동하는 방식

1983년 나는 벅민스터 풀러Buckminster Fuller가 쓴 《자이언트 그런치Grunch of Giants》라는 책을 읽었다. 여기서 grunch는 'Gross Universe Cash Heist(총체적 현금 강탈)'의 첫 글자를 따서 만든 말이다. 이 책은 거대 부자들과 거대 권력자들이 수세기 동안 사람들을 어떻게 강탈하고 착취해왔는지를 세세하게 파헤친다. 《부자들의 음모》 오리지널 버전인 셈이다.

《자이언트 그런치》는 수천 년 전부터 오늘날까지 수많은 왕들이, 또 부자들과 권력자들이 어떻게 민중을 지배해왔는지 설명한다. 오늘날 진짜 은행 강도는 총을 들고 복면을 쓴 채 은행에 침입하지 않는다. 근사한 양복에 넥타이를 매고 화려한 대학 졸업장을 자랑하며 창구 안에 들어가 은행을 턴다. 28년 전 나는 《자이언트 그런치》를 읽고서 금융 혼란이 곧 닥칠 것을 예측할 수 있었다. 다만 그 시기가 언제일지 몰랐을 뿐이다. 지금까지 나의 투자와 사업적 모험이 별 어려움 없이 성공할 수 있었던 것도 이 책을 읽고 늘 대비해왔기 때문이다.

음모에 관한 책을 쓰는 사람들은 대개 주류에서 벗어난 극단론자들이다. 하지만 벅민스터 풀러 박사는 비주류도 아니고 극단론자도 아니다. 하버드대학교를 다녔으며, 물론 졸업을 하지는 못했지만 성적이 아주 좋았다(빌 게이츠도 하버드대학교를 중퇴했다는 사실을 알 것이다). 그는 또한 미국 역사상 가장 훌륭한 업적을 이룬 사람 중 하나로 기억된다. 미국건축가협회에서 선정하는 '미국에서 가장 위대한 건축 설계자'로 뽑힌 적이 있으며, 수많은 특허를 가지고 있다. 또한 존경받는 미래학자이며, '환경주의'라는 말이 나오기 훨씬 전부터 환경주의자였다. 하지만 무엇보다도 그가 존경받는 이유는, 자신의 천재성을 자기 자신을 위해서, 또는 자신의 부와 권력을 위해서가 아니라 세상의 모든 사람들에게 혜택을 주기 위해 사용했기 때문이다.

《자이언트 그런치》는 세상이 작동하는 방식에 대해 어렴풋이 가지고 있던 나의 의심을 확신으로 바꿔주었다. 학교에서 돈에 대해 가르치지 않는 이유를 비로소 이해했던 것이다. 또한 결코 정당화할 수 없는 전쟁을 하기 위해 내가 베트남까지 갔던 이유도 알게 되었다. 한마디로 전쟁은 이윤이 남는 장사이고, 거의 모든 전쟁의 원인은 애국심이 아니라 탐욕이다. 4년제 연방군사학교를 다녔고, 두 번이나 베트남에 파견되어 5년 동안 해병항공대에서 헬기 조종사로 임무를 수행한 나는 풀러 박사를 통해 진실을 깨달은 것이다. 그가 CIA를 'Capitalism? Invisible Army(자본주의를 지키는 보이지 않는 군대)'라고 풀이하는 이유를 나는 경험을 통해 공감할 수 있었다.

《자이언트 그런치》가 나에게 준 가장 큰 선물은 내 안에 잠자고 있던 '학생'을 일깨워준 것이다. 난생처음 나는 공부하고 싶은 과목을 발견했다. 부자와 권력자들이 어떻게 민중을 합법적으로 착취하는지 알고 싶었다. 1983년 이후 나는 이 과목을 공부하기 위해 관련된 책을 50권 이상 독파하고 공부했다. 각각의 책마다 퍼즐이 한두 개씩 들어 있었다. 당신이 읽고 있는 이 책은 바로 그러한 수많은 퍼즐 조각들을 하나로 맞춰놓은 것이다.

음모는 정말 있는가

음모론은 흔해빠진 것이다. 링컨 대통령과 케네디 대통령 암살에 관한 음모론도 있고, 마틴 루서 킹 목사 암살을 둘러싼 음모론도 있다. 2001년 9월 11일에 일어난 사태에 대한 음모론도 있다. 음모론은 결코 사라지지 않는다. 음모론은 음모론일 뿐이다. 해답이 없는 질문과 의심만을 가지고 꾸며낸 이야기다.

나는 또 하나의 음모론을 퍼뜨려 책을 팔아먹으려고 하는 것이 아니다. 하지만 1983년 이후 계속해온 공부를 통해 과거든 현재든 부자들은 끊임없이 음모를 꾸미고 있으며, 미래에는 더 많은 음모가 작동할 것이라는 사실을 확신하게 되었다. 돈과 권력이 위기에 처할 때 음모는 더욱 노골적으로 작동한다. 돈과 권력에 눈이 먼 순간 사람은 온갖 부정한 일을 저지를 수 있기 때문이다.

예컨대 2008년 버나드 매도프 Bernard Madoff는 피라미드 금융사기를 통해 500억 달러를 횡령했다. 사실 그는 이러한 사기를 치지 않고도 풍족하게 살 수 있는 사람이었다. 그는 한때 나스닥의 수장을 역임하기도 했던 존경받는 인물이었다. 그래서 많은 사람들이 그를 믿고 돈을 맡겼다. 부유한 개인 고객들뿐만 아니라 학교나 자선단체들도 그에게 엄청난 돈을 맡겼다. 똑똑하고 교육수준이 높은 사람들, 권위 있는 기관들이 그에게 돈을 맡기며 수십 배가 되어 돌아오기를 바랐던 것이다. 하지만 매도프는 그 돈을 수년 동안 자기 돈처럼 써버렸다. 사람들은 엄청난 손실을 입었다.

돈과 권력 부패의 또 다른 예로 대통령 후보가 선거운동 기간에 5억 달러 이상을 써버리는 것을 들 수 있다. 대통령의 연봉은 겨우 40만 달러인데 연봉의 1,000배가 넘는 돈을 쓰는 셈이다.

그렇다면 지금의 금융위기도 음모가 작동한 결과라는 말인가? 어떤 측면에서 나는 그렇다고 생각한다. 하지만 우리에게 중요한 질문은 '그래서 어쨌다고?'이다. 음모가 작동하든 말든, 이 상황에서 벗어나기 위해 우리는 어떻게 해야 한다는 말인가? 지금의 금융위기를 최초로 유발한 사람들은 대부분 죽었지만 그들이 기획한 상황은 지금도 진행되고 있다. 죽은 사람과 왈가왈부해봤자 아무 소용 없는 일이다.

음모의 결과이건 아니건, 몇몇 상황과 사건은 우리 삶에 심오하고도 보이지 않는 방식으로 큰 영향을 미친다. 금융 교육을 예로 들어보자. 오늘날 학교에서 돈에 대해 가르치지 않는다는 사실은 정말 이해할 수 없는 일이다. 기껏해야 용돈기입장을 어떻게 쓰는지, 주식시장에서 주식을 어떻게 사고파는지, 은행에 돈을 어떻게 저금하는지, 퇴직연금이 어떻게 노후를 보장하는지에 대해 가르치는 것이 전부다. 이 모든 것들이 바로 자신이 번 돈을 부자들에게 고스란히 되돌려주는 방법이다. 부자들은 돈 버는 법을 절대 다른 사람들에게 가르쳐주지 않는다.

때로는 금융 교육이라는 명분 아래, 은행가나 재정 설계사를 직접 초빙해 아이들을 가르치는 경우도 있다. 그야말로 닭장 안에 여우를 집어넣어주는 꼴이다. 물론 은행가나 재정 설계사들이 나쁘다고 말하는 것이 아니다. 하지만 그들은 모두 부자와 권력자의 하수인일 뿐이다. 그들이 하는 일은 사람을 가르치는 것이 아니라 더 많은 미래의 고객을 끌어들이는 것이다. 그들은 자신이 속한 조직, 즉 은행에 이익을 가져다주기 위해 비즈니스를 할 뿐이다. 돈을 은행에 저축하라고, 뮤추얼펀드에 투자하라고, 닳고 닳은 이야기를 계속 반복한다.

금융위기가 일어난 또 다른 이유는 사람들이 대부분 나쁜 금융 조언과 좋은 금융 조언을 구분하지 못했기 때문이다. 사기꾼들이 판치는 상황에서 사람들은 진실한 금융 조언자가 누구인지 가려내지 못한다. 물론 대부분 사기꾼이다. 또한 나쁜 투자와 좋은 투자를 구별하지 못한다. 사람들은 그저 더 좋은 학교에 들어가서 학위를 얻고, 더 좋은 직업을 가지고, 더 열심히 일하는 데 몰두한다. 그런 다음 집을 사기 위해 번 돈을 아끼고 저축하며, 여의치 않으면 그제야 자기도 모르게 새어나가는 돈을 막기 위해서 재정 설계사와 상담하거나, 최악의 경우 버나드 매도프 같은 전문가의 탈을 쓴 악덕 사기꾼을 찾아간다.

사람들은 대부분 주식과 채권이 어떻게 다른지, 부채와 자기자본이 어떻게 다른지조차 알지 못한 채 학교를 졸업한다. 우선주에서 '우선'이란 말은 왜 붙었는지, 뮤추얼펀드에서 '뮤추얼'이란 말은 무슨 뜻인지 알지 못한다. 또 뮤추얼펀드, 헤지펀드, 상장지수펀드ETF, 모태펀드 fund of funds가 어떻게 다른지도 알지 못한다. 돈을 관리하려면 꼭 알아야 하는 기초적인 정보들인데도 말이다.

많은 사람들이 빚은 무조건 나쁘다고 생각한다. 하지만 빚으로 우리는 부자가 될 수도 있다. 자신이 하는 일이 무엇인지 알기만 한다면, 부채는 투자수익률을 높여줄 수 있다. '자본이득capital gain'과 '현금흐름cash flow'이 어떻게 다른지, 또 무엇이 위험하고 위험하지 않은지 알지 못한다. 사람들은 좋은 직업을 얻기 위해 학교에 다니는 것은 당연하다고 생각하면서도, 피고용자들이 자기 사업을 하는 사람들보다 더 높은 비율로 세금을 내고 있다는 것은 전혀 알지 못한다.

현재 금융위기로 많은 사람들이 곤란을 겪는 가장 큰 이유는, 자신이 갚아야 하는 '부채'일 뿐인 집을 '자산'으로 생각했기 때문이다. 이것은 아주 기본적이고 단순한 금융지식이다. 하지만 학교에서는 성공하는 삶을 살기 위해 반드시 배워야 하는 과목인 '돈'에 대해 아무것도 가르쳐주지 않는다. 거기에는 몇 가지 이유가 있다.

1903년 존 록펠러John D. Rockfeller는 일반교육위원회를 조직하여 미국의 교과과정을 설계했다. 재정 안정을 위해서 계속 일을 해야 하고 일자리의 안정을 확보해야 하는 피고용자들에게 직업교육을 국가가 대신해주는 것은 기업가들에게 매우 좋은 일이다. 록펠러의 이러한 구상은 명령을 충실하게 따르는 좋은 일꾼, 좋은 군인을 생산할 목적으로 설계된 프로이센Prussian의 교육 제도를 그대로 모방한 것이다. 이 교육 모델이 내세우는 슬로건은 이런 것들이다.

"이렇게 하라. 그렇지 않으면 해고다."

"돈을 맡기면 안전하게 지켜주겠다. 내가 대신 투자해줄 테니 믿고 맡겨라."

설령 록펠러가 이런 의도를 가지고 일반교육위원회를 만든 것은 아니라고 해도 상관없다. 하지만 오늘날 결과는 그렇다. 더욱이 지금은 좋은 교육을 받고 안정적인 직장을 가진 사람들도 경제적으로 불안을 느끼는 상황이다.

기초적인 금융 교육도 받지 않고 장기적으로 경제적 안정을 이어가는 것은 불가능하다. 2008년, 미국의 수백만 베이비붐 세대들이 하루에 1만 명 정도씩 퇴직을 하기 시작했다. 이들은 하나같이 지금까지 열심히 일했으니 정부가 재정적·의료적 지원을 해줄 것이라고 기대했다.

하지만 그들이 직면한 현실은 가혹했다. 더 이상 '직업의 안정'이 장기적인 '경제적 안정'을 보장하지 못하는 시대가 됐다.

미국 헌법을 만든 건국의 아버지들은 돈의 공급량을 통제하는 중앙은행의 설립을 반대했다. 그럼에도 1913년 연방준비제도가 만들어졌다. 금융 교육을 제대로 받지 못한 사람들은 대부분 연방준비은행이 '연방'기관도 아니고 '준비'제도도 없으며 '은행'은 더더욱 아니라는 사실을 알지 못한다.

일단 연방준비제도가 자리를 잡게 되자 돈에 대한 두 가지 규칙이 만들어졌다. 하나는 '돈을 벌기 위해 일하는 사람들'을 위한 규칙이고, 다른 하나는 '돈을 찍는 부자들'을 위한 규칙이다. 1971년 닉슨 대통령이 금태환제도를 불법화했을 때 부자들의 음모는 완성되었다. 곧이어 1974년 미국 의회는 근로자퇴직소득보장법ERISA: Employee Retirement Income Security Act을 통과시켰다. 이 법의 시행으로 고용주가 제공하는 확정급여형DB: defined benefit(근로자가 지급받을 급여의 수준이 사전에 결정되어 있는 퇴직연금제도) 연금에 가입해 있던 수백만 명의 노동자들은 자신의 급여 일부분을 넣어야 하는 확정기여형DC: defined contribution(사용자의 부담금 수준이 사전에 결정되고 근로자가 받을 퇴직급여는 적립금 운용실적에 따라 변동되는 연금제도) 연금으로 갈아타야 했다. 이렇게 조성된 퇴직연금은 주식시장과 뮤추얼펀드로 흘러 들어갔다.

이제 월스트리트가 월급쟁이들의 퇴직금을 마음 놓고 주무를 수 있게 된 것이다. 돈의 규칙은 완전히 바뀌었고, 부자와 권력자들의 입맛에 맞게 법은 이리저리 바뀌었다. 인류 역사가 시작된 이래 가장 큰 경제 호황이 시작되었고, 그렇게 끝없이 부풀어 오르던 거품은 2009년 결국 터지고 말았다.

> **독자 코멘트**
>
> 나는 금태환을 중단한다는 발표가 있었던 그 시기를 기억한다. 당시 물가는 미친 듯이 치솟았다. 그때 20대였던 나는 첫 직장에 갓 입사한 상황이었다. 물건 값은 계속 치솟았지만 임금은 하나도 오르지 않았다. 어른들은 모이기만 하면 불안한 경제 상황에 대해 이야기했다. 이러다 나라가 망하고 말 거라고 다들 걱정했다. 그런데 지금까지 어찌어찌 버티고 있는 게 신기할 따름이다.
> — Cagosnell

돈의 새로운 규칙을 배워야 할 때

앞서 말했듯이 부자들의 음모는 돈의 규칙을 바꿨다. 그런데도 사람들은 규칙이 바뀐 것을 알아채지 못한다. 결국 지금은 돈의 낡은 규칙과 새로운 규칙이 공존한다. 물론 새로운 규칙은 부자들을 위한 것이고, 낡은 규칙은 나머지 보통 사람들을 위한 것이다.

금융위기가 닥치자 가장 타격을 받은 건 돈의 낡은 규칙을 좇던 사람들이다. 안정적인 미래를 원한다면 돈의 새로운 규칙을 알아야 한다. 돈의 새로운 규칙에는 여덟 가지가 있다. 이 책에서 나는 이 새로운 규칙들이 무엇인지, 또 그것들을 어떻게 사용해야 혜택을 누릴 수 있는지 설명할 것이다.

일단 여기서는 돈의 낡은 규칙과 새로운 규칙이 어떻게 다른지 두 가지만 비교해보겠다.

돈의 낡은 규칙: 저축하라

1971년 이후 달러는 가치를 지닌 '돈'이 아니라 단순한 '지불수단'으로 전락했다. 결국 돈을 저축하는 사람은 실패자가 되고 만다. 미국 정부는 저축하는 것보다 더 빨리 돈을 찍어낼 수 있다. 수많은 금융 전문가들이 '복리이자'의 힘을 극찬하지만, '복리 인플레이션Compounding inflation'의 힘에 대해서는 이야기하지 않는다. 지금 상황에서는 '복리 디플레이션Compounding deflation'의 힘까지 크게 작동한다.

인플레이션과 디플레이션은 정부와 은행의 합작품이다. 아무 근거도 없이 돈을 찍어내고, 또 그것을 빌려줌으로써 정부와 은행은 경제를 효과적으로 통제할 수 있기 때문이다. 다시 말하지만, 우리가 지금 쓰는 돈은 그 가치를 뒷받침할 아무런 근거도 없이 만들어진 것이다. 오로지 미국이라는 나라에 대한 '믿음과 신용'만이 그 가치를 뒷받침할 뿐이다.

오랫동안 전 세계인들은 미국 채권이 세상에서 가장 안전한 투자처라고 믿어왔다. 사람들은 미국 채권을 사들이기에 바빴다. 하지만 2009년 30년짜리 미국 재무부 채권의 이자는 3퍼센트 이하로 떨어졌다. 이것은 의미 있는 신호다. 가치 없이 찍어낸 돈이 너무나 많이 쏟아져 나온 결과, 그 가치를 유지할 수 있는 한계를 넘어섰다는 뜻이다. 저축하는 사람은 모두 실패자가 될 것이다. 미국 채권은 앞으로 가장 위험한 투자 상품으로 떠오를 것이다.

어째서 그렇게 되는지 이해하지 못한다고 해도 걱정할 필요는 없다. 학교에서 금융 교육을 하지 않기 때문에 대다수 사람들이 모른다. 그래서 금융 교육이 중요한 것이다. 돈, 채권, 부채에 관한 실질적이고 자세한 내용은 뒤에서 설명할 것이다. 그동안 가장 안전한 투자 상품이었던 미국 채권이 이제 가장 위험한 투자 상품이 되었다는 점만 알아두어도 상당한 도움이 될 것이다.

돈의 새로운 규칙: 저축하지 말고 현명하게 써라

많은 사람들이 상당한 시간을 들여 돈 버는 방법을 배운다. 소득이 높은 직업을 얻기 위해 좋은 학교에 들어가고, 졸업한 후에는 직장에 들어가 열심히 일해서 돈을 번다. 그렇게 번 돈은 은행에 저축한다. 새로운 규칙에서는 돈을 버는 법이나 저축하는 법보다 '돈을 쓰는 법'을 아는 것이 더 중요하다. 돈을 현명하게 쓸 줄 아는 사람이 돈을 현명하게 저축하는 사람보다 더 잘산다.

물론 여기서 '쓴다'는 말은 '투자한다' 또는 오래 지속되는 가치로 돈을 '바꾼다'라는 의미다. 방구석에 돈을 묻어두어서는 결코 부자가 될 수 없다. 그리고 방구석에 묻어놓는 것보다 더 나쁜 선택은 은행에 묻어놓는 것이다. 부자들은 돈을 현금흐름 자산에 투자한다. 이것이 부자들만이 아는 '부의 열쇠'다. 부자가 되기 위해서는, 본래의 가치가 그대로 유지되면서도 일정한 소득을 제공하고 또한 인플레이션에 따라서 가치도 계속 올라가는 자산에 돈을 쓸 줄 알아야 한다. 시간이 가면서 가치가 떨어지면 안 된다.

돈의 낡은 규칙: 분산투자를 하라

분산투자라는 오래된 투자 원칙은 주식, 채권, 뮤추얼펀드 등을 골고루 사라는 것이다. 하지만 아무리 분산투자를 잘한다고 해도 주식시장이 30퍼센트나 폭락하는 상황에서는 아무 소용이 없다. 소위 '투자의 귀재'라고 불리는 사람들이 분산투자를 소리 높여 외치면서, 시장이 추락할 때마다 "팔아라! 팔아라! 팔아라!"고 외치는 것은 정말 이상한 일이다. 분산투자가 그토록 확실한 투자 방법이라면, 시장이 조금 요동을 친다고 해서 왜 호들갑스럽게 모조리 팔아야만 하는 것일까?

"분산투자는 투자자 자신이 무슨 투자를 하는지도 모를 때나 하는 것이다."

워런 버핏의 말이다. 분산투자는 아무리 잘해봤자 제로섬 게임일 뿐이다. 골고루 분산투자를 한다고 해도 한 자산 부문의 가치가 올라가면 다른 자산은 떨어진다. 여기서는 돈을 벌고 다른 곳에서는 돈을 잃는다. 결국 아무것도 얻지 못하고 제자리에 머물 뿐이다. 그러는 사이에 인플레이션은 계속 진군한다.

현명한 투자자는 분산투자를 하기보다는 특화하고 집중하여 투자한다. 자신이 투자할 분야에 대해서 꿰고 있고, 기업이 어떻게 움직이는지 읽을 줄 안다. 예컨대 같은 부동산에 투자하더라도 어떤 사람은 임야에 특화하고, 어떤 사람은 아파트에 특화한다. 같은 부동산이지만 전혀 다른 비즈니스 분야인 것이다.

주식에 투자할 때 나는 안정적으로 배당금을 지급하는 기업에 투자한다(현금흐름에 투자하는 것이다). 예를 들어 나는 석유 파이프라인을 구축하고 운영하는 회사에 투자하고 있다. 2008년 주식시장이 붕괴하면서 이 기업의 주가는 폭락했고 현금흐름 배당률이 높아졌다. 나쁜 시장 상황이 나에게 좋은 투자 기회를 준 것이다. 물론 투자 기회를 찾기 위해서는 자신이 무엇에 투자하고 있는지 알아야 한다.

똑똑한 투자자는 경제의 흐름을 타는 기업을 소유하거나 현금흐름 자산에 투자하는 것이 주식·채권·뮤추얼펀드 등에 분산투자하는 것보다 훨씬 유리하다는 것을 안다. 주식·채권·뮤추얼펀드는 시장이 혼란에 빠지는 순간 함께 망한다.

돈의 새로운 규칙: 투자를 집중하라

분산투자하지 마라. 자신의 돈을 통제하고 투자를 집중하라. 금융위기로 인해 나 역시 약간의 타격을 받기는 했으나 아주 큰 손해를 보지는 않았다. 그것은 내가 가진 부가 오르락내리락하는 시장가치(자본이득: 각종 자본적 자산의 평가 변동에서 발생하는 차익)에 의존하지 않기 때문이다. 나는 자본이득이 아닌 '현금흐름'에만 투자한다.

예컨대 나의 현금흐름은 기름 값이 떨어지면 약간 떨어진다. 그럼에도 여전히 튼튼하다. 매 분기마다 배당금을 받기 때문이다. 기름 주식의 가격, 즉 자본이득이 떨어지더라도 나는 이 투자에서 현금을 뽑아내기 때문에 걱정하지 않는다. 주가의 등락에 따라 주식을 팔아 이익을 실현할지 말지 고민하지 않는다.

부동산 투자도 마찬가지다. 나는 현금흐름을 확보할 수 있는 부동산에 투자한다. 즉 매달 임대료를 받을 수 있는 곳에 투자한다는 뜻이다. 그러면 가만히 있어도 돈이 들어온다. 현재 금융위기로 곤란에 처한 사람들은 한결같이 자본이득에 투자한 사람들이다. 다시 말해 가격이 오를 것이라고 기대한 주식이나 부동산, 즉 '투기 자산'에 투자한 사람들이 곤란을 겪는 것이다.

어릴 적 나의 부자 아빠는 우리 형제를 불러 부르마블 게임을 즐겨

했다. 나는 이 게임을 통해 현금흐름과 자본이득이 어떻게 다른지 배웠다. 예컨대 어떤 도시에 땅을 사서 별장을 지어놓고는 사람들이 한 번 머물 때마다 10달러를 받는다. 빌딩을 지으면 한 번 머물 때마다 50달러씩 받는다. 호텔을 지으면 더 많은 돈을 받는다. 부르마블은 자본이득을 얻어 이기는 게임이 아니다. 현금흐름에 효율적으로 투자해야만 이기는 게임이다.

아홉 살 때 게임을 통해 부자 아빠가 나에게 가르쳐준 가장 중요한 교훈은 현금흐름과 자본이득이 다르다는 것이다. 이처럼 금융 교육은 재미있는 게임을 통해 배울 수 있을 만큼 아주 단순한 것이다. 그리고 어릴 적부터 받아온 금융 교육이야말로 어떠한 경제적 혼란이 닥쳐도 자신의 부를 지키고 키우게 해주는 든든한 버팀목이 된다.

자본이득과 현금흐름의 차이를 아느냐 모르느냐 하는 것은 곧 경제적 안정을 누릴 것인지, 경제적 공황에서 허우적거릴 것인지 결정하는 기준이 될 수 있다. 문제는 현금흐름에 투자하기 위해서는 자본이득에 투자할 때보다 더 많은 금융지식을 갖춰야 한다는 것이다. 금융위기 상황에서는 현금흐름에 투자하는 것이 훨씬 쉽다는 사실을 기억하라. 모래바람이 분다고 그냥 눈만 감고 있어서는 안 된다. 혼란은 언제나 좋은 기회이기도 하다. 혼란이 지속될수록 어떤 이들은 계속 부자가 된다. 당신도 그런 사람 중 하나가 되길 바란다.

돈의 새로운 규칙 중 하나는 마음이든 돈이든 이것저것에 분산하지 말고 '집중'하라는 것이다. 자본이득이 아닌 현금흐름에 초점을 맞춰야 한다. 현금흐름을 통제하면 자본이득도 따라서 늘어난다. 그것이 경제적 안정을 누리고 진정한 부자가 되는 길이다.

'돈을 아끼는 법보다 쓰는 법을 배워라', '분산하지 말고 집중하라'는 규칙은 이 책에서 이야기할 부자들의 기본 원칙이다. 이 책을 통해 내가 하고 싶은 말은 지금 가지고 있는 것만으로도 자신이 꿈꾸는 경제적 미래를 만들어나갈 수 있다는 것이다.

우리 교육 제도는 수많은 사람들을 실패의 나락으로 빠뜨렸다. 교육을 많이 받은 사람들도 마찬가지다. 금융제도 역시 수많은 사람들을 나락으로 몰아넣고 있다. 거대 부자와 권력자들의 음모는 지금 이 순간에도 당신의 주머니를 노리고 있다. 하지만 당신이 어떤 선택을 하느냐에 따라서 그들의 음모에서 벗어날 수 있으며, 자신이 원하는 대로 미래를 통제할 수 있다. 돈의 새로운 규칙을 터득하고 배워야 한다. 그렇게 함으로써 우리는 자신의 운명을 통제할 수 있고, 새로운 규칙에 따라 실제 돈이 오가는 게임판에 뛰어들 수 있다.

독자 코멘트

사람들은 아마도 이 책 어딘가에 한번 삼키면 순식간에 돈을 벌 수 있는 마법의 알약이 있지 않나 기대할 것이다. 현대인들은 즉각적인 보답이나 열쇠를 얻고 싶어하기 때문이다. 하지만 이 글을 읽다 보면 마법의 알약 같은 건 존재하지 않는다는 사실을 깨닫게 된다. 돈의 새로운 규칙에 대한 글을 읽으면서 나도 모르게 가졌던 안이한 생각을 돌아보고 마음을 다잡게 된다.

— apcordov

부자들의 음모에 대비하라

1971년 닉슨이 돈의 규칙을 바꾼 다음 '돈'은 상당히 복잡해졌다. 정직하게 살아가는 사람은 거의 이해할 수 없는 과목이 되고 만 것이다. 정직하게 그리고 열심히 일하는 사람일수록 돈의 새로운 규칙은 더 이해하기 힘들 것이다.

예컨대 새로운 규칙에서는 부자들이 돈을 필요한 만큼 마음대로 찍어낼 수 있다. 만약에 보통 사람이 그렇게 한다면 당장 위조지폐를 만든 혐의로 감옥에 들어갈 것이다. 나는 이 책에서 부자들처럼 '내 돈'을 찍어내는 방법을 설명할 것이다. 물론 합법적으로 말이다. 자기 돈을 스스로 찍어낼 줄 아는 것, 그것이 바로 부자가 되기 위한 가장 위대한 비밀 중 하나다.

무엇보다도 나는 간단하고 쉬운 말로 경제에 대해 설명할 것이다. 일상적인 언어로 복잡한 금융 전문용어를 풀어내기 위해 최선을 다할 것이다. 예를 들어 금융위기를 초래한 원인 중 하나는 '파생상품derivative securities'이라고 하는 금융수단 때문이다. 워런 버핏은 파생상품을 '대량살상무기'라고까지 표현한 적이 있다. 그의 말은 진실로 판명되었다. 이 파생상품이 세계에서 가장 큰 은행을 무너뜨린 것이다.

그런데도 대다수의 사람들은 파생상품이 무엇인지 알지 못한다. 나는 쉬운 말로, 파생상품을 오렌지와 오렌지주스에 비유하여 설명한다. 오렌지주스는 오렌지의 파생상품이다. 휘발유는 석유의 파생상품이고, 달걀은 닭의 파생상품이다. 간단하다. 집을 사기 위해 대출을 받은 '모기지mortgage'는 '당신'과 당신이 산 '집'의 '파생상품'이다.

세계의 주요 은행들이 '파생상품의 파생상품의 파생상품'을 만들어내기 시작했을 때 이미 금융위기의 씨앗은 뿌려졌다. 이렇게 만들어진 파생상품의 파생상품의 파생상품은 하나같이 '부채담보부증권', '하이일드펀드', '신용디폴트스와프'와 같은 아주 이국적이고 매혹적인 이름을 가지고 있다. 나는 이러한 복잡한 용어들을 일상적인 언어를 사용해 쉽게 설명할 것이다. 여기서도 우리는 한 가지 진실을 알게 된다. 사람들을 혼란스럽게 만들어 돈을 내놓게 만드는 것이 금융산업의 목표 중 하나라는 것이다.

파생상품에 파생상품에 파생상품을 층층이 쌓아 복잡하게 금융상품을 만들어 파는 것은 거대 부자들의 합법적인 사기행각이다. 신용카드 대금을 다른 신용카드로 메우고, 모기지 대출로 산 집을 담보로 잡아 또 대출을 받고, 이렇게 빌린 돈으로 또다시 신용카드 대금을 갚고, 이처럼 실제 돈은 쓰지 않으면서 숫자놀음만으로 하루하루를 연명해가는 것과 똑같다. 그래서 워런 버핏이 파생상품을 대량 살상무기라고 말한 것이다. 신용카드와 홈에퀴티론home equityloan(주택을 살 때 받는 모기지 대출 외에 각종 가계자금 조달을 위해 모기지 금액을 제외한 집의 순자산가치를 담보로 다시 돈을 빌려 가계 운영자금 등으로 사용하는 대출)을 토대로 층층이 쌓아올린 복잡한 파생상품들로 인해 세계의 은행 시스템이 무너지는 바람에 수많은 가정이 파산으로 내몰렸다. 부채담보부증권, 정크본드, 모기지뿐만 아니라 우리가 매일 쓰는 신용카드와 돈(!), 이 모든 것이 파생상품이다. 이름만 다를 뿐이다.

2007년 '파생상품의 탑'이 무너지기 시작했다. 그러자 가장 먼저 살려달라고 구조 요청을 한 것은 세상에서 가장 돈이 많은 사람들이었다. 자신들이 저지른 실수는 물론 방만한 경영과 사기, 횡령 등으로 생긴 손실을 정부의 돈으로, 즉 납세자들이 낸 돈으로 메워달라고 요청한 것이다. 그런 이유로 '구제금융'은 부자들이 자신들의 부를 지키기 위한 음모 중에서 절대 빼놓을 수 없는 중요한 기능을 한다.

나의 책《부자 아빠 가난한 아빠》가 공전의 베스트셀러가 된 이유 중 하나는 어려운 금융 용어를 쉽게 풀어 썼기 때문이라고 생각한다. 나는 이 책에서도 그러한 노력을 기울일 것이다. "단순함은 재능이다"라는 말도 있다. 생각을 단순하게 하기 위해서 너무 세세하거나 복잡한 설명은 피할 것이다. 또한 핵심을 전달하기 위해서 기술적인 설명보다는 일상적인 이야기를 통해 풀어가고자 한다.

돈으로 돈을 버는 부자들은 사람들이 계속 복잡하고 혼란스러운 상태에 머물러 있기를 바란다. 어리바리한 사람의 주머니에서 돈을 빼내가는 일은 '식은 죽 먹기'이기 때문이다. 따라서 간단하게 설명하고 이해하는 것은 중요한 무기가 된다. 앞에서 던졌던 질문을 다시 생각해 보자.

"돈을 사랑하는 것이 정말 악의 뿌리일까?"

절대 그렇지 않다. 사람들을 돈에 대해서 어둡고 무지하게 만드는 것이야말로 진정한 악의 뿌리다. 돈이 어떻게 작용하는지 사람들이 모를 때 악은 활개를 친다. 이러한 금융 무지는 부자들의 음모가 싹트고 자라기 위한 근본적인 토양이 된다.

독자 코멘트

나는 워튼 스쿨을 다녔지만 거기서 부를 만들어내는 방법에 대해 이토록 명

쾌하게 설명하는 것을 들어본 적이 없다. 이러한 사실이 당황스러울 뿐이다. 고등학교 때부터 모든 사람들이 이 책을 읽어야 한다고 생각한다.

— Rromatowski

나는 이렇게 대답하겠다. 돈을 사랑하는 것은 모든 악의 뿌리다. 대중을 돈에 대한 무지 속으로 몰아넣는 악은 결국 돈을 사랑하는 마음의 '파생상품'이기 때문이다. 하지만 파생상품의 악은 본래의 악보다 훨씬 위험하다.

— Istarcher

RICH DAD'S CONSPIRACY OF THE RICH

1

미국이 실패한 이유

미국발 금융위기의 시간표

2007년 8월, 공포가 고요하게 세상에 퍼져나갔다. 은행 시스템은 서서히 작동을 멈췄다. 도미노처럼 사태는 번져나갔다. 전 세계 경제를 단숨에 무너뜨릴 수도 있는 거대한 위협이 작동하기 시작한 것이다. 7조에서 9조 달러가 넘을 것으로 추정되는 엄청난 금액의 긴급구제금융과 경기부양책을 집행했음에도 씨티그룹과 제너럴모터스GM와 같은 세계에서 가장 큰 은행과 기업들이 무너졌다. 금융위기는 대기업과 다국적 은행뿐만 아니라 성실하게 살아온 평범한 가정에도 큰 위협이 됐다.

당시 나는 미국 전역을 다니면서 수많은 사람들과 이야기를 나눠 보았다. 그들은 대부분 근심에 휩싸여 두려움에 떨고 있었다. 직장을 잃고, 집을 뺏기고, 예금도 사라지고, 아이들의 대학등록금을 위해 모아둔 돈과 퇴직연금까지 날린 채 우울증에 시달리고 있었다. 그러면서도 지금 무슨 일이 벌어지고 있는지, 무엇 때문에 이런 혼란이 왔는지, 또 그것이 결국 자신에게 어떠한 영향을 미칠지 알지 못했다. '누굴 원망해야 하는지, 누가 문제를 해결할 수 있는지, 이 혼란은 언제 끝날 것인지' 사람들은 나에게 물었다.

    이러한 상황을 고려해 오늘날 혼란을 초래한 사건들을 하나씩 되돌아보는 시간이 필요할 것 같다. 금융 혼란을 야기하는 데 중요한 역할을 한 세계경제의 주요 사건을 중심으로 간단하게 '위기의 시간표'를 재구성해보고자 한다. 물론 이 시간표에 모든 것이 담겨 있는 것은 아니다.

2007년 8월 6일

미국의 가장 큰 모기지 대출업체인 아메리칸홈모기지American Home Mortgage가 파산보호신청을 했다.

2007년 8월 9일

프랑스 은행 BNP파리바가 16억 유로 규모의 자산유동화증권 펀드에 대해 환매 중단을 선언했다. 미국 서브프라임 모기지 사태로 인해 자산의 가치를 정확하게 평가할 수 없다는 것이 이유였다. 전 세계 신용시장이 경직되면서 유럽중앙은행European Central Bank은 대출과 유동성을 부양하기 위해 유로화 사용 국가의 은행에 950억 유로에 가까운 돈을 방출했다.

2007년 8월 10일

하루 만에 유럽중앙은행은 세계 자본시장에 610억 유로를 또다시 투입했다.

2007년 8월 13일

유럽중앙은행이 이번에는 476억 유로를 방출했다. 이렇게 총 3번의 현금 투하를 통해 주말을 뺀 3일 연속 유럽중앙은행이 쏟아부은 돈은 자그마치 2,040억 유로에 달했다.

2007년 9월

영국의 가장 큰 모기지 중개업체이자 가장 큰 소매금융 은행인 노던록Northern Rock에 대규모 예금 인출 사태가 발생했다. 1866년 이후 처음 터진 예금 인출 사태였다.

대통령 선거운동이 점화되다

2007년 금융 혼란이 전 세계로 확산되는 와중에 미국에서는 대통령 선거운동이 시작되었다. 이 선거운동은 역사상 가장 오랜 기간 동안, 가장 많은 돈이 들어간 정치운동으로 기록되었다.

세계경제가 몰락 직전이라는 신호가 분명히 켜진 상황이었음에도 선거운동 초기에 경제는 주요 이슈가 되지 못했다. 이라크 전쟁, 동성결혼, 낙태, 이민 등이 뜨거운 이슈였다. 후보들은 토론을 할 때도 경제는 별문제 아니라는 듯 말했다. 이러한 태도를 가장 단적으로 보여준 사람은 존 매케인이었다. 2008년 9월 다우지수가 단 하루에 504포인트나 떨어지던 날 그는 "우리 경제의 펀더멘털은 튼튼하다"라고 말했다.

거대한 금융 위기가 불어닥치고 있다는 명백한 증거들이 우리 눈앞에서 춤을 출 때 대통령은 어디 있었는가? 가장 앞서나가던 대통령 후보들, 또 경제 정책을 이끄는 수장들은 어디에 있었는가? 하루 종일 경제 소식을 전달하는 방송이나 언론들은 왜 투자자들에게 빨리 돈을 빼라고 경고하지 않았는가? 정치 지도자들, 경제 지도자들 모두 금융 폭풍이 몰려온다는 경보를 울리지 않았을까? 아니 사람들 앞에서 "바보야, 문제는 경제야"라고 말할 수 있는 혜안을 갖지 못했던 것일까? 모든 사람들이 '눈부신 빛에 눈이 멀어 있었기' 때문이다. 겉으로는 정말 아무 문제가 없었다. 그것은 다음 사건이 증명한다.

2007년 10월 9일

다우존스 산업평균지수가 역사상 최고점인 14,164포인트를 기록했다.

1년 후, 무슨 일이 벌어졌는가

2008년 9월

부시 대통령과 재무부는 경제를 살리기 위한 긴급구제금융 자금으로 7,000억 달러를 승인해줄 것을 의회에 요청했다. 유럽중앙은행이 2007년 8월 경제를 살리기 위해 2,040억 유로를 쏟아 붓고, 또 다우지수가 역사상 최고점을 찍은 지 1년이 지난 시점이었다.

독이 묻은 금융파생상품으로 인해 결국 베어스턴스Bear Stearns와 리먼브라더스Lehman Brothers가 파산했고, 거대 모기지 대출업체 패니메이

Fannie Mae, 프레디맥Freddie Mac, 그리고 세계에서 가장 큰 보험회사인 AIG는 국유화되는 사태가 벌어졌다. 더 나아가 미국의 거대 자동차 회사들이 이미 중환자 수준이라는 사실이 드러났다. GM, 포드, 크라이슬러 모두 긴급구제금융을 요청했다. 수많은 주와 도시들이 재정 파탄에 처해 앞다퉈 긴급구제금융을 요청하기 시작했다.

2008년 9월 29일

부시 대통령이 긴급구제금융을 요청하고 난 뒤, 다우지수는 777포인트나 곤두박질쳤다. 역사상 주가지수가 하루 만에 가장 크게 떨어진 수치였다. 이 검은 월요일은 결국 10,365포인트로 장을 마감했다.

2008년 10월 1~10일

일주일이 조금 넘는 이 기간 동안 다우지수는 2,380포인트가 폭락했다. 역사상 가장 악몽 같은 시간이었다.

2008년 10월 13일

다우지수는 종잡을 수 없을 만큼 큰 폭으로 요동치기 시작했다. 이 날은 하루 만에 936포인트가 치솟았다. 이는 역사상 가장 큰 상승 폭이었다. 이날 주식시장은 9,387포인트로 마감했다.

2008년 10월 15일

다우지수는 733포인트가 폭락하여 8,577포인트로 마감했다.

2008년 10월 28일

다우지수는 889포인트가 치솟았다. 13일의 상승 기록에 이은 두 번째로 높은 상승 폭이었다. 이날 장은 9,065포인트로 마감했다.

2008년 11월 4일

'우리가 믿을 수 있는 변화Change We Can Believe In'라는 슬로건을 내세운 버락 오바마가 미국 대통령에 당선되었다. 미국 정부는 경제를 살리겠다는 명분하에 다양한 형태로 7조 8,000억 달러를 시장에 투입한 상태였다.

2008년 12월

11월에만 미국에서 58만 4,000명이 직장을 잃었다. 1974년 12월 이후 실업 인구가 가장 많이 치솟은 달로 기록되었다. 미국의 실업률은 6.7퍼센트로 최근 15년 동안 가장 높은 수치다. 2008년 한 해에만 미국에서 200만 명이 직업을 잃은 것으로 나타났다. 더욱이 세계에서 가장 빠르게 성장하는 경제 지역인 중국에서도 2008년에만 670만 개의 일자리가 사라진 것으로 나타났다. 이는 세계경제가 심각한 불황에 빠졌으며, 붕괴의 문턱 앞에 다가섰다는 명백한 신호였다.

경제학자들은 2007년 12월 이후 미국 경제가 경기후퇴기에 들어섰다고 마침내 인정했다. 경제학자라고 하는 사람들이 경기후퇴가 1년이나 진행되고 난 다음에야 그것이 경기후퇴라는 사실을 안 것이다.

세계에서 가장 현명한 투자자라고 알려진 워런 버핏 역시 자신의 투자회사인 버크셔해서웨이가 보유한 주식의 가치가 3분의 1 정도 날아갔다고 시인했다. 투자자들 역시 시장의 평균손실보다 적게 손해를 보는 것을 목표로 삼았다. 손해가 적다는 사실만으로도 큰 위안이 되었다.

예일대학교와 하버드대학교는 대학기금을 투자하는 과정에서 1년 동안 20퍼센트 이상 손실이 발생했다고 발표했다.

GM과 크라이슬러는 경영 정상화를 위해 정부로부터 174억 달러를 지원받았다.

버락 오바마 대통령 당선자는 실업률을 낮추기 위해 대형 사회간접자본 개발 프로젝트를 중심으로 하는 8,000억 달러 규모의 경기부양책을 발표했다. 이것은 이전 정부가 이미 집행한 7조 8,000억 달러와는 전혀 별개의 새로운 예산이다.

2008년 12월 31일

2008년 다우지수는 8,776포인트로 마감했다. 경이로운 지수를 기록했던 딱 1년 전보다 5,388포인트가 떨어진 것이다. 이 기록은 1931년 대공황 이후 1년 동안 가장 크게 떨어진 수치다. 1년 사이에 6조 9,000억 달러가 허공에 날아간 것이다.

경제위기를 맞은 대통령의 대처

엄청난 경제위기와 마주하여 부시 대통령은 경제를 살리겠다는 명분으로 기록적인 액수의 긴급구제금융 계획을 밀어붙이며 이렇게 말했다.

"이 법안은 우리 경제를 지켜줄 것이며 미국의 금융 시스템을 안정시킴으로써 다시는 이러한 문제가 발생하지 않도록 지속적인 개혁을 실행하는 역할을 할 것이다."

많은 사람들이 대통령의 발언을 접하고 안도의 한숨을 쉬었다. "정부가 나서서 경제를 살리는구나!" 하고 말이다.

그런데 이 말을 한 사람은 조지 W. 부시 대통령이 아니라 그의 아버지 조지 H. W. 부시 대통령이다. 1989년, 그는 빚더미에 앉은 저축대부산업을 구제하기 위해서 660억 달러를 지원해달라고 의회에 요청했다.

저축대부산업은 660억 달러를 받고서는 사람들 시야에서 사라졌다. 저축대부산업의 부실은 근본적으로 해결되지 못했다. 결국 660억 달러의 구호 금액을 지원한 대가로, 납세자들은 1,500억 달러를 부담해야 했다. 원래 금액보다 두 배가 훨씬 넘는 금액으로 되돌아온 것이다. 그 많은 돈은 도대체 어디로 간 것일까?

20년이 지난 2008년 9월, 조지 W. 부시 대통령도 7,000억 달러 지원을 요청하면서 비슷한 약속을 했다.

"우리는 확신합니다. 다시는 이런 일이 일어나지 않을 것입니다. 문제는 조만간 해결될 것입니다. 그리고 사람들은 이런 문제를 해결하라고 나를 백악관으로 보냈습니다."

아버지와 아들이 20년이란 세월이 흘렀음에도 똑같은 이야기를 되풀이하는 것은 단순한 우연일까? 아버지 부시의 고장 난 시스템을 고치겠다는 약속은 어떻게 된 것일까?

금융 혼란을 초래한 장본인들은?

버락 오바마 대통령이 선거운동을 하면서 내세운 핵심 슬로건은 "우리가 믿을 수 있는 변화"였다. 그런데 어째서 오바마 대통령은 클린턴 행정부에서 일했던 사람들을 거의 그대로 끌어다 썼을까? 그것은 전혀 '변화'처럼 보이지 않는다. 오히려 현상유지를 하려는 게 아닐까?

선거운동을 하는 동안 오바마는 씨티그룹 회장직에서 물러난 로버트 루빈Robert Rubin에게 경제에 대한 조언을 구했다. 씨티그룹은 몰락 직전에 긴급구제금융으로 450억 달러를 받아 겨우 회생했다. 또한 래리 서머스Larry Summers를 백악관 국가경제위원회 위원장으로, 뉴욕연방준비은행의 수장이었던 티모시 가이스너Timothy Geithner를 재무부장관으로 임명했다. 이들 모두 클린턴 행정부 때 은행에서 투자 상품을 판매하지 못하도록 금지한 글래스-스티걸법Glass-Steagall Act을 폐지하는 데 앞장섰던 사람들이다.

1933년에 제정된 글래스-스티걸법은 쉽게 말하자면, 지난 대공황을 통해 우리가 몸소 깨달은 값비싼 교훈의 결정체다. 이 법의 핵심은 연방준비 자금에 접근할 수 있는 저축은행과 그럴 수 없는 투자은행을 분리하는 것이다. 세계에서 가장 큰 '금융 슈퍼마켓'을 꿈꾸는 씨티그룹의 야망을 합법적으로 실현할 수 있도록 도와주기 위해 클린턴, 루빈, 서머스, 가이스너는 글래스-스티걸법을 폐기하는 데 힘을 모았다. 하지만 씨티은행은 이 법이 폐기되기 전부터 이미 금융 슈퍼마켓을 구축하고 있었다. 사람들은 잘 알지 못했지만, 씨티그룹은 오래전부터 글래스-스티걸법을 위반하고 있었던 것이다. 실제로 미국의 소규모 은행가들의 연합인 ICBA Independent Community Bankers of America의 CEO 케네스 귄터Kenneth Guenther는 2003년 PBS와 인터뷰를 하면서 씨티그룹의 사업 편제에 대해 이런 말을 했다.

"그들은 자신들이 무엇이든 할 수 있다고 생각하는 듯합니다. 그 어떤 사람도, 그 어떤 기업도 그렇게 행동할 수 없습니다……. 씨티코프Citicorp와 트래블러스그룹Travelers Group은 너무나 거대한 조직이기 때문에 이 모든 것을 해낼 수 있었을 겁니다. 그들은 은행, 보험, 증권을 하나로 묶어 파는 가장 큰 금융재벌로 성장하고 있습니다. 우리 법전에 따르면 이러한 사업 형태는 엄연한 불법입니다. 그리고 이러한 불법적 사업 행태를 아무렇지 않게 할 수 있는 것은 미국의 대통령 빌 클린턴, 연방준비제도이사회 의장 앨런 그린스펀, 재무장관 로버트 루빈이 뒤에서 영향력을 행사하기 때문입니다. 그렇지 않고서는 불가능한 일입니다. 이러한 금융 슈퍼마켓이 완성되고 나면 무슨 일이 일어날까요? 이 두 기업이 합병하여 만들어낼 씨티그룹 부회장 자리에 재무장관이 앉을 겁니다."

여기서 눈에 띄는 것은 마지막 한 마디다. 두 기업이 합병하여 만들어낼 씨티그룹 부회장 자리에 재무장관(로버트 루빈)이 앉을 거라는 얘기 말이다. 앞에서도 이야기했지만, 로버트 루빈은 정말 씨티그룹의 회장 자리에 올랐다.

오바마 행정부의 초기 재무장관은 티모시 가이스너였다. 그는 1998년에서 2001년까지 로버트 루빈과 로렌스 서머스Lawrence Summers, 두 재무장관 아래에서 재무차관을 역임했다. 서머스는 가이스너의 멘토이며, 가이스너는 로버트 루빈의 후견인이다.

다시 말하자면, 이들은 모두 금융 혼란을 초래하는 데 어떤 식으로든 일조한 사람들이다. 저축은행과 투자은행을 하나로 통합할 수 있도록 허락함으로써 워런 버핏이 '대량 금융 살상무기'라고 일컬은, 겉보기에만 그럴듯한 파생금융상품을 쏟아내도록 부추긴 장본인들이다. 바로 이들 때문에 미국뿐만 아니라 전 세계 경제가 휘청거렸다. 오바마가 로비스트들에게 선거 자금을 받지 않았다고 해도 그것은 별로 중요하지 않다. 그가 임명한 재무 관료들이 바로 지금 그들이 책임지고 해결해야 할 금융 혼란을 만들어낸 장본인이자, 그것을 공모한 내부자라는 사실은 부인할 수 없는 명백한 사실이다.

연방준비제도의 실체

유럽에서 가장 강력한 은행 일가를 이룬 로스차일드Rothschild는 이렇게 말했다.

"돈을 만들어낼 수 있는 권한만 나에게 주면 누가 나라를 다스리든, 누가 법을 만들든 신경 쓰지 않겠다."

금융위기를 이해하기 위해서는 미국 정부, 연방준비제도, 그리고 세계에서 가장 영향력이 큰 소수의 갑부들이 어떤 관계에 있는지 알아야 한다. 이 관계를 간략하게 도표로 그리면 다음과 같다.

1913년 미국은 연방준비제도를 만들어 세계의 갑부들에게 달러를 찍어낼 수 있는 권한을 주었다. 로스차일드가 꿈꾸던 것을 완벽하게 충족시켜준 것이다. 연방준비은행은 국가기관이 아니라 금융세계에서 가장 강력한 힘을 행사하는 몇몇 사람들이 모여 운영하는 은행 카르텔cartel(기업 상호간의 경쟁 제한이나 완화를 목적으로, 동종 또는 유사산업 분야의 기업 간에 결성되는 기업결합 형태)이다. 연방준비제도는 기본적으로 돈을 찍어낼 수 있는 면허를 이들에게 공식적으로 허가한 제도인 셈이다.

연방준비제도를 만든 또 다른 이유는, 거대 은행들이 재정적인 문제를 겪지 않도록 유동성을 공급하기 위해서다. 그러니까 납세자의 돈을 보호하기 위한 것이 아니라 부자들의 돈을 보호하기 위한 것이다.

이러한 기능은 지금도 똑같이 작동하고 있다. 2008년 부시 대통령이 7,000억 달러를 긴급구제금융으로 내놓자, 골드만삭스 출신의 재무장관 헨리 폴슨Henry Paulson은 연방준비제도이사회와 함께 미국의 거대 은행들에게 아무런 심사절차도 없이 즉각 부실자산구제프로그램TARP: Troubled Asset Relief Program으로 수십억 달러를 내주었다. 곤란을 겪고 있는 자신의 친구들에게 국가의 돈을 마음껏 퍼준 것이다.

결국 부실자산구제프로그램이라는 것도 납세자들의 주머니에서 돈을 빼내 금융위기를 초래한 주범인 거대 은행과 기업들의 주머니에 넣어주는 제도다. 물론 정부는 은행에 구제금융을 투입하면서 사람들

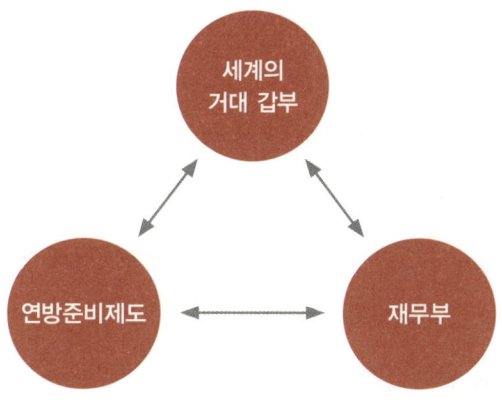

에게 그 돈을 빌려주라고 명령하지만, 사실상 정부는 그러한 명령을 강제할 수도 없고, 또 강제할 의지도 없다.

2008년 12월 중순 〈USA투데이〉는 은행들에게 구제금융으로 받은 돈을 어디에 썼는지 물었다. 250억 달러를 지원받은 JP모건체이스는 이렇게 대답했다.

"그건 밝힐 수 없습니다. 대답하기를 거부하겠습니다."

100억 달러를 받은 모건스탠리는 이렇게 대답했다.

"우리는 아무런 대답도 하지 않겠습니다."

뉴욕멜론은행은 이렇게 대답했다.

"우리는 답변하지 않기로 결정했습니다."

정부가 은행에게 제공하는 구제금융은 그야말로 권력자가 보통 사람들의 돈을 거두어 자신의 부유한 친구들에게 퍼주는 돈일 뿐이다. 자기 친구들의 실책과 무능, 아니 명백한 사기행각을 덮어주기 위해 뿌리는 돈이다. 결코 경제를 살리기 위한 돈이 아니다. 거짓말처럼 들리는가? 2009년 1월 26일 〈월스트리트 저널〉에 실린 "거대 은행, 대출 감소"라는 기사를 보면 진실이 무엇인지 알 수 있다.

최근 발표된 은행들의 2008년 4/4분기 실적을 분석해보면, 부실자산구제프로그램 혜택을 받은 13개 거대 은행 중 10개 은행의 초과 대출금액이 3/4분기에 비해 1.4퍼센트인 460억 달러가 줄어든 것으로 나타났다. 사람들에게 빌려주라고 정부가 준 납세자들의 돈 1,480억 달러를 이들 은행이 꿀꺽했다는 뜻이다.

금융위기로 인한 전 세계의 자산, 주식, 채권, 부동산을 모두 합한 손실은 60조 달러를 훨씬 넘었다. 지금까지 전 세계의 은행과 정부들이 이 문제를 해결하기 위해서 쏟아부은 돈은 10조 달러에 달한다. 그렇다면 50조 달러 손실은 어떻게 메울 것인가? 누가 그것을 메워야 하는가? 이 손실은 누구 주머니에서 빠져나간 것일까? 바로 우리다! 금융위기로 인해 진짜로 돈을 잃은 사람들은 바로 우리다! 그렇다면 '우리'는 누가 구제해줄까? 더욱이 우리는 우리가 입은 손실뿐만 아니라 부자들의 손실에 대해서도 정부의 구제금융을 통해 우리가 낸 세금으로 모두 지불해야 한다.

2013년, 연방준비제도가 만들어진 지 100년이 되는 해다. 거의 100년 동안 연방준비제도는 세계에서 가장 거대한 현금 강도 집단으로 군림해왔다. 말쑥하게 양복을 차려 입고 성조기 배지를 달고 은행창구 뒤에서 합법적으로 돈을 훔치는 강도 말이다. 그들은 가난한 사람들이 은행과 정부에 맡긴 돈을 훔쳐다가 부자들에게 나눠준다.

1981년, 벅민스터 풀러 박사는 강연에서 이런 말을 했다.

"정부를 만드는 가장 큰 목적은, 부자들이 우리 주머니 속에 마음대로 손을 집어넣을 수 있는 통로를 확보하기 위한 것이다."

당시 국가와 지도자를 위대한 가치로 떠받들었던 나에게 그의 말은 매우 불편하게 들렸다. 하지만 내 안의 깊은 곳에서, 그리고 나의 오랜 경험을 돌아보면서 그의 말 속에 어떤 진실이 담겨 있다는 것을 알았다.

그것은 내가 그동안 살아오면서 남몰래 품었던 어떤 의문들을 일깨워주었다. 나는 다시 묻기 시작했다. 왜 학교에서는 '돈'에 대해 가르쳐주지 않는가? 왜 나는 베트남에 파병되어 싸워야 했는가?

나는 미국을 사랑하고, 또 미국을 비난하고 싶지 않았다. 하지만 풀러 박사의 말은 내 안에 잠자고 있던 모든 의심을 흔들어놓았다. 1980년대 초반 나는 그러한 의심을 풀기 위해서 공부하기 시작했고, 이로써 권력자들이 숨기고 싶어하는 수많은 진실들을 알게 되었다.

가난한 아빠가 부자 아빠가 되지 못하는 이유

우리는 항상 돈에 쪼들리고, 그래서 계속 돈을 벌어야만 한다. 그런 삶이 끝없이 되풀이되는 데는 이유가 있다. 바로 다음 네 가지 이유 때문이다.

1. 세금
2. 부채
3. 인플레이션
4. 퇴직연금

이 네 가지 요소가 우리 개인의 삶에 어떻게 영향을 미치는지 잠깐 생각해보자. 먼저 당신은 세금을 얼마나 내는가? 소득세처럼 직접 내는 세금뿐만 아니라 물건을 소비할 때마다 붙는 부가가치세, 소비세, 휘발유세, 부동산세 등도 내야 한다. 이 많은 돈은 누구 주머니로 들어가는가? 왜 내야 할까?

또한 당신은 빚에 대한 이자를 얼마나 내고 있는가? 집이나 자동차를 사기 위해 대출받은 돈, 학자금으로 빌린 돈, 신용카드로 쓴 돈에 대해 얼마나 이자를 내는가?

인플레이션이 우리 삶에 얼마나 영향을 미치는지 생각해보았는가? 사람들이 집을 투기 대상으로 삼은 것은 비교적 최근의 일이다. 그렇다면 사람들은 왜 집을 투기의 대상으로 삼았을까? 바로 집값이 다른 것에 비해 아주 빠르게 치솟았기 때문이다. 물론 기름 값, 대학 등록금, 음식 값, 옷이나 다른 공산품 가격도 서서히 올랐다. 그런데 우리의 소득은 전혀 오르지 않았다. 돈을 아껴봤자 같은 물건을 사기 위해 내일은 더 많은 돈을 지불해야 한다. 인플레이션이 작동하는 세상에서 저축을 하는 것은 미련한 짓이다.

마지막으로 만져보기도 전에 우리 급여에서 빠져나가는 돈이 있다. 각종 퇴직연금이나 사회보험이다. 이 돈은 곧바로 주식시장으로 입금되고, 우리가 알지도 못하는 누군가에 의해서 '관리'된다. 그들은 우리 돈에서 수수료를 챙겨간다. 그러나 힘들게 퇴직연금을 모았다고 해도 노후를 여유롭게 즐길 수 있는 돈은 절대 받지 못한다.

여기서 알아야 할 중요한 사실이 있다. 우리에게 경제적 압박을 주는 세금, 부채, 인플레이션, 퇴직연금이 모두 연방준비제도에 의해 작동한다는 것이다. 연방준비제도가 생기기 전에 미국인들은 거의 세금을 내지 않았다. 국가 부채도 없었고 개인들도 거의 빚을 지지 않고 살았다. 인플레이션도 거의 없었으며, 돈은 가치를 그대로 유지했기 때문에 저축을 해도 안전하고, 퇴직을 하고 난 뒤에도 걱정할 것이 없었다. 그렇다면 연방준비제도와 이 네 가지 요소는 어떤 연관성이 있을까? 간략하게 설명하면 다음과 같다.

1. 세금

초기 미국에는 세금이 거의 없었다. 1862년 남북전쟁 자금을 대기 위해 처음으로 소득세를 걷었으나, 1895년 대법원이 소득세는 헌법 정신에 어긋난다는 판결을 내리면서 사라졌다. 하지만 1913년, 연방준비제도가 만들어지면서 16차 수정헌법이 통과되고 소득세는 영구불변의 세금이 되었다. 소득세가 부활한 것은 재무부와 연방준비제도 운영 자금을 확보하기 위해서였다. 이제 부자들은 세금이라는 이름으로 영원히 우리 주머니에 마음대로 손을 넣어 돈을 꺼내갈 수 있게 되었다.

2. 부채

연방준비제도는 정치인들에게 세금을 올릴 수 있는 권한이 아니라 돈을 빌릴 수 있는 권한을 주었다. 하지만 빚은 양날의 칼처럼 결국 세금을 끌어올리고 인플레이션을 가속화하는 결과를 낳는다. 정부는 재정이 부족할 때마다 세금을 끌어올리기보다는 채권을 팔아 돈을 빌린다. 채권은 곧 납세자들이 그 돈을 갚을 것이라고 약속하는 차용증이다. 채권을 발행할수록 납세자들은 더 많은 세금을 내야 하며, 그만큼 돈은 불어나기 때문에 인플레이션 또한 더욱 가속화된다.

3. 인플레이션

정부의 부족한 재정을 해결하기 위해, 연방준비위원회와 재무부는 채권을 발행하여 돈을 빌리거나 더 많은 돈을 찍어낸다. 돈이 많이 풀릴수록 인플레이션은 가속화된다. 그래서 인플레이션을 '조용한 세금'이라고 부르는 것이다. 인플레이션 상태가 되면 가난한 사람들과 중산층은 생계비 부담에 쪼들리게 되지만 부자는 더 큰 부자가 된다. 부자들은 돈의 가치가 떨어지기 전에 자신이 원하는 물건과 서비스를 마음대로 사둘 수 있기 때문에 물가가 아무리 올라도 그다지 불편을 못 느낀다. 물가 상승의 혜택은 모두 가져가면서도 그로 인한 결과는 하나도 책임지지 않는다. 그러는 동안 가난한 사람들은 굶주리고, 중산층의 주머니는 점점 가벼워진다.

4. 퇴직연금

앞에서 말했듯이 1974년 미국 의회는 근로자퇴직소득보장법ERISA을 통과시켰다. 이것은 퇴직연금을 주식시장에 무조건 투자하게끔 강제하는 법이다. 결국 수익률은 낮으면서 위험률은 높은 투자 상품을 만들어놓고 수수료만 왕창 떼어가는 월스트리트의 사기꾼들에게 국민들의 퇴직연금을 몽땅 줘버리는 것과 같다.

> **독자 코멘트**
>
> 나는 5,000조 퍼센트가 넘는 엄청난 인플레이션을 기록한 짐바브웨에서 살

면서, 돈을 가지고 있는 게 얼마나 불리한 것인지 몸소 깨달았다. 그곳에서는 물건 값이 하루에도 세 번씩 오른다. 아침에 물건을 사놓았다가 저녁에 되팔기만 해도 괜찮은 수익을 얻을 수 있다. — drtaffie

나는 네 가지 요소 중에서 가장 악랄한 것이 인플레이션이라고 생각한다. 가난한 사람에게나 중산층에게나 똑같이 영향을 미치기 때문이다. 세금은 그래도 빈곤층보다 중산층에게 더 많이 걷지만 인플레이션은 모든 사람에게서 똑같이 돈을 걷어간다. — kammi12

우리는 우리 자신을 어떻게 구할 수 있을까

나는 1장을 2007년 8월 6일, 미국에서 가장 큰 모기지 대출업체인 아메리칸홈모기지가 파산한 이야기로 시작했다. 이 사건이 중요한 것은, 전체 부채가 우리가 감당할 수 있는 한도를 넘어섰다는 것을 보여주기 때문이다. 세계의 경제 시스템이 더 이상의 빚을 흡수할 수 없게 된 것이다. 그리고 빚 거품은 2007년 8월 6일 터졌다. 지금 우리는 디플레이션에 허덕이고 있다. 디플레이션은 인플레이션보다 훨씬 더 심각하다.

세계를 구하기 위해서는 디플레이션을 멈추게 해야 한다. 디플레이션을 막기 위해 오바마가 가장 쉽게 쓸 수 있는 수단은 인플레이션을 조장하는 것이었다. 채권을 발행하여 더 많은 빚을 만들어내고, 돈을 더 많이 찍어내야 한다. 이것은 우리가 더 높은 세금을 내야 하며, 더 많은 빚을 지게 된다는 뜻이다. 결국 언젠가 인플레이션 역시 폭발하고 말 것이다.

세계경제를 커다란 열기구라고 생각해보라. 뜨거운 공기를 계속 불어넣어 더 높이 떠오르게 한다. 모든 것이 근사하게 진행된다. 하지만 2007년 8월 6일 뜨거운 공기, 즉 '부채'를 너무 많이 집어넣다가 결국 풍선이 더 견디지 못하고 터져버렸다. 째는 듯한 굉음을 내며 풍선에서 바람이 빠져나가기 시작한다. 열기구가 서서히 가라앉기 시작하자 세계의 중앙은행들은 열기구가 가라앉지 않도록 뜨거운 공기(부채)를 많이, 더 많이 집어넣는다.

"가장 좋은 시간이었으면서도 가장 나쁜 시간이었다. 지혜로움의 시대였으면서도 어리석음의 시대였다."

《두 도시 이야기 A Tale of Two Cities》에서 찰스 디킨스는 이렇게 말한다. 놀랍게도 지금 이 세상은 디킨스가 이 소설을 쓴 1859년과 하나도 달라지지 않았다. 실제로 어떤 이들에게는 디플레이션이 가장 살기 좋은 시기다. 기름, 부동산, 주식, 자산의 가격이 떨어지면서 생활이 훨씬 나아진다. 대형 할인마트만 가격을 10년 전으로 되돌릴 수 있는 것은 아니다.

디플레이션을 막기 위해 전 세계의 정부와 중앙은행들이 금리를 거의 '제로'까지 내리면서 수조 달러를 시스템 안에 투입한다. 공짜로 돈을 마구 빌려주는 것이다. 이로써 수많은 사람들, 기업들, 정부들이 엄청난 빚의 구렁텅이에 깊숙이 빠져든다.

하지만 거대한 금고 속에 돈을 재어놓고 있는 사람들은 먹잇감을 노리며 하늘을 빙빙 도는 독수리처럼 때를 기다린다. 곧이어 홍수가 몰아친다. 사람들이 물에 빠져 허우적거리며 죽어가기 시작하면 유유히 땅에 내려와 그 시체들의 살점을 발라 먹는다. 빌린 돈으로 쌓아올린

온갖 자산들, 알짜 기술들, 훌륭한 건물들을 헐값에 낚아챌 수 있는 일생일대의 기회인 것이다. 좋은 위치를 차지한 기업들은 파산으로 무너지는 경쟁자들을 먹어치움으로써 순식간에 시장점유율을 높인다. 이들에게는 정말이지 행복한 만찬의 시간이다.

반면 다른 이들에게 디플레이션은 최악의 시간이 될 것이다. 직장을 잃어 생계비조차 벌 수 없는 상황이 되거나 빚으로 사들인 자산의 가치가 폭락하여 도저히 채무를 감당할 수 없는 상황이 된다. 아무리 물가가 떨어지고 생계비가 하락해도 이들은 헐벗고 굶주린다.

세계의 중앙은행들이 엄청난 돈을 시스템에 쏟아 붓고 있음에도 보통 사람들은 아무런 혜택을 누리지 못한다. 돈을 아무리 풍선 속에 불어넣는다고 해도 그 돈을 빌릴 수 있는 사람은 많지 않다.

이들은 인플레이션이 오든 디플레이션이 오든, 죽는 날까지 혜택을 누리지 못한다. 유리한 거래를 할 수 있는 시기가 올 때까지 기다릴 수 있을 만큼 돈이 많지 않기 때문이다. 그들은 늘 공포에 떨며 근근이 연명한다. 자신의 직장, 집, 저축, 퇴직연금이 날아가지 않을까 걱정한다. 다행히 아직 그런 것들이 남아 있다면 말이다.

디플레이션을 인생에서 가장 행복한 순간으로 맞이하는 사람과 가장 불행한 순간으로 맞이하는 사람의 차이는 의외로 단순하다. 금융 IQ와 금융지식의 차이다. 물론 제도 교육은 사람들에게 돈이 무엇인지, 또 어떻게 작용하는지 가르치지 않기 때문에 대부분 불행한 순간으로 맞이할 것이다.

학교에서는 오히려 돈을 가치 없고 고리타분한 것이라고 가르친다. 그것은 돈의 낡은 규칙이다. 용돈기입장의 수입과 지출을 맞추는 법만 가르칠 뿐, 대차대조표를 어떻게 개선할 수 있는지는 가르치지 않는다. 심지어 수많은 사람들이 대차대조표를 읽는 법도 배우지 못하고 학교를 졸업한다.

학교는 또한 돈을 저축하라고만 할 뿐, 인플레이션에 대해서는 가르쳐주지 않는다. 인플레이션이 어떻게 우리의 부를 훔쳐가는지 가르쳐주지 않는다. 수표를 쓰는 방법은 가르치지만 자산과 부채가 어떻게 다른지 가르쳐주지 않는다. 이 때문에 사람들을 어둠 속에 가두려는 목적으로 교육 제도가 설계되었다고 의심하는 사람도 있다.

학교 성적은 좋은데 돈에 관한 한 바보인 사람들이 너무나 많다. 물론 변호사나 의사처럼 고소득 직업을 갖기 위해서는 공부를 잘해야 한다. 하지만 돈을 많이 번다고 해서 돈에 대해서 똑똑한 것은 아니다. 직업적 안정과 경제적 안정은 전혀 다르다. 세상에서 돈이 움직이는 방식을 이해해야만 진정한 경제적 안정을 누릴 수 있다.

지금의 사태는 우리 정부와 금융을 이끌어가는 사람들로부터 시작되었다. 수장들이 바꿔버린 돈의 새로운 규칙을 알지 못해서, 또 그러한 규칙이 우리 삶에 어떤 영향을 미치는지 이해하지 못해서 수많은 보통 사람들이 평생 일을 하며 번 돈을 순식간에 날린 것이다. 이것은 단 한 명의 카리스마 있는 정치인이 해결할 수 있는 문제가 아니다. 시스템을 뒤집지 않으면 해결할 수 없다.

그러나 우리에게는 시스템을 뒤집을 힘이 없다. 그렇다면 우리는 이렇게 물어야 할 것이다.

"우리는 우리 자신을 어떻게 구할 수 있을까?"

해답은 바로 '지식'이다. 그것이 부자들의 독재에서 해방될 수 있는 유일한 열쇠다. 우리는 돈이 무엇인지, 돈이 어떻게 작동하는지 배워야 한다. 부족함에 대한 두려움을 벗어버리고 우리 주변에 넘쳐나는 풍요로움을 인식할 줄 알아야 한다. 그럴 때만이 우리는 진정으로 행복한 시간을 즐길 수 있을 것이다.

나는 정부나 거대 기업이 우리를 구해줄 것이라고 생각하지 않는다. 권력자들의 약속은 믿을 게 못 된다. 그들이 '실제로 하는 행동'을 지켜본 다음 우리는 반응해야 한다. 그저 시키는 대로 따르는 것이 아니라 그들의 행동에 어떻게 반응해야 하는지 알아야 한다. 어떻게 하라고 시킬 때까지 기다리지 말고 주체적으로 행동해야 한다. 그러기 위해서는 금융 교육이 필요하다. 용기도 필요하다.

현재 경제 문제는 매우 심각하다. 그 누구도 통제할 수 없는 상황으로 치닫고 있다. 이것은 정치적인 문제를 넘어선 '통화(돈)의 문제'다. 미국만의 문제가 아니라 전 세계적인 문제다. 미국 대통령이 할 수 있는 일에는 한계가 있다. 세계 금융을 조종하는 진짜 권력자들에게 미국 대통령은 하찮은 존재일 뿐이다. 그들은 누구의 승낙도 받을 필요 없이 자신이 원하는 일을 할 수 있기 때문이다. 세계의 어떤 정부에도 속하지 않으며, 따라서 국민이 선출한 지도자들의 통제권도 영향을 주지 못한다.

학교에서 금융 교육을 할 수 있다면 과연 무엇을 가르쳐야 할까? 나는 이 질문에 이렇게 대답하겠다.

"학생들이 학교 교육을 마치기 전에 세금, 빚, 인플레이션의 관계를 확실히 이해할 수 있게 해야 한다."

이런 교육이 이루어진다면 우리는 훨씬 안정된 미래를 누릴 수 있을 것이다. 정부나 소위 '금융 전문가'들에게 의존할 때보다 훨씬 나은 판단을 할 수 있을 것이다.

궁극적으로 이 책은 세금, 부채, 인플레이션, 퇴직연금이 우리에게 어떤 영향을 미치는지 설명하기 위한 것이다. 이러한 지식은 돈의 새로운 규칙을 이끌어내는 토대가 된다. 이 네 가지 힘을 이해함으로써 당신은 자신의 경제적 미래를 통제하기 위한 준비를 할 수 있다. 그것은 곧 돈의 새로운 규칙이 될 것이다. 이 규칙만 이해하면 당신은 부자들의 음모에서 벗어날 수 있으며, 경제적 자유를 즐기며 풍요로운 삶을 누릴 수 있을 것이다.

독자 코멘트

나는 금융에 대해 공부를 해왔기 때문에 미국의 퇴직연금이 훌륭한 투자모델이 아니라는 사실을 오래전부터 알고 있었다. 그 덕분에 남들보다 손실을 줄일 수 있었다. 그래서 나는 저자의 말에 깊이 동의한다. "우리를 부자로 만드는 것은 금도 은도 부동산도 아니다. 우리를 부자로 만드는 것은 금, 은, 부동산에 대한 우리의 지식이다."

— dafirebreather

RICH DAD'S CONSPIRACY OF THE RICH

2

교육에 대한 부자들의 음모

학교에서 돈에 대해 가르치지 않는 이유

[일반교육위원회 General Education Board]

일반교육위원회의 설립 목적은 돈의 힘을 활용하고자 하는 것이다. 우리의 목적은 많은 사람들이 생각하는 것처럼 미국의 교육수준을 높이기 위한 것이 아니다. 교육의 방향을 우리가 원하는 대로 바꾸고자 하는 것이다……. 우리의 목표는 학교를 통해 사람들을 규칙에 순응하도록, 지배자에게 복종하도록 길들이고 가르치는 것이다. 우리가 추구하는 바는 예나 지금이나 같다. 관리감독과 지시에 따라 생산적으로 일하는 시민을 양산하는 것이다. 권위를 의심하는 태도, 교실에서 가르치는 것 이상을 알고 싶어하는 태도는 꺾어버려야 한다. '진정한 교육'은 엘리트 지배계급의 자녀들에게만 제공한다. 나머지 학생들은 그저 하루하루 즐기는 일 이외에는 아무런 꿈도 꾸지 못하는, 숙련된 일꾼으로 만들어야 한다. 그런 교육이 그들에게는 훨씬 도움이 될 것이다.

— 에드워드 그리핀G. Edward Griffin, 《제킬 섬에서 온 생명체The Creature from Jekyll Island》, 1903년 창립된 록펠러 일반교육위원회에서

지금 학교 교육은 잘못되었다

내가 처음 학교를 의심한 것은 아홉 살 때였다. 우리 가족은 아버지의 직장이 있는 동네로 이사를 했다. 도시의 경계를 넘지는 않았지만 나는 새로운 환경에 적응해야 했다. 나는 새 학교에서 4학년을 시작했다.

우리는 하와이의 큰 섬에 있는 힐로Hilo라는 도시에서 살았다. 이 도시의 주요 산업은 사탕수수 재배였으며, 인구의 80~90퍼센트 정도가 1800년대 후반 아시아에서 이민 온 사람들의 후손이었다. 나 역시 일본계 이민 4세대다. 전에 다니던 학교에는 나처럼 생긴 아이들이 많았다. 하지만 새로 전학 간 학교에서는 절반이 백인이고 절반이 아시아인이었다. 대부분 돈 많은 부유한 집 자녀였다. 이곳에서 나는 처음으로 내가 가난하다는 사실을 깨달았다.

나는 부자 친구들을 사귀게 되었다. 우리 가족은 도서관 뒤에 붙어 있는 작은 집에 세 들어 살았지만, 친구들은 멋진 동네에서 으리으리하게 살았다. 우리 집에는 차가 한 대밖에 없었지만, 친구들 집에는 대부분 차가 두 대씩 있었다. 해변가에 별장도 하나씩 가지고 있었다. 나는

공공 해변에서 생일파티를 했지만, 친구들은 가족 소유의 요트 위에서 생일파티를 열었다. 친구들이 골프를 치러 다니기 시작할 때 나는 겨우 레슨을 받을 수 있었다. 심지어 내 골프채도 없었다. 친구들이 컨트리클럽에서 골프를 칠 때 나는 그곳에서 캐디로 일했다. 나의 부자 친구들은 새로 나온 자전거를 샀고, 생일선물로 요트를 받기도 했다. 방학 때는 가족과 함께 디즈니랜드로 놀러 갔다. 우리 엄마 아빠도 꼭 디즈니랜드에 데려가주겠다고 약속했지만 지키지 않았다. 우리 가족은 하루만에 다녀올 수 있는 하와이 국립공원에 가서 화산이 폭발한 흔적을 구경하는 것이 고작이었다.

나는 우리 반에서 가장 못사는 아이였고, 성적도 최하위권이었다. 그래도 나는 이 학교에서 최고로 멋진 추억을 만들었다. 바로 부자 아빠를 만난 일이다. 나와 같은 처지에 있던 아이가 한 명 있었는데, 우리는 자연스레 단짝친구가 되었다. 우리는 늘 붙어 다녔다. 그 친구의 아버지가 바로 나의 '부자 아빠'다.

1880년 나의 일본인 선조들은 하와이로 이민을 왔다. 그들은 오자마자 사탕수수 농장과 파인애플 농장으로 보내졌다. 그들의 꿈은 돈을 많이 모아 고향으로 하루빨리 돌아가는 것이었다.

그들은 농장에서 열심히 일했다. 하지만 급료는 낮았다. 게다가 농장 주인은 그들에게 기거하는 집을 제공하는 대가로 월급에서 임대료를 뺐다. 농장에는 생필품을 살 수 있는 가게가 하나밖에 없었기 때문에, 일꾼들은 필요한 식료품과 물건을 모두 거기서 구입해야 했다. 결국 임대료를 빼고 남은 월급에서 한 달치 외상값을 주고 나면 돈이 거의 남지 않았다.

돈을 벌어 돌아가겠다는 꿈은 점점 멀어져갔다. 결국 자식들이라도 농장을 벗어날 수 있게 하는 것이 그들의 유일한 희망이 되었다. 그곳에서 빠져나가 더 나은 세계로 진입할 수 있는 유일한 티켓은 바로 교육이었다. 그래서 그들은 아이들을 대학에 보내기 위해 허리띠를 졸라맸다. 다행히도 우리 가족은 2세대가 되면서 농장에서 빠져나왔다. 우리 가족은 거의 대부분 대학을 졸업했다. 학사학위는 기본이고 석사학위, 박사학위를 가진 사람도 많다. 나는 우리 집안에서 학력이 가장 낮다. 이학학사 학위가 전부다.

새로 전학 간 학교에서 나는 인생의 중대한 변화들을 겪었다. 우선 학교가 자리 잡은 곳부터 그 전과는 환경이 크게 달랐다.

내가 전학을 간 리버사이드 초등학교 바로 맞은편에는 힐로유니온 초등학교가 있었다. 힐로유니온은 농장에서 일하는 사람들, 대개 노동조합(유니온)에 가입한 사람들의 자녀들이 다니는 학교였다. 반면에 리버사이드는 농장을 소유한 사람들의 자녀들이 다니는 학교였다.

리버사이드로 전학을 가면서 나도 농장 주인들의 자녀들과 함께 학교를 다니게 된 것이다. 학교에 갈 때마다 늘 길 건너편에 있는 힐로유니온 초등학교가 보인다. 리버사이드와 힐로유니온은 완전히 다른 학교였다. 그것은 '인종'에 의한 분리가 아니라 '돈'에 의한 분리였다. 우리 집이 리버사이드가 있는 쪽이 아닌 힐로유니온이 있는 쪽으로 이사를 갔다면 나는 힐로유니온에 다녔을 것이다. 이때부터 나에게는 학교와 교육 제도에 대한 의심이 싹트기 시작했다. 하지만 뭔가 잘못되어 있다는 것을 느꼈을 뿐 그게 뭔지는 몰랐다.

그곳에서 초등학교를 졸업할 때까지 농장 주인들의 아이들과 함께

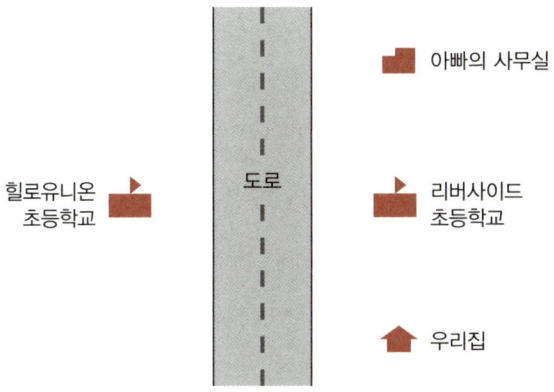

학교를 다녔다. 우리 선조들이 그토록 도망치고 싶어하던, 그 농장의 아이들과 함께 어울려 뛰어놀기도 하고 그들 집에도 자주 놀러갔다.

초등학교를 마치고 친구들은 대부분 사립기숙학교로 갔지만, 나는 좀 더 외진 곳에 있는 공립중학교에 들어갔다. 거기서 나는 길 건너편에서 살던 아이들, 힐로유니온에 다니던 아이들과 다시 만났다. 그들과 어울리면서 부잣집에서 자란 아이들과 가난한 집, 또는 중산층 가정에서 자란 아이들이 어떻게 다른지, 얼마나 다른지 경험했다.

우리 아버지는 교육을 많이 받은 사람이었다. 교사로서 능력을 인정받아 하와이교육청에서 최고의 지위에 올랐다. 하지만 대학에서 높은 학위를 따고, 괜찮은 보수를 받는 좋은 일자리를 얻었음에도 우리 가족의 형편은 그리 넉넉지 않았다. 적어도 초등학교를 같이 다니던 부유한 친구들 집과 비교했을 때는 그랬다.

부자 친구들의 집에 갈 때마다 어린 내 마음속에서는 어떤 의문이 뭉글뭉글 피어올랐다. 우리 엄마 아빠가 공부도 더 많이 하고 더 똑똑한데 어째서 다른 엄마 아빠들보다 부자가 아닌지 이해할 수 없었던 것이다.

우리 선조들은 자식들에게 가난을 대물림하지 않기 위해 허리띠를 졸라매고 열심히 살았다. 그렇게 해서 번 돈으로 자식들을 교육시켰다. 어린아이의 눈에도 리버사이드와 힐로유니온이 어떻게 다른지 뚜렷이 보였다. 나는 농장 주인을 부모로 둔 부자 친구들은 물론 농장 일꾼을 부모로 둔 가난한 아이들과도 어울려보았다. 초등학교에서 가르치는 기본적인 내용은 같았지만 뭔가 석연치 않은 점이 있었다. 지금까지도 그런 느낌은 지울 수 없다.

그 옛날 우리 선조들은 자식들만은 자신들처럼 농장 일이나 하며 살지 않기를 간절히 바랐다. 문제는 그때나 지금이나 학교에서는 농장주가 되는 법, 농장을 소유하는 법에 대해서는 가르쳐주지 않았다는 것이다.

오늘날에도 똑같은 이야기가 되풀이되고 있다. 수많은 사람들이 대기업, 군대, 정부와 같은 조직에서 일한다. 이런 것들 역시 다른 형태의 '농장'일 뿐이다. 우리는 좋은 일자리를 얻기 위해 학교에 간다. 하지만 학교에서는 부자를 위해 일하는 법, 부자의 가게에 가서 쇼핑하는 법, 부자의 은행에서 돈을 빌리는 법, 뮤추얼펀드나 퇴직연금을 통해서 부자의 회사에 투자하는 법만 가르쳐준다. 하지만 어떻게 부자가 되는지, 어떻게 농장 주인이 될 수 있는지는 가르치지 않는다.

학교 교육은 결국 우리를 부자들의 음모라는 거대한 거미줄 속에 옭아매는 수단일 뿐이다. 물론 내가 이렇게 이야기하면 많은 사람들이 거북해한다. 우리 교육 제도를 뒤에서 조종하는 것이 부자들이라는 사실을 받아들이고 싶지 않은 것이다.

부자들은 교육 시스템을 어떻게 장악했는가

오늘날 교육 제도의 가장 큰 죄악은 '돈'에 대해서 가르치지 않는 것이다. 그보다는 어떻게 해야 훌륭한 피고용자가 될 수 있는지, 자신의 신분에 맞게 살아갈 수 있는지 가르친다. 어떤 이들은 우리 교육이 처음부터 그렇게 설계되었다고 말한다. 예컨대 에드워드 그리핀에 따르면, 일반교육위원회가 최초로 제출한 특별보고서 〈미래의 미국 학교 *The Country School of Tomorrow*〉에서 프레더릭 게이츠Frederick Gates는 다음과 같이 말한다.

"우리가 꿈꾸는 세상에서, 우리는 무한한 자원을 차지하고 사람들은 우리가 주무르는 대로 온순하게 움직여야 한다. 전통적인 교육적 관습은 사람들 마음에서 점점 사라지고 있다. 지금이 전통의 방해를 받지 않고 교육을 바꿀 수 있는 좋은 기회다. 늘 감사하는 마음으로 우리 요구에 반응하는 촌사람들을 생산해냄으로써 우리는 이익을 만들어낼 수 있다……. 우리 임무는 아주 단순하면서도 아름다운 것이다. 자신이 지금 있는 곳을 완벽한 이상세계처럼 느끼도록 사람들을 훈련시키기만 하면 된다……."

1903년 일반교육위원회를 설립한 주체가 당시 가장 강력하고 돈이 많은 록펠러 재단이었음을 기억하라. 작성된 지 100년이 훨씬 넘은 이 보고서에서 분명하게 볼 수 있는 것은, 미국의 가장 부유한 엘리트 계급들은 학생들이 필요로 하는 것이 아니라 자신들이 필요로 하는 것을 가르치는 교육 제도를 구축하고자 했다는 것이다. 이것은 매우 중요한 사실이다. 이러한 교육에 대한 태도는 100년이 지난 지금도 변함이 없다. 당신이 받은 교육, 내가 받은 교육, 우리 아이들이 받을 교육 뒤에는 이러한 힘이 작용하고 있다. 바로 이러한 힘이 지금까지도 학교에서 돈에 대해 가르치지 못하도록 억누르고 있는 것이다. 다른 사람의 돈을 만들어내는 기계가 될 운명, 다른 사람의 농장에서 일하는 일꾼이 될 운명을 타고난 사람에게는 돈에 대해 가르칠 필요가 없는 것이다.

1983년 풀러 박사의 《자이언트 그런치》를 읽고 나서 나는 학교에서 왜 돈에 대해 가르치지 않는지 조금씩 이해하기 시작했다. 물론 그때는 학교제도를 비난할 용기가 없었다. 더욱이 우리 아버지는 하와이 교육청의 수장이었다. 하지만 시간이 지나면서 학교에서 돈에 대해 가르치지 않는 이유를 의심하는 사람이 나뿐만이 아니라는 사실을 알게 되었다.

그러던 중 교육에 대한 의심을 공유할 수 있는 사람을 만나게 되었다. 《대중교육이라는 무기 Weapons of Mass Instruction》와 《멍청하게 만들기 Dumbing Us Down》라는 책을 쓴 존 테일러 가토 John Taylor Gatto다. 그는 원래 훌륭한 교사였다. 뉴욕에서 세 번이나 '올해의 교사'로 선정되었으며, 뉴욕 주에서 올해의 교사로 뽑히기도 했다. 1991년 그는 〈월스트리트 저널〉에 다음과 같은 기고문을 쓰고 나서 교사직을 그만두었다.

"나는 더 이상 아이들을 가르칠 수 없다. 아이들에게 상처를 주지 않고도 생계를 이어갈 수 있는 직업이 있다면 나에게 알려달라. 당장 그 일을 하겠다."

그는 지금의 교육 제도가 프로이센의 교육 제도를 모방한 것이라는 사실을 나에게 일깨워주었다. 프로이센 교육 제도는 충성스러운 일꾼, 맹목적으로 명령을 따르는 군인, 시키는 대로 행동하고 시키는 대로 자신이 번 돈을 쓰는 대중을 생산하기 위한 목적으로 설계되었다. 가토는 최근 나에게 이렇게 이야기했다.

"우리 교육 시스템은 아이들 스스로 생각하는 법을 가르치기 위한 것이 아니다. 오늘날 우리는 온전하게 자유로울 수 있다고 생각하지만, 그런 생각을 뒷받침하기 위해서 설계된 것도 아니다. 우리 교육 제도의 밑바탕이 되는 프로이센 교육 모델은 오히려 그 정반대 목적을 위해 설계되었다. 아이들을 명령에 복종하게끔 만들고, 시키는 대로 행동하게끔 가르치는 것이 진짜 목적이다. 고분고분하고 순종적인 학생들은 장차 부자를 위해 평생 일하는 것에 만족하는 피고용자가 될 것이고, 부자의 자산을 보호하기 위해 기꺼이 전쟁에 나가 목숨까지 바치는 군인이 될 것이다."

물론 학교에서 돈에 대해 가르치지 않는 것이 어떤 음모에 따른 결과라고 믿지 않아도 상관없다. 하지만 누구도 부인할 수 없는 사실은 지금의 학교는 금융 교육에 관한 한 낙제점수를 받을 수밖에 없다는 것이다. 의도적이든 의도적이지 않든, 오늘날 많은 사람들이 금융위기 속에서 허우적거리고 있는 것은 학교에서 돈에 대해 가르치고 훈련시키는 일을 하지 않았기 때문이다.

교육수준이 높은 사람들도 예외 없이 경제적 어려움을 겪는 것은 금융 교육의 부재 때문이다. 금융 전문가라는 사람들의 조언을 따르다가 노후자금을 날린 사람도 수백만 명에 이른다. 자신의 재정 상황에 대해서 이야기해보라고 하면 너무나 많은 사람들이 눈물부터 글썽거린다.

> **독자 코멘트**
>
> 30년 동안 초등학교에서 아이들을 가르치다 퇴직한 사람입니다. 나 역시 선생님으로서, 학교 교육에 상당한 좌절감을 느꼈습니다. 교육이 오히려 우리 아이들을 실패하도록 만드는 것은 아닌지 걱정이 들 때도 있었습니다. 학교는 아이들이 살아가는 데 그다지 필요하지 않은 것들만 주로 가르치기 때문입니다. 고대 그리스인들은 사람에게 생각하는 법을 가르쳐야 한다고 말했습니다. 하지만 우리는 아이들을 시키는 대로만 하라고 훈련시킵니다.
>
> — henri54

일반인들이 금융 노예로 전락한 과정

사람들이 돈에 대해서 배우지 않으면 결국 자신의 자유를 돈과 바꿔야 하는 처지에 놓인다. 넉넉한 생활비를 벌기 위해서는 안정적인 일자리를 가져야 하기 때문이다. 그럼에도 사람들은 평생 해고의 두려움 속에서 살아간다. 그렇기 때문에 교육수준이 높은 수백만 일꾼들이 경제적 안정보다도 직업적 안정을 더 우선시하는 것이다.

내가 해병대에 있을 때 제대하는 것을 원치 않는 동료들이 있었는데, 나라를 위해 봉사하겠다는 사명감 때문이 아니라 평생 국가에서 주는 월급을 받으며 살고 싶다는 것이었다. 학교에서도 마찬가지다. 교사들도 대부분 아이들을 가르친다는 자부심보다는 신분 보장을 누리고 싶다는 동기가 더 크게 작용한다.

학교에서 금융 교육을 하지 않은 결과, 사람들은 자신에게 주어진 자유를 포기하고 정부나 부자들이 자신의 삶을 통제하고 지배해주기를 바라게 되었다. 경제적 문제를 스스로 해결할 수 있는 금융지식이 부족하기 때문에, 그 일을 정부가 대신 떠맡아주기를 기대하는 것이다. 이렇게 정부에게 의존하는 과정에서 우리는 자유를 포기하고, 자신의 삶과 돈에 대한 통제권한을 정부에게 줘버린다. 연방준비위원회와 미국 재무부가 은행을 구제하는 것은 우리를 도와주기 위한 것이 아니라 부자를 보호하기 위한 것이다. 구제금융이 집행될 때마다 우리의 경제적 자유는 더욱 정부에게 귀속되고, 공공부채를 갚아야 할 우리의 몫은 점점 커진다.

부실 은행을 정부가 인수하고 개인의 금융 문제를 사회보장제도나 의료보험과 같은 정부의 프로그램을 통해 해결하다 보면 정부는 거대해질 수밖에 없고, 이것은 곧 사회주의로 발전하게 된다. 내 생각에 사회주의는 사람들을 더 나약하게 만들고, 또한 사람들을 계속 그런 상태에서 빠져나오지 못하도록 만드는 체제다. 성경에서는 사람들에게 물고기를 주지 말고 낚시하는 법을 가르치라고 했다. 내가 보기에 복지제도와 구제금융은 사람들에게 물고기를 낚는 법을 가르치는 것이 아니라 물고기를 줘버리는 것이다.

1장에서 말했듯이 사람들이 계속 돈을 벌어야만 하는 주요한 이유는 세금, 부채, 인플레이션, 퇴직 때문이다. 또한 이 네 가지 요소는 연방준비위원회 및 재무부와 직접 연관되어 있다. 다시 말하지만 돈을 찍을 수 있는 권한, 국가 부채를 늘릴 수 있는 권한을 연방준비위원회에게 주고 난 뒤 세금, 인플레이션, 퇴직연금이 치솟았다. 한마디로 말해서 세금, 부채, 인플레이션, 퇴직연금이라는 족쇄 때문에 사람들은 경제적으로 나약해지고, 정부의 권력은 더욱 공고해진다. 경제적으로 살아남기 위해 투쟁해야만 하는 상황에서 사람들은 정부의 도움을 덥석 받아들일 것이다. 이렇게 사람들은 자신도 모르는 사이에 자신에게 주어진 자유를 포기하고 스스로 금융 노예로 전락한다.

2009년 기준 미국에서 집을 소유한 사람들의 비율은 계속 떨어지고 있다. 모기지 대출금을 갚지 못해 압류되는 건수가 역사상 가장 높게 나타났다. 중산층의 비율이 떨어지고 있고 저축액도 상당히 줄었다. 가정의 부채는 눈더미처럼 불어났다. 최저생계 수준을 밑도는 사람들의 수도 늘어났다. 많은 사람들이 65세가 넘어서도 일을 해야 하는 상황이 됐다. 파산 건수도 지붕을 뚫고 치솟았다. 많은 미국인들이 은퇴한 뒤 쓸 수 있는 노후자금은 꿈도 꾸지 못하고 있다. 이것은 미국만의 현상이 아니다. 전 세계에서 같은 상황이 벌어지고 있다. 부자들의 음모는 국경을 넘어 전 세계 시민들에게 영향을 미친다.

오늘날 전 세계가 역사상 가장 큰 금융위기를 맞고 있으며, 많은 사람들이 정부가 구해주기만을 기다리고 있는 실정이다. 고등교육을 받은 대다수의 사람들이 세금, 부채, 인플레이션, 퇴직연금으로 인해 고통을 받고 있는데도, 이러한 경제적 요소가 자신의 삶에 어떤 영향을 미치는지 알지 못하는 것도 명백한 사실이다.

오늘날 우리가 처한 금융 현실에 대해서 잠깐 살펴보자.

현실 부채	부자와 가난한 사람에게 어떻게 다른가?
학교 부채	사람들은 대부분 학교에서 돈에 대해 아무것도 배우지 못한다. 부자들은 집에서 돈에 대해 배운다.
직업 부채	많은 사람들이 부자를 위해서 일하며 먹고산다.
세금 부채	정치 지도자들은 부자들이 소유한 기업, 그리고 자신의 친구들이 소유한 기업에 구제금융 형태로 세금을 퍼준다. 보통 사람들의 경우 100만 원을 세금으로 내면 그로 인해 받는 혜택은 20만 원어치도 되지 않는다. 부자들은 경제 시스템이 어떻게 작동하는지 안다. 자신의 회사를 통해 많은 돈을 벌면서도 피고용자들이 내는 것보다 훨씬 낮은 비율로 세금을 낸다.
국가 부채	정부가 기업에 조 단위의 구제금융을 쏟아 붓겠다고 이야기하는 것은 곧 그 돈을 우리보고 갚으라는 뜻이다. 우리가 다 갚지 못하면 우리 후손들이 몇 세대에 걸쳐 갚아야 한다. 우리 아이들은 지금보다 훨씬 높은 세금과 인플레이션으로 그 대가를 치러야 한다.
주택 부채	대출 이자는 모두 부자들이 소유한 은행이 갖는다. 30년 동안 5퍼센트 이자율로 1억 원을 대출받을 경우 당신은 이자만 9,300만 원을 내야 한다. 대출 수수료는 포함하지 않은 금액이다.
퇴직 부채	많은 사람들이 노후자금을 마련하기 위해 주식, 채권, 뮤추얼펀드에 투자한다. 이런 돈은 대부분 부자들의 기업에 투자하는 것이다. 기업이 손실을 입으면 당신은 돈을 잃는다. 아무리 손실이 나더라도 재정 설계사, 주식 중개인, 부동산 중개인은 언제나 수수료를 챙긴다.
생계비 채무	보험, 휘발유, 통신비, 전기료 등 생활에 필요한 물품에 지불하는 돈은 모두 누가 먹는가? 부자다. 이러한 생필품 가격이 계속 오른다면 누가 혜택을 얻는가? 부자다.

독자 코멘트

사회적 계급이 얼마나 무서운지는 병원에 가보면 적나라하게 알 수 있다. 의료보험이 민영화된 미국에서는 의료보험료가 엄청나게 비싸다. 부자라면 스스로 부담할 수도 있고 보험회사가 부담할 수도 있다. 또 아주 가난한 사람이라면 무상 의료보조금을 국가에서 받을 수도 있다.

하지만 이 양극단에 속하지 않는 거의 모든 사람들은 아파도 병원에 갈 수 없다. 심지어 소기업을 운영하는 사람들, 중견기업가들 중에서도 어느 정도 보장이 되는 '좋은' 보험에 들 수 있는 사람이 얼마나 되는지 궁금하다. 이것은 단순히 몸이 아프거나 다쳤을 때만 문제가 되는 것이 아니다. 아무리 회사 일이 지옥 같아도 수많은 미국인들이 회사를 그만두지 못하는 것은 바로 이 건강보험 때문이다. 직원건강보험을 잃는 순간, 자기 자신뿐만 아니라 가족까지 위험한 처지로 몰고 갈 수 있기 때문이다.

— Bryan P

돈에 관한 거대한 거짓말

나의 가난한 아빠는 훌륭한 사람이었다. 좋은 교육을 받았고 열심히 일하는 정직한 공무원이었다. 하지만 돈에 관한 한 거짓말쟁이였다. 아버지는 이런 말을 자주 했다.

"난 돈에 관심 없다."

"나는 돈을 위해서 일하지 않는다."

"돈은 그렇게 중요하지 않다."

그런 말을 들을 때마다 나는 머리를 저었다. 내가 생각하기에 모두 거짓말이기 때문이다. 그래서 한번은 이렇게 물었다.

"돈에 관심이 없다면서 월급은 왜 받으세요? 아빠는 '내가 일하는 만큼 돈을 주지 않는다'고 화를 내셨잖아요? 그러면서도 급료를 올려주기만을 기다리잖아요."

아버지는 아무 대답도 하지 않았다. 많은 사람들이 나의 아버지처럼 돈에 대해 불편하게 생각한다. 자신의 삶에서 돈은 별로 중요하지 않다고 거짓말을 하면서 산다. 흔히 사람들은 '섹스, 돈, 종교, 정치'에 대해서는 이야기하지 말라고 한다. 이런 주제들은 경박하고 원초적이라고 생각하기 때문이다. 그래서 많은 이들이 날씨, 스포츠, TV, 유행하는 다이어트 비법에 대해 이야기한다. 하지만 이런 것들은 표피적인 문제일 뿐이다. 그런 것 없이도 우리는 잘 살 수 있다. 하지만 돈 없이는 살 수 없다.

"돈을 사랑하는 것이 정말 악의 뿌리일까?"

많은 사람들이 그렇다고 대답한다. 하지만 정작 사람들이 알지 못하는 것은 그 질문에서도 '돈을 사랑하는 것'이 악의 뿌리일지언정 '돈' 그 자체는 악의 뿌리라고 말하지 않는다는 사실이다.

사람들은 돈이 우리를 부패시키고 나쁘게 만드는 힘이 있다고 생각한다. 그래서 어릴 때부터 돈이 어떻게 움직이는지 알게 되면, 좋은 교육을 받으려 하지 않을 것이라고 생각한다. 물론 그럴 수도 있다. 하지만 살아가기 위해서는 돈이 들고, 돈을 버는 것은 인생의 중요한 부분이다. 거의 모든 사람들이 깨어 있는 시간 대부분을, 자신의 삶 대부분을 돈 버는 데 사용한다. 이혼과 가정 파탄 역시 거의 돈 때문에 비롯된다.

돈에 대해 무지한 상태로 머무는 것이야말로 악이다. 돈 때문에 우리는 하고 싶지 않은 일을 계속해야 하고, 존경하지 않는 사람을 받들어 모셔야 하고, 사랑하지 않는 사람과 결혼해야 하고, 남의 것을 훔치기도 하고, 스스로 자신을 돌보지 못해 가족이나 정부에 의지하기도 한다. 이 모든 것이 악이 아니고 무엇이란 말인가?

'돈이 중요하지 않다'는 생각은 시대에 뒤떨어진 것이다.

> **독자 코멘트**
>
> 기원전 10세기에 살았던 솔로몬 왕은 당시 가장 현명하고 부유한 사람이었다. 그는 이렇게 말했다. "잔치를 벌이면 흥에 겹고, 술을 마시면 살맛이 난다. 하지만 이 모든 것은 돈이 있어야만 할 수 있다."(전도서 10장 19절)
>
> — drmlinchols

우리 인류는 네 단계의 사회발전 과정을 거쳤다. 쉬운 말로 풀어 써보면 다음과 같다.

1. 수렵채집사회

선사시대에는 돈이 필요하지 않았다. 작살, 콩, 열매, 땅굴, 불만 있으면 살아갈 수 있었다. 사람들은 유목생활을 하면서 먹을 것을 따라 이동했기 때문에 땅은 중요하지 않았다. 사람들은 계급이 거의 존재하지 않는 부족생활을 했다. 부족장이라고 해도 다른 사람보다 그다지 잘 살지 못했다. 이 시기에는 계급이 단 하나밖에 없었으며 '부'라는 것도 모르고 살았다.

2. 농업시대

인간이 농작물을 재배하고 가축을 키우는 법을 알게 되면서 땅이 중요해졌다. 물물교환이 가장 중요한 교환 방법이었기 때문에 돈은 중요하지 않았다. 돈이 없어도 불편한 줄 몰랐다. 이 시기에는 모든 땅이 왕의 소유였다. 농부들은 땅을 사용하는 대가로 곡물과 가축을 세금으로 지불했다. 부동산을 의미하는 영어 단어 'real estate(진짜 재산)'는 'royal estate(왕의 재산)'라는 말에서 나온 것이다. 부동산을 빌려주고 돈을 받는 사람을 'landlord(땅+왕)'라고 부르는 것도 이 때문이다. 이 시기에는 왕족과 소작농 두 계급만 있었다.

3. 산업화시대

산업화시대는 1500년경에 시작되었다. 크리스토퍼 콜럼버스는 세계가 평평하다는 상식을 정면으로 부정하고 항해를 떠나 신세계를 발견했다. 누구나 알고 있듯이 콜럼버스가 원래 찾던 것은 신세계가 아니라 아시아였다. 왜 그는 목숨을 걸고 아시아를 찾아 나섰을까? 바로 금, 구리, 고무, 기름, 통나무, 모피, 향신료, 각종 금속, 직물 등 산업시대에 반드시 필요했던 자원들을 쉽게 교역할 수 있는 루트가 필요했기 때문이다.

사람들은 농촌을 떠나 도시로 몰려들었다. 이러한 변화는 새로운 문제와 기회를 만들어냈다. 산업화시대가 되자 사람들은 땅을 필요로 하지 않았다. 왕에게 세금을 내는 소작농은 점점 줄어들고 대신 새로운 자본가 밑에서 일하는 사람들이 늘어났다. 땅 대신 조합corporation(기업)을 소유한 새로운 자본가들이 이들 피고용자들에게 돈을 주었다.

조합은 우선적으로 부자, 투자자, 그리고 이들이 투자한 돈을 보호하기 위해 만든 것이다. 예컨대 신세계를 향해 배를 띄우기 전에 부자들은 조합을 결성한다. 배가 난파되거나 선원들이 죽더라도 부자는 손실을 전혀 책임지지 않는다. 부자들은 돈만 잃을 뿐이다.

오늘날에도 마찬가지다. CEO가 회사를 방만하게 경영하다 부도를 내더라도 초과된 빚은 모두 회사가 떠안는다. CEO는 수백만 달러의 보수와 보너스를 챙겨 떠나지만, 피고용자들은 일자리는 물론 급여와 퇴직금까지 잃고 거리로 쫓겨난다. 부자들은 대개 손실과 채무의 책임을 지지 않는다. 범죄를 저질렀을 때도 그렇다.

산업화시대에도 돈은 그렇게 중요하지 않았다. 고용자와 피고용자 사이에 맺는 관습적 규칙이 곧 일생 동안 종사할 직장과 급료를 보장하기 때문이다. 직업적 안정성과 경제적 안정성이 확보되었다. 나의 부모님 세대에는 기업연금과 정부연금이 든든했고, 돈을 빌리지 않고도 쉽게 집을 살 수 있었으며, 은행에 저축만 해두어도 가치가 떨어지지 않았기 때문에 따로 돈에 투자할 필요가 없었다.

하지만 1974년 근로자퇴직소득보장법이 의회를 통과하면서 모든 것이 변했다. 이 법은 무수한 퇴직연금 관련 법률을 만들어냈다. 1974년 이후 돈은 매우 중요해졌다. 자신의 돈을 관리하는 법을 배우지 않으면 사회보장제도에 기대어 살면서 굶어 죽는 법을 배워야 했다. 나의 가난한 아버지가 일자리를 잃고 나서 그랬던 것처럼 말이다.

4. 정보화시대

우리는 지금 정보화시대에 살고 있다. 정보화시대에는 돈이 매우 중요하다. 더 정확하게 말하자면 '돈에 대한 정보'가 중요하다. 문제는 교육 제도가 여전히 산업화시대에 머물러 있다는 것이다. 또한 지식인이나 학자라고 하는 사람들 역시 돈을 중요하게 여기지 않는다. 이러한 돈에 대한 인식은 고리타분하고 진부하고 시대에 뒤떨어진 관점이다. 지금은 돈이 상당히 중요한 시대다. 삶의 중요한 측면을 차지한다. 직업적 안정보다 경제적 안정이 훨씬 중요해진 것이다.

> **독자 코멘트**
>
> 최근까지 나는 직업적 안정과 경제적 안정이 똑같이 중요하다고 생각했다. 그것을 의심해본 적이 한 번도 없었다. 하지만 그렇지 않다는 사실을 이제 깨달았다.
>
> — jamesbzc

우리에게 지금 필요한 것은 금융 교육

오늘날 가장 중요한 교육으로는 세 가지가 있다.

1. 학문 교육

읽고, 쓰고, 셈하는 능력을 가르치는 것이다. 오늘날 빠르게 변하는 정보를 따라잡기 위해서 이 능력이 더욱 중요해졌다.

2. 직업 교육

돈을 벌기 위해 일하는 능력을 가르치는 것이다. 의과대학을 졸업하면 의사가 되고, 경찰대학을 졸업하면 경찰이 된다. 오늘날 경제적 안정을 누리기 위해서 받아야 하는 직업교육은 점점 늘어나고 있다. 상당한 직업교육을 받는다고 해도 직업 안정성을 확보하는 것은 점점 어려워지고 있다.

3. 금융 교육

금융지식을 쌓기 위해 반드시 필요한 교육이다. 물론 금융지식을 쌓는다고 해서 더 많은 돈을 버는 것은 아니다. 하지만 벌어들인 돈을 어떻게 지키느냐, 자신이 가진 돈으로 얼마나 수익을 내느냐, 자식에게 얼마나 많은 돈을 물려줄 수 있느냐 하는 문제를 해결하기 위해서는 금융지식이 필요하다. 경제적 안정은 금융지식에 달려 있다고 해도 과언이 아니다.

오늘날 학교 교육은 일반적으로 학문 교육과 직업 교육 측면에서는 훌륭한 서비스를 제공하지만 금융 교육 측면에서는 엉터리다.

우리는 정보가 넘치는 시대에 살고 있다. 인터넷, TV, 라디오, 잡지, 각종 뉴스레터, 휴대전화, 학교, 기업, 교회, 광고판 등 무수히 많은 것들로부터 정보를 얻을 수 있다. 이 모든 정보를 처리하기 위해서는 교육이 필요하다.

금융 교육을 받지 않으면 이렇게 넘쳐나는 금융 정보를 이해하고 처리하지 못한다. 예를 들어 어떤 주식의 PER비율(주가수익비율: 주식의 시장가격을 주당순이익으로 나눈 것)이 6이라고 한다면, 또는 어떤 부동산의 자본환원률cap rate(연간 순임대수익을 거래가격으로 나눈 비율)이 7퍼센트라고 한다면 무슨 말인지 알겠는가? 주식시장이 해마다 평균 8퍼센트씩 오른다고 하면 당신은 어떤 생각을 하겠는가? 어쩌면 이렇게 묻는 사람도 있을 것이다.

"1년에 8퍼센트가 오르면 좋은 겁니까? 나쁜 겁니까?"

다시 말하지만 교육을 받지 않은 상태에서는 아무리 좋은 정보가 있다고 해도 그것을 자신의 의미로 번역하지 못한다. 이 책은 돈의 새로운 규칙을 가르쳐주고, 또 그러한 규칙이 우리 삶에 어떻게 영향을 미치는지 설명함으로써 당신의 금융지식을 더 풍부하게 해줄 것이다.

나는 교육을 중시한다. 아시아 문화에서 교사는 매우 존경받는 직업이다. 하지만 서양 문화에서 교사는 높은 교육을 받은 전문직임에도 불구하고 낮은 대우를 받는다. 교육을 중요하게 여긴다면 교육에 더 많은 돈을 투자하고, 가난한 지역에 더 훌륭하고 안전한 학교를 지어야 한다. 집값이 높은 동네일수록, 세금을 많이 내는 동네일수록 더 좋은 학교를 짓고 더 좋은 교육을 제공하는 것은 국가의 범죄행위다. 가난한 지역의 학교는 조금 지원하고 부자 마을에 있는 학교에는 엄청난 돈을 지원하는 것, 부자의 음모란 바로 이런 것이다!

나는 또한 우리가 진정으로 교육을 중요하게 여긴다면, 우리 삶에서 가장 중요한 돈, 즉 금융지식을 학교에서 가르쳐야 한다고 생각한다. 소위 '교육 옹호론자'라고 하는 수많은 사람들이 나의 주장을 비웃는다. 그럴 때마다 나는 이렇게 묻는다.

인간을 자유로운 사상가가 아닌 기계부품으로 만들기 위해 설계된 교육 시스템을 왜 옹호하는 것인가? 자본주의에서 살아가기 위해 꼭 필요한 금융지식을 가르치기보다는, 그러한 지식을 숨기고 회피하는 교육 시스템을 왜 옹호하는 것인가?

내가 어릴 때는 배운 게 없어도 사탕수수 농장이나 공장에 들어가

괜찮은 임금을 받으며 그럭저럭 살아갈 수 있었다. 하지만 지금은 수많은 공장들이 문을 닫고 있으며, 사람들은 일자리를 찾아 국경을 넘나들고 있다. 학교 성적이 나쁘면 사회에 나와서도 살아남기 힘든 세상이 되었다. 정부에서는 더 좋은 학교, 더 안전한 학교를 짓고, 교사들에게 더 많은 임금을 주고, 학생들에게 더 많은 금융 교육을 제공해야 한다.

정보화시대에는 정보가 넘쳐난다. 그러한 정보를 우리 삶을 더 낫게 만들 수 있는 의미로 번역하기 위해서는 교육을 받아야만 한다. 정부가 우리 문제를 해결해주기를 바라기 전에 우리 스스로 문제를 해결할 줄 알아야 한다. 구제금융을 멈추라. 가난한 사람들에게 동냥하는 짓은 집어치우라. 부자들의 음모가 더 이상 작동하지 못하도록 해야 한다. 낚시하는 법을 가르칠 시간이다.

돈에 관한 8가지 새로운 규칙 1

돈은 지식이다

돈의 첫 번째 새로운 규칙은 '돈은 지식'이라는 것이다.

지금은 돈이 돈을 버는 시대다. 돈으로 돈을 벌기 위해서는 지식이 있어야 한다. 예컨대 한 주에 10만 원짜리 주식을 직접 소유하지 않고도 그 주식을 팔아서 수익을 낼 수 있다. 먼저 한 주당 10만 원 할 때 1,000주를 거래소에서 빌려서 그것을 팔아 1억 원을 현금으로 확보한다. 그런 다음 주식이 65,000원으로 떨어졌을 때 1,000주를 산다. 이때는 6,500만 원이면 살 수 있다. 그렇게 매수한 1,000주를 거래소에 돌려주면 3,500만 원을 벌게 된다. 물론 각종 수수료가 빠져나갈 것이다. 그래도 어쨌든 빈손으로 3,000만 원이 넘는 돈을 순식간에 번 것이다. 이러한 주식매매 기법을 '공매도'라고 한다. 이 돈을 벌기 위해 필요한 것은 오로지 지식뿐이다. 우선 공매도空賣渡라는 개념을 알고 나서 그 다음 어떻게 실제로 활용하는지 알아야 한다.

나는 앞으로도 이와 같이 허공에서 돈을 만들어내는 방법을 설명할 것이다. 오로지 지식만 있으면 된다. 앞으로 설명할 수많은 사례들은 내가 직접 체득하고 실천한 방법들이다. 지식만으로 허공에서 돈을 만들어내는 방법으로 나는 엄청난 수익을 거두었다. 이것은 뮤추얼펀드에 투자하는 것보다 위험도 훨씬 적으며, 세금도 거의 내지 않는다.

지금과 같은 정보화시대에는 정보의 질에 따라 눈 깜짝할 사이에 돈을 벌기도 하고 잃기도 한다. 지금껏 수많은 사람들이 나쁜 정보, 나쁜 조언, 그리고 금융지식의 부족으로 인해 수조 달러를 날렸다. 안타까운 사실은, 수많은 사람들을 혼란에 빠뜨린 사람들이 여전히 활개를 치면서 나쁜 정보를 퍼뜨리고 있다는 것이다.

"내 백성이 지식이 없으므로 망하는도다."

성경에 나오는 구절이다. 맞다, 무지한 백성은 망한다. 지금 수많은 사람들이 경제적 어려움에 처한 것 역시 저축을 하라느니, 빚을 빨리 청산하라느니 하는 낡은 규칙을 따르다가 그렇게 된 것이다. 투자는 무조건 위험한 것이라고 생각하는 사람들도 마찬가지다. 하지만 투자보다 더 위험한 것은 금융에 대한 지식이 없을 때, 경제적 경험이 없을 때, 나쁜 재테크 전문가의 조언에 휘둘릴 때다. 지금은 돈 없이도 돈을 벌 수 있다. 반대로 눈을 깜빡이는 사이에 평생 모은 돈을 날릴 수도 있다.

내가 돈이 지식이라고 말하는 것은 바로 그런 의미다.

독자 코멘트

모두 맞는 말이다. 하지만 그보다 더 중요한 것은 행동이다. 주식을 공매도하는 법을 안다고 해도, 웹사이트를 만드는 법을 안다고 해도, 그것을 부를 창출하는 행동으로 옮길 줄 알아야 한다. — ramasart

나는 거꾸로 뒤집어 '지식이 돈'이라고 말하고 싶다. 하지만 규칙의 본질은 같다. 올바른 정보를 가지고 있는 것이 단순히 돈을 가지고 있는 것보다 훨씬 낫다는 것이다. 부를 쌓는 방법을 아는 사람은 파산을 두려워하지 않는다. 잃어버린 부를 쉽게 되찾는 전술을 알기 때문이다. 반대로 엄청난 돈을 가지고 있더라도 새로운 기술로 그 돈의 가치를 높일 줄 모르거나, 새로운 정보를 알지 못하고 적용할 줄 모르는 사람들은 늘 불안하다. — dlsmith29

RICH DAD'S CONSPIRACY OF THE RICH

3

은행은 절대 망하지 않는다

달러가 죽던 날

1971년 8월 15일 미국 달러가 죽었다. 그날 의회의 인준 없이 닉슨 대통령은 미국 달러와 금의 교환관계를 끊고 달러를 부르마블Monopoly 돈으로 만들었다. 그리고 역사상 가장 거대한 경제 붐이 일어났다. 2009년 세계경제가 몰락하면서 각국의 중앙은행들이 달러, 엔, 페소, 유로, 파운드, 원을 엄청나게 찍어내고 있다. 부르마블의 규칙이 현실에서도 적용되고 있는 것이다.

부르마블은 단순히 게임일 뿐이다. 그런데 부르마블 규칙을 현실에 적용하는 것은 곧 인간사회가 파멸로 치닫는다는 뜻이다. 영국의 경제학자 존 메이너드 케인스John Maynard Keynes는 언젠가 이렇게 말했다.

"지금 존재하는 사회의 기초를 뒤집는 가장 미묘하면서도 확실한 방법은 화폐를 타락시키는 것이다. 이러한 과정에는 경제의 모든 법칙이 파멸을 향해 비밀리에 작동하기 때문에 100만 명 중 단 한 명도 파멸로 치닫는 상황을 감지하지 못한다."

오늘날 우리 경제는 중병을 앓고 있다. 연방준비은행이 아무 근거도 없이 계속 돈을 찍어내고 있다. 아무 가치도 없는 종이돈이 통화 시스템에 넘쳐나고 있다. 그리고 케인스가 오래전에 경고했듯이, 그 누구도 이 문제를 감지하지 못하고 있다.

케인스의 조언에도 불구하고 1971년 닉슨이 가져온 변화를 비롯하여 돈을 타락으로 이끄는 수많은 변화에 사람들이 무관심한 이유 가운데 하나는, 그러한 변화가 일어날수록 사람들은 부자가 된 듯한 기분에 빠지기 때문이다. 누구나 서명만 하면 신용카드를 만들 수 있고, 돈 없이도 맘껏 쇼핑을 즐길 수 있다. 자고 나면 치솟는 집값 때문에 집을 가진 중산층들은 순식간에 백만장자가 된 것처럼 느낀다. 퇴직한 뒤에는 주식시장에서 나오는 수익만으로 편안하게 노후를 즐길 수 있다고 철석같이 믿는다.

사람들은 집값이 오른 만큼 돈을 더 빌려주는 홈에퀴티론을 신청하여 멋진 휴가를 즐겼다. 집집마다 차를 두 대 이상 들여놨다. 메르세데스 벤츠도 사고 미니밴도 사고 SUV도 샀다. 아이들은 대학 등록금을 벌기 위해 아르바이트를 하기보다는 학자금 대출을 받았다. 중산층은 고급 아파트에 살면서 명품 옷을 입고 BMW를 타고 고급 레스토랑에서 만찬을 즐기며 자신들의 부를 축하했다. 이는 모두 빚으로 얻은 부였다.

역사상 가장 큰 경제 호황이 서서히 식어가고 있다. 문제는 이 호황이 진정한 돈이 아닌 빚으로 쌓아올린 것이라는 사실이다. 상품을 만들어 번 돈이 아니라 인플레이션으로 만든 돈, 일을 해서 번 돈이 아니라 빌린 돈으로 누린 호황이었다. 그것은 '아무런 대가도 없이' 받은 돈이었다. 케인스가 말했듯이 돈이 타락한 것이다. 우리는 부자가 되었다고 생각했지만 그게 착각이었음을 이제야 깨닫게 되었다.

1971년 이후 중앙은행들은 빈 종이에 금액을 써서 부르마블 돈을 만들듯이 계속 돈을 찍어냈다. 오늘날의 디지털 시대에는 실제 종이에 돈을 찍지 않아도 돈을 만들 수 있게 되었다. 지금 이 순간에도 수조 달러, 엔, 유로, 페소, 파운드, 원이 수치상으로 만들어지고 있다. 허공에서 돈이 쏟아지고 있다. 부르마블 규칙에 따라 우리는 파산할 수 있지만, 은행은 절대 파산하지 않는다. 세상이 부르마블 게임판이 된 것이다.

> **독자 코멘트**
>
> 부르마블 게임의 종이돈…… 존 케네스 갤브레이스 John Kenneth Galbraith는 이렇게 말했다. "은행이 돈을 만드는 과정은 너무나 단순해서 거기엔 생각이 끼어들 틈도 없다." — hellspark
>
> 나는 부르마블에 그런 규칙이 있는지 몰랐다! 현실에서도 그런 규칙이 적용된다고 생각하니 끔찍할 따름이다. 내가 사용하는 은행 대출과 신용카드도 그런 규칙에 따라 작동한 것 아닐까? — ajoyflower

돈의 변화를 목격하다

1972년 나는 해병 항공대 조종사로 베트남전쟁에 참전하였다. 우리 부대는 베트남 근해에 떠 있는 항공모함 위에서 늘 출동 대기 상태에 있었다. 전쟁은 뜻대로 풀리지 않았다. 우리는 미국이 질 거라는 사실을 알고 있었지만 아무도 그런 말을 입 밖에 내지 않았다.

전쟁 상황이 우리에게 불리하다는 것을 모두가 알고 있었다. 고향에서는 베트남전쟁에 반대하는 시위가 격렬하게 벌어지고 있었다. 학생 시위대가 군 입대 영장과 성조기를 불태우는 사진을 볼 때마다 누가 옳고 누가 그른지 의심하지 않을 수 없었다. 전쟁에 반대하는 록음악이 크게 유행하기도 했다. 기억에 남는 노래 중에 이런 가사가 있었다.

"전쟁, 무엇을 위한 것인가? 그 무엇도 아니다!"

역설적이게도 이 노래는 우리에게 더욱 힘을 북돋아주었다. 헬기를 타고 전장 속으로 날아 들어갈 때 부대원들은 이 노래를 크게 불렀다. 무엇 때문인지는 모르겠으나 임무를 수행하고 죽음 앞에서 물러서지 않겠다는 용기가 솟구쳤다.

임무 수행을 위해 출동하는 전날 밤이면 항공모함의 뱃머리에 홀로 앉아 두려움을 떨쳐버리려고 애썼다. 나는 살게 해달라고 기도하지 않았다. 대신 곧 밝아올 새로운 날이 마지막 시간이 된다면 멋진 죽음을 맞이할 수 있게 해달라고 기도했다. 나는 비겁하게 죽고 싶지 않았다. 공포에 내 삶이 휘둘리는 것을 원치 않았다.

전장에서 돌아왔을 때, 내가 직업적 안정을 찾지 않은 것도 같은 이유였다. 경제적 안정 때문에 휘둘리는 삶을 살고 싶지 않았다. 그래서 나는 기업가가 되었다. 첫 번째 사업은 쫄딱 망했다. 하지만 두려움, 좌절, 의심이 나의 길을 가로막도록 방관하지 않았다. 남은 조각들을 집어서 다시 사업을 쌓는 일을 시작했다. 사업의 실패는 나에게 최고의

MBA 코스였다. 물론 나는 지금도 그 학교를 다닌다.

주식과 부동산시장이 호황을 누리고 바보들이 너도나도 투자에 뛰어들 때도 나는 탐욕에 나의 논리가 휩쓸리지 않도록 노력했다. 금융위기에 두려움을 느끼는 것은 나도 마찬가지다. 하지만 그 어떤 두려움도 나의 길을 가로막을 수는 없을 것이다. 단순히 혼란이 지나가기만을 기다리는 것이 아니라, 이 혼란이 가져다주는 기회를 이용하기 위해 최선을 다할 뿐이다. 그것이 바로 베트남전쟁에서 내가 배운 것이다. 전쟁이 나에게 가르쳐준 것은 또 있다. 나는 전쟁의 포화 속에서 돈의 규칙의 변화를 직접 목격했던 것이다.

전장에서는 편지를 받는 시간이 가장 행복하다. 고향에서 오는 편지는 우리 삶에서 중요한 사람들과 내가 여전히 연결되어 있다는 것을 확인시켜주었다.

하루는 부자 아빠로부터 온 편지를 받았다. 사실 그것은 약간 뜻밖의 일이었다. 아홉 살 때 처음 알게 된 부자 아빠는 나에게 또 다른 아빠와도 같은 존재였으며, 금융지식을 일깨워준 멘토였다. 부자 아빠의 편지는 굵은 글씨체로 시작되었다.

"돈의 규칙이 바뀌었단다."

그는 편지에서 〈월스트리트 저널〉을 열심히 읽으라고, 또 금값을 주시하라고 조언했다. 1971년 금태환제가 폐지되면서 1온스당 35달러에 고정되어 있던 금값이 70~80달러에서 오르락내리락하고 있었다.

그때 나는 부자 아빠가 그토록 흥분해서 편지까지 쓴 이유를 알지 못했다. 그 전에 부자 아빠는 금이 돈의 가치를 뒷받침한다는 정도만 귀띔했을 뿐이었다. 그것이 어떤 의미인지, 내 머리로는 이해할 수 없었다. 메시지는 단순했다. 달러가 금에서 해방되었으므로 부자들이 그 전까지는 꿈만 꾸었던, 돈을 가지고 하는 게임을 비로소 시작할 거라는 얘기였다. 부자 아빠는 이렇게 말했다.

"금값이 변동하면서 이전에는 보지 못했던 엄청난 거품이 일어났다 꺼졌다 하는 일이 반복될 거야. 경제가 불안한 시대에 접어든 거지. 인플레이션이 일어날 거야. 부자들은 훨씬 부자가 되겠지만 나머지 사람들은 그들의 노름에 휩쓸려 파멸할 거야."

부자 아빠는 편지를 이렇게 마무리했다.

"달러는 이제 공식적으로, 부르마블에서 쓰는 돈과 똑같은 종잇조각이 되었단다. 부르마블 게임의 규칙이 이제 전 세계의 돈을 지배하는 규칙이 된 셈이지."

그때는 그게 무슨 뜻인지 완전히 이해할 수 없었다. 나중에야 알게 된 사실이지만, 부자 아빠는 엄청난 기회가 왔음을 감지했던 것이다. 부자 아빠의 판단은 옳았다. 그는 경제 호황기를 적극적으로 활용한 덕분에 부자가 되었다. 하지만 나의 가난한 아빠는 직업적 안정에만 목을 매다가 결국 역사상 가장 큰 경제 성장기를 기회로 활용하지 못했다.

마침내 돈의 규칙을 읽다

며칠 후 장교 휴게실에 갔더니 낡은 부르마블 게임이 있었다. 그곳에서 쉬고 있던 병사들과 함께 게임을 했다. 나는 어릴 때부터 이 놀이를 수없이 해봤기 때문에 게임 매뉴얼을 제대로 읽어본 적이 없었다.

그런데 문득 부르마블 게임 규칙이 돈의 새로운 규칙이 될 것이라는 부자 아빠의 말이 떠올랐다. 나는 새삼 게임 매뉴얼을 훑어보기 시작했다. 부자 아빠가 말한 규칙을 발견했다.

"은행은 절대 망하지 않습니다. 돈이 떨어지면 종이에 금액을 써서 필요한 만큼 돈을 만들어 쓰십시오."

그때 부자 아빠의 단순하면서도 명확한 경고를 마음속에 새기지 않았다면, 나는 아무것도 모른 채 지금 우리 눈앞에 닥친 전 지구적 금융위기에 휩쓸렸을지도 모른다. 부르마블 게임 규칙과 마찬가지로 부자와 권력자들은 아무 종이에나 돈을 찍어낼 수 있게 된 것이다. 돈이 타락하기 시작했다.

1971년 이전에 돈은 금과 같았다. 금으로 가치를 보장했기 때문이다. 하지만 오늘날 돈은 독과 같다. 돈 때문에 전 세계 사람들과 기업이 신음하고 있기 때문이다. 오염된 물을 마시고 나서 왜 몸에 탈이 났는지 알지 못하는 것과 같다. 돈의 규칙이 바뀌자 부자들은 화폐제도를 통해서 우리의 부를 합법적으로 훔칠 수 있게 되었다.

1972년부터 부자 아빠의 충고에 따라 〈월스트리트 저널〉을 읽기 시작했다. 금에 대한 이야기가 나오면 눈에 불을 켰다. 금, 그리고 금과 돈의 관계에 대한 본격적인 공부가 시작된 것이다. 하지만 이 소중한 교훈을 글을 통해서만 배운 것이 아니다. 나는 전쟁터에서 직접 터득했다.

어느 날 헬기를 타고 남베트남의 주요 도시인 다낭의 외곽 지역에 있는 작은 시골마을에 들어갔다. 작전이 일찍 끝나 항공모함으로 복귀하기까지 꽤 시간적 여유가 있었다. 분대장은 마을에 잠깐 들어가서 망고와 파파야를 사오자고 했다. 이 과일들은 가끔 육지에서만 맛볼 수 있는 과일이었다.

마을 입구에 가니 좌판을 차려놓고 과일을 파는 아주머니들이 있었다. 갖가지 과일을 고르고 난 뒤 분대장은 주머니에서 남베트남의 지폐인 피아스터를 한 뭉치 꺼냈다. 과일 장수는 손을 흔들면서 말했다.

"노, 노, 노 피."

베트남 사람들은 피아스터를 그냥 '피'라고 불렀는데, 피는 받지 않겠다는 뜻이었다. 분대장은 50달러를 꺼내 그녀에게 내밀었다. 그녀는 얼굴을 찡그리며 돈을 받아들고는 의심의 눈초리로 달러를 살펴보더니 이렇게 외쳤다.

"오케이! 유 웨이트!"

그러고는 다른 좌판으로 달려가 무언가를 바꾸고는 다시 돌아와서 분대장에게 과일 한 봉지를 내주었다. 나는 분대장에게 물었다.

"왜 그러는 겁니까?"

"저 여자는 지금 모든 걸 정리하고 있는 거야. 이 나라를 뜰 준비를 하고 있는 거지."

"어떻게 알아요?"

"피아스터를 받지 않는 건, 그 돈이 더 이상 가치가 없기 때문이야. 남베트남 밖에서는 아무도 피아스터를 받지 않아. 이제 곧 망할 나라의 돈을 누가 받겠어? 게다가 저 여자는 금값이 오르면서 달러의 값어치가 떨어지고 있다는 사실도 알고 있어. 그래서 달러를 옆 가게에 가서 금으로 바꿔온 거지."

헬기로 되돌아오면서 나는 말했다.

"그런데 거스름돈은 피아스터로 줬잖아요."

분대장은 웃으면서 말했다.

"나도 알아. 나한테는 과일 한 봉지에다 피아스터를 잔뜩 주고는 자신은 금을 챙겼지. 거리에서 과일을 팔기는 해도 돈에 대해서는 아주 똑똑한 사람이야."

3주 후, 나는 분대장과 함께 고대 금광이 있다는 북베트남 지역으로 헬기를 타고 들어갔다. 그곳은 적진이라 위험했지만, 금을 조금이라도 싸게 사보려고 했던 것이다. 거기에서 나는 놀라운 사실을 깨달았다. 금값은 세계 어느 곳에서나 똑같았다! 돈의 새로운 규칙, 그리고 우리가 쓰는 부르마블 돈과 금의 관계에 대해 그렇게 조금씩 배워 나갔다.

돈의 노예가 되어가는 사람들

2009년 경제 상황이 계속 나빠지면서 사람들의 불안도 점점 더 커지고 있다. 뭔가 잘못되어가고 있는 것 같은데 정확하게 무엇이 잘못되었는지 모르는 것이다. 존 메이너드 케인스가 말했듯이 "이러한 (화폐가 타락하는) 과정에는 경제의 모든 법칙이 파멸을 향해 비밀리에 작동하기 때문에 100만 명 중 단 한 명도 파멸로 치닫는 상황을 감지하지 못한다."

사람들은 배운 대로 살아간다. 학교에 들어가서 열심히 공부하고,

사회에 나와 부지런히 일하고, 돈을 아껴 저축하고, 뮤추얼펀드에 투자한다. 그렇게 열심히 살다 보면 모든 게 정상으로 돌아갈 것이라고 생각한다. 이것이 바로 수많은 사람들이 구제금융을 받기 위해 아우성치는 이유다. 어떻게든 이 위기만 넘기면 된다고 생각한다.

하지만 이 모든 문제의 시발점이 '돈' 때문이라는 사실을 알고 있는 사람은 거의 없다. 그렇기 때문에 돈을 버는 데 매달리는 것이다. 우리가 쓰는 돈에는 독이 묻어 있다. 돈의 공급량을 통제하는 이들은 사람들이 한번 돈맛을 들이면 더 빠져들게끔, 헤어날 수 없게끔 만들고 싶어한다. 사람들이 더 많은 돈을 가지고 싶어할수록, 더 많은 돈을 찍어낼 수 있기 때문이다.

돈을 더 많이 쓸수록 우리는 약해진다. 돈의 노예가 된다. 돈의 좀비가 된다. 그렇게 우리가 엄청난 돈을 써야만 살아갈 수 있는 시스템은 결국 사회주의로 발전할 수밖에 없다. 정부가 사람들에게 낚시하는 법을 가르치지 않고 물고기를 주다 보면, 사람들은 자신의 돈 문제를 전적으로 정부에 의존하게 된다.

전 세계는 지금 연방준비위원회와 미국 재무부만 쳐다보면서 금융 위기가 해결되기만을 바라고 있다. 그들이야말로 이 모든 문제의 근원이자 파국의 주범인데 말이다. 앞에서 말했듯이 연방준비제도는 세계에서 가장 부유한 사람들 몇몇이 소유한 이익집단일 뿐이다. 산유국들의 카르텔인 OPEC과 같은 은행 카르텔일 뿐이다. 돈을 보관하는 금고도 없고, 따라서 '준비'도 아무 의미가 없는 말이다. 은행은 절대 망하지 않는다고 하는 부르마블 게임의 규칙이 작동하는데 굳이 돈을 쌓아둘 창고를 만들 필요도 없다. 즉 연방준비은행은 은행이 아니다. 우리가 가지고 있는 돈에 환상을 품는 것과 똑같이 연방준비은행도 허상에 불과하다.

연방준비제도 자체가 헌법 정신에 어긋나며, 그것 때문에 세계경제가 위태로워졌다고 주장하는 사람들도 있다. 사실이다. 반대로 연방준비제도를 인류 역사상 최고의 발명이라고 말하는 사람도 있다. 이전에는 전혀 상상할 수 없었던 부를 인간 사회에 가져다주었기 때문이다. 이것 역시 사실이다.

지금 와서 연방준비제도를 구축한 사람들이 어떤 생각을 가지고 그랬는지 따지는 것은 도움이 안 된다. 중요한 것은 지금 이 시간에도 그들이 게임을 하고 있다는 사실이다. 그래서 미국 대통령에게 경제가 나아질 것인가 묻기보다 '나는 어떻게 할 것인지' 묻는 것이 훨씬 생산적이다. 수조 달러의 경기부양책이 효과가 있을지 묻기보다 '그 수조 달러가 어디서 나온 돈인지, 어느 금고에 보관되어 있는 돈인지' 생각하는 것이 훨씬 현명한 길이다. 간단하게 말해서 세계의 중앙은행들이 할 수 있는 일은 다음 두 가지다.

1. 허공에서 돈을 만들어낼 수 있다. 부르마블 게임 규칙과 마찬가지로 그들은 지금도 수조 달러를 마구 찍어내고 있다.
2. 자신들이 갖고 있지도 않은 돈을 빌려준다. 은행이 우리에게 돈을 빌려줄 때도, 은행은 그 돈을 금고에 가지고 있을 필요가 없다.

역사적으로 모든 정부가 찍어낸 돈, 즉 불환화폐는 예외 없이 결국 그 진정한 가치인 '0'으로 돌아갔다. 종이돈은 제로섬 게임일 뿐이다. 미국 달러, 엔, 페소, 파운드, 유로, 원에도 똑같은 일이 벌어질까? 역사는 또다시 반복될까?

여전히 자신만만하고 씩씩한 미국인들은 대개 이렇게 말한다.

"미국에서는 절대 그런 일이 일어나지 않는다. 미국 돈이 '제로'가 되는 일은 있을 수 없다."

불행하게도 이것은 순진한 착각일 뿐이다. 실제로 미국 돈은 여러 번이나(!) '제로'가 되었다. 독립전쟁을 하는 동안 미국 정부는 전쟁 자금을 조달하기 위해서 '콘티넨털continental'이라고 하는 화폐를 찍어냈다. 하지만 너무 많이 찍어내는 바람에 콘티넨털은 정말 휴지조각이 되었다. 그래서 '콘티넨털 값도 못한다not worth a continental(하찮은, 아무 가치 없는)'는 말이 생겨난 것이다. 남부연합이 발행한 화폐 콘페더레이트confederate도 마찬가지로 휴지가 되었다.

돈이 휴지가 될 수 있다는 사실을 나에게 실감나게 인식시켜준 사람은 베트남에서 만난 그 과일 장수였다. 자기 나라의 돈을 극단적으로 거부하던 그녀의 모습이 지금도 생생하다. 그것은 오래전 역사가 아니다. 지금 우리가 살고 있는 세상에서 벌어지는 일이다.

오늘날 세계는 부르마블 돈 위에서 움직이고 있다. 하지만 이 게임은 얼마나 오래 갈까? 파티가 끝나면 어떻게 될까? 구제금융은 정말 우리를 구할까? 분명한 사실은, 구제금융이 집행될 때마다 국가 부채는 눈덩이처럼 불어나고 세금은 치솟는다는 것이다. 부자는 더 부자가 되고, 돈의 가치는 제로에 더 가까워진다. 정부가 돈을 찍어낼 때마다 우리 돈의 가치는 계속 떨어진다. 우리가 열심히 일해서 버는 돈의 가치는 점점 작아진다. 저축의 가치 역시 점점 줄어든다.

물론 우리가 쓰고 있는 달러가 제로 가치가 될 것이라고 확신하는 건 아니다. 하지만 그렇지 않을 것이라고 확신할 수도 없다. 역사를 돌아보면 충분히 가능한 일이다. 정말 미국 달러가 제로가 되면 세계는 엄청난 혼란에 휩싸이고 말 것이다. 인류 역사상 유례없는 부의 이동이 일어날 것이다. 부자는 더 부자가 되고, 나머지 사람들은 극빈층으로 전락하게 된다. 중산층은 순식간에 사라져버린다.

돈은 자산이 아니라 빚

금융위기가 악화될수록 부자들은 그동안 비밀로만 간직하고 있던 돈의 새로운 규칙을 감추기 힘들어진다. 결국 부자들은 자신들의 음모를 완수하기 위해 노력할 것이고, 따라서 이 혼란의 끝에서는 모든 이들이 경제적 종말, 빈곤의 지옥에 처하고 말 것이다.

기독교에서는 인류의 종말을 '아포칼립스apocalypse'라고 한다. 그리스어 'apokalyptein'에서 온 말로, '베일을 걷다'라는 뜻이다. 사람들이 보지 못하도록 숨겨놓은 어떤 비밀이 비로소 드러난다는 의미다. 인류의 종말은 곧 거대한 비밀이 까발려지는 사건이다.

나의 베스트셀러 《부자 아빠 가난한 아빠》의 원래 부제는 '가난한 사람들과 중산층은 모르는, 부자들만 아이들에게 가르쳐주는 돈의 비밀'이다. 이 책은 수많은 이들에게 '아포칼립스'였다. 베일을 걷어 수많은 사람들에게 그동안 가려져 있던 무엇인가를 폭로하는 책이었다.

1997년 《부자 아빠 가난한 아빠》가 처음 세상에 나왔을 때 많은 이들이 반발했다. 내가 책에서 "집은 자산이 아니다"라고 주장했기 때문이다. 하지만 불과 몇 년 후 서브프라임 모기지 사태가 시작되지 않았는가. 수백만 명이 집을 잃었고, 서브프라임 모기지에 투자하거나 독이 묻은 돈을 마구 끌어다 쓴 전 세계 수많은 사람들이 수조 달러를 잃고 말았다. 그러한 돈을 대기 위해 수많은 은행들이 허공에서 타락한 돈을 만들어냈다. 《부자 아빠 가난한 아빠》는 단순히 부동산에 대해 이야기하는 책이 아니다. 경제관념을 일깨워주는 책이다. 부자 아빠가 아들에게 남몰래 가르쳐주는 금융지식을 담은 책이다.

1971년 이후 돈은 '빚'이다. 경제는 급속도로 확장되었고 우리는 모두 빚을 져야만 했다. 신용카드가 우편으로 날아다녔으며, 치솟는 집값만 믿고 갚을 능력도 없는 사람들에게 홈에퀴티론을 통해 엄청난 돈을 퍼주었다.

기술적으로 따지면 지금 당신의 지갑에 들어 있는 돈은 돈이 아니다. 그것은 '차용증'이다. 우리 돈은 자산이 아니라 빚이다. 현재 금융위기가 위험한 것은 부르마블 돈의 규칙에 따라 거대 은행과 월스트리트가 빚을 자산으로 포장하여 전 세계에 팔기 때문이다. 〈타임〉에 따르면, 2000년에서 2007년까지 미국의 가장 큰 수출 상품은 바로 빚이었다. 가장 똑똑하고 영리하다는 은행과 투자회사들이 하는 짓은, 가난한 사람이 신용카드 대금을 메우기 위해서 돈을 빌려 산 집을 담보로 제공하고 2차 대출을 받는 것과 전혀 다르지 않았다.

돈이 타락했다는 사실, 그것이 부르마블 게임에서 쓰는 돈과 같다는 사실을 아는 사람들은 지금의 금융위기에서도 그다지 곤란을 겪지 않을 것이다. 사람들이 금융 교육을 제대로 받았다면 파멸로 치닫고 있는 상황을 100만 명 중 몇 명이라도 감지할 수 있었을 것이다. 또한 금융 교육을 많이 받은 사람이라면 자신의 집을 자산이라고, 저축이 최고라고, 분산투자가 안전하다고, 뮤추얼펀드에 장기투자하는 것이 가장 현명한 투자 방법이라고 맹목적으로 믿지는 않을 것이다.

사람들이 금융에 대해 무지하기 때문에 부자들, 권력자들은 자신들의 부를 대대로 안전하게 지켜나갈 수 있는 파괴적인 통화정책을 유지할 수 있다. 보통 사람들이 어둠 속에 머물수록 그들은 이익을 본다. 전 세계를 빚의 늪으로 끌어들이기 위한 작업에 착수하면서 부자들이 가장 먼저 교육 제도를 접수한 이유는 바로 이것이다. 그래서 학교에서 돈에 대해 가르치지 않는 것이다.

> **독자 코멘트**
>
> 이 글을 읽으면서 나는 1930년대 헨리 포드가 대공황에 대해서 했던 말이 떠올랐다. 정확한 말은 생각나지 않지만 이런 의미였다. "공황이 상당한 시간 지속되지 않고 흐지부지 끝나버리지 않을까 걱정스러웠다. 공황이 쉽게 끝나버렸다면 사람들은 경제에 대해 많은 것을 배울 수 있는 소중한 기회를 놓쳤을 것이다."
> — kuujuarapik

돈에 관한 8가지 새로운 규칙 2
빚을 이용하는 법을 배워라

많은 사람들이 빚을 지는 것은 무조건 나쁘다고 말한다. 빚은 하루

빨리 청산해야 하며, 빚 없이 사는 것이 현명하다고 설교한다. 어느 정도는 맞는 말이다. 하지만 좋은 빚도 있고 나쁜 빚도 있다. 나쁜 빚은 빨리 갚는 것이 좋다. 아니, 나쁜 빚은 처음부터 지지 말아야 한다.

나쁜 빚과 좋은 빚을 구분하는 것은 간단하다. 나쁜 빚은 우리 주머니에서 돈을 빼내가지만, 좋은 빚은 우리 주머니에 돈을 넣어준다. 신용카드는 나쁜 빚이다. 사람들은 대개 신용카드를 벽걸이 TV와 같이 시간이 갈수록 가치가 떨어지는 물건을 사는 데 쓰기 때문이다. 반대로 임대료를 받을 수 있는 건물을 구입하기 위해 돈을 빌리는 것은 좋은 빚이다. 물론 그 자산에서 얻는 현금으로 부채를 충분히 갚을 수 있고, 더 나아가 주머니에 돈까지 채워줄 수 있는 경우에 그렇다.

> **독자 코멘트**
>
> 이것이 바로 부자가 되는 핵심 개념이자 열쇠다! 나는 개인병원을 운영하는 의사인데, 사업가로서의 능력은 꽝이었다. 단지 전문직에 종사하는 것에 만족하며 살아왔다. 하지만 사업가로서 지식을 쌓아가면서 수익을 얻고 있다. 빚으로 장만한 의료장비 하나가 어떻게 멋진 자산이 되는지, 직접 병원을 운영하면서 깨달았다.
> ― grgluck

빚이 무조건 나쁘다고 설교하는 사람들은 미국 경제의 근본이 바로 빚이라는 사실을 모르고 있다. 물론 이러한 상황이 좋은 것인가 나쁜 것인가 하는 문제는 논란이 될 수 있다. 하지만 명백한 사실은, 빚이 없으면 미국 경제는 몰락하고 만다는 것이다.

지금도 미국 정부는 돈을 조달하기 위해 전례가 없을 만큼 엄청난 채권을 발행하고 있다. 엄청난 적자 상태에서도 미국 정부가 그 어느 때보다도 많은 돈을 쓸 수 있는 이유가 바로 이것이다. 정부가 가장 두려워하는 것은 디플레이션이다. 디플레이션을 무찌르는 가장 효과적인 방법은 인플레이션을 조장하는 것이다. 인플레이션을 유도하는 가장 효과적인 방법은 바로 빚을 지는 것이다.

결국 우리 경제가 살아남기 위한 유일한 방법은 당신과 내가 빚을 지는 것이다. 사람들이 돈을 빌리지 않으면, 또 은행이 대출을 멈추면 미국뿐만 아니라 전 세계 경제는 공황에 빠질 것이고, 모든 사회 시스템이 붕괴하고 말 것이다.

신용경색으로 인해 개개인이 더 이상 빚을 질 수 없는 상황이 계속되면 끔찍한 공황이 어김없이 닥치고 만다. 그것은 오늘날 경제 시스템이 상품을 생산하고 가치를 창출함으로써 성장하는 것이 아니라 더 많은 사람들을 빚의 구렁텅이에 빠뜨림으로써 성장하기 때문이다. 2003년 부시 대통령은 이렇게 말했다.

"더 많은 사람들이 자신의 집을 소유하고자 하는 것은 국가의 이익과도 부합한다."

능력이 되건 안 되건 집을 소유하고자 욕심내는 것은 바람직한 현상이라는 뜻이다. 국가가 그런 욕망을 적극적으로 부추기겠다는 의도가 명백하게 담겨 있다. 더 많은 사람들이 빚에 빠져듦으로써, 무너져가는 경제를 떠받쳐주기를 바라는 것이다. 하지만 빚을 갚지 못해 결국 집을 경매로 넘겨야 하는 상황에 처하자 사람들은 비로소 깨달았을 것이다. 은행이, 국가가 담보로 원한 것은 집이 아니다. 집은 자산이 아니다. 그들이 담보로 잡고 싶었던 것은 바로 '당신'이다. 국가가 원한 것은 집이 아니라, 대출이자를 갚을 수 있는 당신의 능력, 죽도록 일할 수 있는 당신의 노동력이다.

물론 빚이라는 칼날을 턱 밑에 대고 사는 것은 곧 그 칼날에 죽을 수도 있다는 의미다. 2007년 신용카드 빚과 홈에퀴티론 전체 금액이 최고조에 다다랐을 때, 미국은 물론 전 세계 모든 나라들이 더 이상 빚을 늘릴 수 없는 지경까지 다다랐다. 1997년 《부자 아빠 가난한 아빠》에서 내가 "집은 자산이 아니다"라고 주장했던 이유를 수백만 명이 직접 몸으로 깨달았을 것이다.

은행은 절대 망하지 않는다

1957년, 미국 달러에 "우리가 믿는 신 안에서In God We Trust"라는 문구가 새롭게 들어갔다. 그리고 1971년 금태환제도가 폐지되었다. 〈배니티페어Vanity Fair〉에 따르면, 1971년 이후 지금까지 달러의 구매력은 87퍼센트가 떨어졌다고 한다. 앞에서 말했듯이 모든 불환화폐, 즉 정부가 찍어내는 부르마블 돈은 결국 원래의 가치인 '0'이 된다. 1970년에는 1,000달러로 금을 28온스 정도 살 수 있었지만, 2009년 3월에는 1온스를 사려면 900달러 정도를 줘야 한다. 40년 전에 사둔 100만 원어치 금을 지금 팔면 2,500만 원 정도 받을 수 있다는 뜻이다.

1924년 돈의 타락을 경고했던 존 메이너드 케인스는 금을 "야만적인 유물"이라고 평가절하했다. 하지만 그것은 1971년 돈의 규칙을 바꾼 뒤 연방준비제도와 미국 정부가 돈을 얼마나 타락시킬 수 있는지 알지 못했기 때문이었을 것이다.

1952년, 한 가정의 가처분소득(세금, 이자 등 비소비성 지출을 뺀 나머지 소득)에 대비하여 부채가 차지하는 비율은 40퍼센트도 채 되지 않았다. 다시 말해서 세금이나 이자 등을 모두 내고 남은 돈이 100만 원이라면 이 중에서 40만 원 정도만 빚을 갚는 데 썼다는 뜻이다. 하지만 2007년 부채비율은 133퍼센트다. 100만 원을 벌어서 133만 원을 빚으로 갚아야 한다는 뜻이다. 임금은 오르지 않기 때문에 사람들은 신용카드 돌려막기를 하거나, 집이 있는 사람은 홈에퀴티론을 통해 계속 돈을 빌려서 살아갈 수밖에 없는 상황이다. 오늘날 미국의 소비자 부채는 256조 달러에 육박한다.

가장 똑똑한 사람들이 모여 있다는 은행도 다를 바 없다. 1980년 미국 은행들의 부채는 GDP의 21퍼센트 정도를 차지했으나, 2007년에는 116퍼센트를 기록했다. 100만 원을 벌어 116만 원을 갚아야 하는 것이다.

2004년 증권거래위원회 SEC는 5개 대형 은행에 지급준비율을 12:1까지 낮출 수 있도록 허용했다. 물론 이 조치는 경제를 살리기 위한 것이었다. 이것은 곧 필요한 만큼 돈을 더 찍어낼 수 있도록 정부가 허락했다는 뜻이다. 지급준비율을 12:1로 낮추면, 은행은 1달러만 가지고서 사람들에게 12달러를 빌려줄 수 있다. 최대 규모의 은행들이 12:1로 돈을 빌려주기 시작하면서 시장에 더 많은 돈이 들어왔다. 부르마블 게임의 규칙이 현실에서도 그대로 적용되고 있다는 생각이 들지 않는가?

"은행은 절대 망하지 않습니다. 돈이 떨어지면 종이에 금액을 써서 필요한 만큼 돈을 만들어 쓰십시오."

문제는 이들 거대 은행들이 거의 무제한으로 돈을 찍어냈음에도 경제가 살아나지 않았다는 것이다. 상황은 점점 악화되고 있다.

돈에 관한 8가지 새로운 규칙 3
현금흐름을 통제하는 법을 배워라

경제적으로 안정된 삶을 누리고 싶다면, 현금흐름을 통제하는 법을 배우고 전 세계적으로 직업과 사람과 돈이 어떻게 이동하는지 그 흐름을 읽을 줄 알아야 한다.

그 많던 돈은 다 어디로 갔을까

앞에서 베트남의 과일 장수 이야기를 한 것은 경제 혼란기에 돈의 흐름을 어떻게 좇아야 하는지 설명하기 위해서였다. 2009년 3월 2일 다우지수는 299포인트 폭락하여 6,763포인트가 되었다. 2007년 10월 9일 14,164포인트에서 절반 이상 떨어진 것이다. 이것은 곧 돈이 주식시장에서 빠져나갔다는 뜻이다. 과일 장수가 피아스터 대신 달러로 받고 이것을 다시 금을 바꾼 것과 같다. 그렇다면 주식시장에서 빠져나간 돈은 어디로 갔을까? 그것이 우리가 풀어야 할 문제다.

사업은 물론 투자에서 가장 중요한 단어가 '현금흐름'이다. 금융지식을 쉽게 익힐 수 있도록 내가 개발한 게임의 이름이 '캐시플로

Cashflow', 즉 현금흐름인 것도 바로 이 때문이다. 부자 아빠가 나에게 가르쳐준, 부자가 되는 가장 중요한 비법은 현금흐름을 통제하고 세계의 현금흐름을 모니터하라는 것이다. 세계의 현금흐름을 얻기 위해서는 다음 세 가지를 잘 관찰해야 한다.

1. 일자리

일자리를 찾아 국경을 넘는 일이 갈수록 빈번해지고 있다. GM이 파산하자 디트로이트에서는 수많은 일자리가 사라졌다. 이것은 곧 디트로이트 경제가 무너진다는 뜻이다.

2. 사람

사람들은 대개 일자리가 있는 곳을 향해 움직인다. 사람들이 빠져나가는 곳이 아니라 사람들이 모여드는 곳에 투자해야 한다.

3. 현금

베트남에서 과일 장수가 피아스터를 달러로, 달러를 금으로 바꾼 것은 세계 어디서나 쓸 수 있는 돈을 갖기 위한 것이었다. 지금도 이런 일이 수없이 일어난다. 주식시장이 폭락한 것은 현금이 주식시장에서 빠져나와 저축, 채권, 금, 또는 집 안의 금고로 들어갔기 때문이다.

스스로 돈을 찍어내라

빚을 이용하는 법을 배우는 것은 우리가 부자가 되기 위해 꼭 알아야 하는 가장 중요한 기술 중 하나다. 빚도 현금흐름처럼 훌륭한 금융 수단이 될 수 있다. 학교에서 돈에 대해 가르친다면, 학생들에게 좋은 빚과 나쁜 빚이 어떻게 다른지 알려줘야 한다. 은행계좌에서 현금이 빠져나가는 빚이 아니라, 은행계좌로 현금이 들어오는 빚을 사용하는 법을 가르쳐야 한다. 좋은 빚을 효과적으로 쓰기 위해서는 금융 IQ를 높여야 한다. 지금 우리가 쓰는 돈 자체가 빚이기 때문에 빚을 현명하게 사용하는 법을 알아야 우리 경제도 더욱 튼튼해진다.

나 역시 그동안 빌린 돈으로 수많은 투자를 했다. 지금 경제가 몰락한 상황에서도, 투자로 벌어들이는 돈이 빌린 돈에 대한 이자보다 훨씬 많다. 긍정적인 현금흐름을 유지하고 있는 것이다. 지금 같은 상황에서도 내 투자가 여전히 수익을 내는 이유 중 하나는, 일자리가 있는 곳에 아파트를 구입했기 때문이다. 다시 말해 사람들이 모이는 곳, 돈이 흐르는 곳에 투자해야 한다.

일자리가 없는 곳의 부동산은 제대로 가치를 평가받을 수 없다. 일자리는 사람을 끌어모으고, 현금은 사람들이 모이는 곳에서 나오기 때문이다. 이것이 바로 위험성은 낮으면서도 수익성은 높은 곳에 투자하는 방법이다. 이런 곳에 투자하기 위해 빚을 낸다면 이는 좋은 빚이다.

돈의 새로운 규칙 첫 번째가 '돈은 지식이다'라는 것을 명심하라. 현금흐름을 통제하는 법을 배우고 빚을 현명하게 사용할 줄 알아야 한다. 또한 전 세계의 일자리, 사람, 돈이 어디에서 어떻게 흐르는지 읽을 줄 알아야 한다. 현금흐름을 통제하는 법과 빚을 이용하여 돈을 버는 법을 쉽게 가르쳐주기 위해 나는 '캐시플로'라는 보드게임을 만들었다. 캐시플로는 부르마블의 확장판이라고 할 수 있다. 이 게임에는 세 가지 버전이 있다.

레벨 1: 캐시플로 키즈 – 5~12세 어린이용

어릴 때부터 자연스럽게 돈을 사용하는 법을 익힐 수 있도록 만든 놀이다. 글이나 숫자보다는 그림이나 색깔을 이용해 돈의 기본적인 규칙과 흐름을 익힐 수 있다.

레벨 2: 캐시플로101 – 투자의 기본

자산과 채무가 어떻게 다른지 이해하고, 빚을 현명하게 사용하는 법을 익히는 놀이다. 회계의 원칙과 투자의 원칙을 통합하여 배울 수 있다.

레벨 3: 캐시플로202 – 기술적 투자

심하게 요동치는 시장에서 살아남는 투자 원칙을 익힐 수 있는 놀이다. 호황기에는 누구나 쉽게 수익을 내지만 시장이 몰락할 때는 수백만 명이 수조 달러를 날린다. 이 게임을 통해 호황기 시장에서 수익을 내는 법은 물론, 불황기 시장에서도 수익을 내는 법을 배울 수 있다.

전 세계적으로 수천 개의 공식적, 비공식적 캐시플로 클럽이 있으며 이곳에서 무료로, 또는 약간의 돈을 내고 게임을 즐길 수 있다. 주변에 이런 클럽이 없을 때는 직접 사람을 모아 운영하면 된다. 남에게 직접 가르치는 것은 지식을 자기 것으로 만드는 가장 확실한 방법이다.

은행은 절대 망하지 않는다는 것을 명심하라. 당신이나 나는 망할 수 있어도 은행은 절대 망하지 않는다. 은행은 스스로 돈을 찍어낼 수 있기 때문이다. 좋은 소식이 하나 있다! 우리도 돈을 찍어낼 수 있다.

다음 장에서는 금융지식을 활용하여 돈을 어떻게 찍어낼 수 있는지 설명하고자 한다. 빚을 이용할 줄 알고, 현금흐름을 통제하는 법을 알면 된다.

> **독자 코멘트**
>
> 이 글을 읽으면서 새삼 깨달은 사실이 있다. MBA를 따기 위해 엄청난 돈을 내고 들어간 경영대학원의 고급회계나 금융 수업에서도 현금흐름에 대해 전혀 배우지 못했다는 것이다. 장부를 읽고, 숫자를 맞추는 법을 가르쳐주었을 뿐이다. 부를 만들거나 구축하기 위해서 반드시 알아야 하는 현금흐름에 대해서는 하나도 가르쳐주지 않았다. 대학원에서 가르칠 수 있는 내용이 아니라고 생각하는 것일까?
>
> — drmbear

RICH DAD'S CONSPIRACY OF THE RICH

4

우리 부를
빼앗기 위한 음모

공황을 맞이할 준비는 되었는가

질문: 대공황은 몇 년 동안 지속되었을까?

　　　A. 25년　　　B. 4년　　　C. 16년　　　D. 7년

이 질문의 답은 어떤 기준을 사용하느냐에 따라 달라진다. 주가를 기준으로 한다면 대공황은 25년 동안 지속되었다. 1929년 9월 다우지수는 당시 최고 주가였던 381포인트를 기록하였다. 최저점을 기록했던 1932년 7월 8일, 뉴욕 증권거래소의 거래량이 100만 주 정도로 줄어들면서 다우지수는 41포인트로 떨어졌다. 자그마치 주가의 89퍼센트가 날아간 것이다. 이날을 바닥으로 시장은 조금씩 살아났다. 공황의 한가운데였음에도 주가는 오르기 시작했다. 그렇게 강세시장이 계속되었

음에도 381포인트에 다시 올라선 것은 1954년의 일이다. 1929년부터 1954년까지 25년이 걸린 셈이다.

최근에도 우리는 역사상 가장 높은 다우지수를 목격했다. 2007년 10월 14,164포인트까지 치솟았던 다우지수는 1년 뒤 거의 50퍼센트가 떨어졌다.

2009년 3월 10일, 다우지수는 379포인트가 올라 6,926포인트로 마감했다. 1932년에서 1954년에 걸쳐 겨우 회복한 주가를 단 하루 만에 회복한 것이다. 월스트리트는 이날 축제 분위기에 휩싸였다. 바로 며칠 전, 2월에만 65만여 명이 직장을 잃었다는 보도 따위는 상관할 바가 아니었다. 많은 사람들이 이렇게 말한다.

"최악의 상황은 끝났다. 이제 바닥을 쳤다."

연방준비제도이사회 의장 벤 버냉키Ben Bernanke는 2009년 가을이 되면 경기가 살아날 것이라고 이야기했다. 3월 10일 주식시장은 폭등했다. 씨티그룹 CEO 비크람 판디트Vikram Pandit가 1~2월 실적이 매우 좋다는 내용을 담은 사내 메일을 작성해 의도적으로 시장에 누설했기 때문이다. 하지만 씨티그룹은 독이 묻은 부채를 수십억 달러나 가지고 있다는 것을 잊지 말아야 한다. 그들은 또 다른 음모를 꾸미고 있는 것이 분명했다.

최근 시장에 대한 낙관적인 전망이 득세하고 있지만 공황의 유령은 여전히 금융세계를 떠돌고 있다. 나는 미국은 물론 세계경제가 나아질 것이라고 낙관하지 않는다. 물론 공황이 오기를 바라는 것은 결코 아니다. 제정신인 사람이라면 누가 대공황이 오기를 원하겠는가? 하지만 지금의 경기후퇴는 공황으로 계속 미끄러져 들어갈 수 있으며, 그렇다면 지금부터 준비를 해야 한다. 공황은 모든 사람들에게 나쁜 것만은 아니기 때문이다.

가난한 아빠와 부자 아빠의 공황

나의 부자 아빠와 가난한 아빠는 대공황 시절 초등학교를 다녔다. 그때 경험은 두 사람의 삶의 행로를 완전히 바꿔놓았다. 한 사람은 대공황 시기에 배운 교훈으로 엄청난 부자가 되었고, 다른 한 사람은 평생토록 가난하게 살았다.

가난한 아빠의 공황

나의 가난한 아빠의 아버지, 즉 할아버지는 사업가였다. 사업체를 운영했으며 하와이 마우이 섬 해변에 어마어마한 부동산을 가지고 있었다. 하지만 대공황이 닥치면서 모든 것을 잃었다. 가족의 생계비조차 댈 수 없는 상황이었다. 순식간에 모든 것을 빼앗아간 대공황은 아빠에게 엄청난 충격이었다.

나의 가난한 아빠는 안정적인 직업이 최고라고 믿게 되었다. 사업이나 투자 따위에는 눈도 돌리지 않았다. 할아버지가 그 많던 주식과 부동산을 한순간에 잃는 것을 보았으니, 믿을 게 못 된다고 생각했던 것이다. 가난한 아빠에게 '안정성'은 '부'보다 훨씬 중요했다. 아버지는 공황에 대한 기억을 평생 간직한 채 살았다.

> **독자 코멘트**
>
> 대공황 시절 나의 할머니는 모든 것을 아끼고 재사용했다. 심지어 종이타월도 행주처럼 말려서 다시 썼다. 해져서 도저히 쓰지 못할 때까지. 어쩌다 외식을 할 때면 가방에 빵과 버터를 몰래 담아왔다. 그것으로 다음 날 아침 끼니를 때웠다.
> — Rromatowski

부자 아빠의 공황

나의 부자 아빠는 대공황 이전에 그리 잘살지 못했다. 그의 아버지는 병으로 고생하다 공황이 시작되고 얼마 안 돼 돌아가셨다. 그래서 부자 아빠는 어린 나이에 가장이 되어 생계 전선에 뛰어들어야 했다. 배운 것도 없었기 때문에 할 수 있는 일은 많지 않았다. 10대 소년이었던 부자 아빠는 가족이 운영하던 가게를 물려받아 기업으로 키워보기로 했다.

부자 아빠의 가족은 먹고살기 위해 바둥거렸지만, 정부의 지원도 복지 혜택도 받지 못했다. 공황은 나의 부자 아빠를 더 빠르게 성장하도록 했고, 돈에 대해 더 많은 것을 일깨워주었다. 공황을 겪으면서 몸소 익힌 교훈이 그를 부자로 만들어주었다.

부자만을 위하는 사회주의

나의 가난한 아빠는 학교에서는 공부 잘하는 학생이었지만, 거리에서는 스스로 살아남지 못하는 숙맥이 되었다. 정부가 어려운 사람들을 돌봐야 한다고 생각했고, 점점 사회주의자가 되어갔다.

나의 부자 아빠는 학교를 제대로 나오지 않았지만, 거리에서는 아주 현명한 사람이었다. 가족과 직원들을 위해 안정적인 수익을 내는 기업을 만들어야겠다고 당찬 포부를 품었다. 사람들 스스로 자기 자신을 책임질 줄 알아야 한다고 믿었다. 정부가 사람들에게 물고기를 주기보다는 낚시하는 법을 가르쳐야 한다고 믿었다. 점점 자본주의자가 되었다.

지난 공황 시절에는 사회주의가 득세했다. 정부는 대규모 복지 프로그램을 설계하여 실행했다. 사람들에게 낚시하는 법을 가르치기보다는 물고기를 나눠주었다. 심지어 부자들에게도 나눠줬다. 미국이 진정한 자본주의 국가였다면 정부는 경제가 망하도록 놔두어야 했다. 경제를 지탱하기 위해서 구제금융을 투입하고, 또 그 위에 구제금융을 쏟아붓지는 않았을 것이다. 주가 폭락, 시장 붕괴, 공황은 경제가 더 이상 발전할 수 없을 때 모든 것을 무너뜨리고 새롭게 시작하는 자연스러운 현상이다. 경기 호황기 동안 발생한 실수와 범죄를 죄다 드러냄으로써 잘못된 것을 고치도록 만드는 경제의 리셋버튼이라 할 수 있다.

하지만 오늘날 우리 경제에는 리셋버튼이 작동하지 않는다. 아무리 실수를 해도, 범죄를 저질러도 그 대가를 치르지 않는다. 결국 무능한 사람들, 사기꾼들, 시대의 흐름에 뒤떨어진 바보들이 구제금융이라는 이름으로 국민의 세금을 수조 달러씩 잡아먹으며 기득권을 누리고 있는 것이다.

약세장은 이전의 강세장에서 벌어진 실수, 사기, 탐욕, 비효율성을 깨끗이 청소해버리는 기능을 한다. 하지만 정부는 약세장이 스스로 해소되기를 기다리지 않고, 은행에 돈을 풀어 구제금융이라는 이름으로 손실을 보전해주고 있다. 세상을 부정한 빚더미 속에 허덕이게 만든 바로 그 장본인들, 경제를 망친 탐욕의 무리들, 감옥에 처넣어야 하는 그 기업들과 은행들에게 돈을 퍼주는 것이다.

좋은 시절을 누리며 탐욕과 사치와 방만함으로 뒤룩뒤룩 살이 찌고 게을러 터진 GM과 같은 회사에게 불황이 닥쳐 살아남기 힘들다는 이유만으로, 쟁쟁한 외국 회사들과 경쟁할 수 없다는 이유만으로 정부는 돈을 퍼준다. 무능한 기업은 시장에서 퇴출되는 경제의 자연스러운 현상이 작동하지 않게 된 것이다. 구제금융을 받은 회사의 경영진은 수천 명의 직원을 해고하고 난 뒤, 엄청난 보너스와 퇴직금을 챙겨 회사를 떠난다. 정부의 도움으로 기사회생한 기업은 다시 기업활동을 재개하면서 또 한 번 투자자들을 희생양으로 삼는다.

이것은 자본주의가 아니다. 구제금융을 쏟아 붓는 정부는 사회주의다. 그것도 진정한 사회주의가 아니라 '부자만을 위한 사회주의'다. 지금 우리가 사는 사회는 카를 마르크스가 꿈꾸던 공산주의보다 훨씬 질이 나쁜 체제다. 적어도 공산주의는 모든 사회제도를 '보통 사람들을 위해' 운영한다는 숭고한 가치라도 추구한다. 무엇보다도 공산주의는 부자들의 돈을 가난한 사람들에게 재분배하라고 설교하지 않는가? 그것을 제대로 실행하느냐 마느냐는 별개로 치고 말이다.

하지만 지금의 경제 시스템은 어떤가? 구제금융이라는 명목으로 가난한 사람들에게서 뜯어낸 세금을 부자들에게 마구 퍼주고 있다. 이것은 일시적인 문제가 아니다. 거대 부자들의 현금 강탈은 수십 년 동안 지속되어왔다. 거대 부자들이 정부를 조종하여 중산층과 빈민층의 주머니를 강탈하여 자기 주머니를 채우는 행태는 우리 사회의 공공연한 시스템으로 자리 잡았다. 상품과 서비스를 생산하기 위해 뼈 빠지게 일하는 보통 사람들에게는 가차 없이 높은 세금을 매기고, 탐욕스럽고 부정직한 사기꾼들, 무능한 도박꾼들, 놀고먹는 게으른 인간들에게 세금을 퍼주는 경제 시스템이 작동하는 사회에 우리는 살고 있다.

공황은 절대 끝나지 않았다

공황은 대략 75년마다 한 번씩 온다고 한다. 그것이 맞다면, 이번 공황은 2005년쯤 시작되었다고 볼 수 있다. 하지만 지금 겪고 있는 이 상황이 공황인지 아닌지 단정 짓기 어렵다. '공황'에 대한 실질적인 정의가 없기 때문이다. 경제학자들은 '경기침체'라는 개념만 정의한다.

많은 사람들이 2005년 공황을 실감하지 못했던 이유는, 연방준비제도와 미국 정부가 돈 공급량을 조작하여 경제를 계속 띄웠기 때문이다. 이러한 조작은 지금도 계속되고 있다.

2008년에 경제학자들은 경제가 경기후퇴기에 들어섰다고 선언했다. 경기후퇴가 진행된 지 1년이나 지나서야 경제학자들이 인정한 것이다. 그 한 해 동안 많은 일들이 벌어졌다. 리먼브라더스가 망했고, 자동차 제조회사들이 파산하고, 주식시장이 붕괴되었다. 거대 은행은 긴급구제금융으로 수십억 달러를 받아 챙겼지만 사람들은 집과 일자리를 잃었다. 캘리포니아는 돈이 바닥나 돈 대신에 차용증을 발행할 준비를 하고 있다.

이렇게 나쁜 소식이 넘쳐나는데도 경제학자들은 경기후퇴가 시작되었다는 것을 이해하는 데 1년이란 시간이 걸렸던 것이다. 이번에 많은 사람들이 뼈저리게 깨달은 게 있을 것이다. 세상을 직접 헤쳐 나가야 하는 우리는 경제학자들보다 더 뛰어난 현실감각을 가져야 한다는 것이다. '경기후퇴'와 '공황'을 정의하는 개념 또한 경제학자들에게 의존해서는 안 된다. 나는 '경기후퇴'와 '공황'을 간단하게 다음과 같이 정의한다.

"이웃이 일자리를 잃으면 경기침체가 시작된 것이다. 내가 일자리를 잃으면 공황이 시작된 것이다."

2008년 미국에서만 200만 명 이상이 일자리를 잃었다. 2009년 2월에는 한 달 동안 65만 1,000여 명이 일자리를 잃었다. 이것은 경기침체일까? 공황일까?

지난 75년을 돌아보면 그동안 공황이 끝나지 않고 지속되고 있었음을 알 수 있다. 지금 우리 앞에 놓인 경제적인 문제는 대부분 75년 전 공황 때 해결하지 못한 문제에서 비롯되었다. 문제를 제대로 해결하지 않고 시간을 벌기 위해 땜질만으로 고비를 넘기다 폭발한 것이다.

예컨대 1933년에 만든 사회보장제도를 유지하기 위해 정부는 엄청난 돈을 쏟아 부었고, 결국 7,500만 명의 베이비붐 세대가 퇴직하기 시작하는 2008년에 이르러 이 제도는 폭발하였다. 75년 전 공황을 헤쳐 나가기 위해 만든 해법이 오늘날 핵폭탄이 되어 돌아온 것이다. 사회보장제도에 이어 의료보장제도(노인의료보험제도/저소득층의료보장제도)가 새로 마련되었는데, 의료보장제도의 재정 문제는 사회보장제도보다 5배나 더 심각한 상태다. 또한 연방주택관리국은 사람들이 집을 쉽게 살 수 있도록 패니메이와 프레디맥을 설립하여 주택융자를 시작했다. 이

두 공사가 오늘날 서브프라임 사태를 일으킨 주범이다.

다시 말하지만, 지난 75년간 대공황은 결코 끝난 적이 없다. 사회주의적인 해법으로 문제가 수면 위로 떠오르지 않도록 억제해왔을 뿐이다. 결국 문제는 속에서 곪아터지고, 뒤늦게 해결하자니 엄청난 비용을 떠안게 되었다.

대공황에서 벗어나기 위해 실시했던 정부의 해법이 지금 어떤 문제에 처해 있는지 간단하게 정리하면 다음과 같다.

1. 사회보장제도, 의료보장제도

지금 이 제도로 인한 재정난은 65조 달러에 달하며, 그 규모는 계속 불어나고 있다.

2. 연방예금보험공사

연방예금보험공사FDIC: Federal Deposit Insurance Corporation는 예금자보다 은행을 보호하기 위한 기관이다. 고객들이 맡긴 예금에 대해 보험을 들어주는 것은 은행에게 모험적인 투자를 하라고 부추기는 것과 같다. 신중하게 자금을 운용하는 은행은 오히려 불이익을 당한다. 결국 은행들은 너도나도 사기행위에 나서게 된다. FDIC는 은행의 위기와 신용의 붕괴를 초래하는 데 결정적인 원인을 제공했다. 이에 대해서는 다음 장에서 설명할 것이다.

3. 연방주택관리국

연방주택관리국FHA: Federal Housing Administration은 주택 수요와 공급을

통제하는 정책을 총괄한다. 또한 패니메이와 프레디맥이라는 두 거대 기업을 설립했다. 이 두 기업이 바로 서브프라임 사태를 초래한 주범이다. 그 손실은 납세자에게 수조 달러의 세금으로 돌아왔다. 패니메이의 부실 규모는 AIG보다 훨씬 큰 것으로 드러났다.

4. 실업보험

실업보험은 1935년에 만들어졌다. 일반적으로는 직장을 잃고 나서 26주 동안 보험 혜택을 받을 수 있지만, 경제 상황이 더 나빠지면 연방 정부는 수급 기간을 더 늘릴 것이다. 2008년 6월, 의회는 실업자가 급증하자 수급 기간을 13주나 더 늘렸다.

5. 브레턴우즈 조약

1944년, 제2차 세계대전이 막바지에 이르렀을 때 뉴햄프셔 브레턴우즈Bretton Woods에서 유엔통화금융회의UNMFC가 열렸다. 전 세계에서 대형 은행을 이끄는 수장들이 참석했다. 그리고 이들은 국제통화기금 IMF과 세계은행World Bank을 설립하기로 결의했다. 이 두 기관이 전 세계 경제에 도움을 준다고 착각하기 쉬운데 실제로는 세계경제에 엄청난 해를 입히는 존재다. 이들이 행하는 가장 나쁜 짓은 불환화폐를 전 세계에 확산시킨 것이다.

1971년 IMF와 세계은행은 다른 모든 나라에 금본위제도를 폐지할 것을 요구했다. 이에 응하지 않는 나라는 회원국 지위를 박탈했다. 전 세계 경제가 부르마불 게임머니를 기반으로 작동하도록 만든 것이다. 미국에서 시작된 금융위기가 순식간에 전 세계로 확산된 것은 이 때문이다.

기요사키의 메모

1944년 이후 전 세계는 달러를 기준으로 움직였다. 따라서 미국의 달러가 전 세계의 준비통화reserve currency(금과 더불어 대외 지급을 위한 준비로서 각국이 보유하고 있는 통화) 역할을 했다. 미국인들이 미국 달러로 세금을 내듯이 모든 나라가 미국 달러로 무역을 해야 했다. 미국이 그토록 부강한 나라가 될 수 있었던 것은, 마구 찍어낸 미국 달러로 부채를 지불하고 무역을 할 수 있었기 때문이다. 미국은 합법적으로 위조지폐를 만들 수 있었던 것이다. 아르헨티나 돈을 세계의 준비통화로 사용한다면, 아르헨티나 역시 부자가 될 수밖에 없다. 지금 경제위기의 본질은 달러의 신용이 너무나 떨어졌다는 것이다. 중국과 같은 나라가 미국 달러가 아닌 다른 나라 돈을 준비통화로 사용하겠다고 발표한다면, 미국은 순식간에 망하고 말 것이다. 더 이상 위조지폐를 찍어낼 수 없기 때문이다.

6. 일자리 만들기

대공황을 타개하기 위해 미국 정부는 다양한 일자리 만들기 프로그램을 실행했다. 그중 하나가 CCC Civilian Conservation Corps(민간자원보존단)이다. 다양한 자연보호 프로그램을 주도하여 정부에서 실업자들을 고용하고 그에 대한 보수를 주는 것이다. WPA Works Progress Administration(공공사업진흥국)라는 프로그램도 있는데, 시민들이 다리를 놓는 것과 같은 건설 프로젝트를 자발적으로 세우고 이에 참여하는 사람들에 대한 보수는 정부가 지급한다. 또는 대형 미술, 연극, 문학, 미디어 등 시민들이 주도하는 다양한 프로젝트에 참여하는 사람들에게 정부가 보수를 지급한다. 이러한 사업은 미국에서 거대한 고용 창출 효과를 낳았다.

2009년 전 세계 수많은 나라들이 일자리 만들기 프로그램을 실시했다. 정부가 이런 사업을 벌이는 것은 사람들을 먹여 살리기 위한 것이다. 사람들은 먹고살기 힘들어지면 정부에 대항하는 세력으로 바뀔 것이기 때문이다. 정부는 이러한 정치적 불안을 가장 두려워한다. 엄청난 실업자 무리는 자칫 혁명세력으로 발전할 수 있다.

75년 전에 미국을 강타한 공황은 끝나지 않고 계속되었다. 문제를 해결하지 않고 계속 내일로 미루기만 하다가 또다시 위기를 맞게 된 것이다. 더 많은 돈을 투입해도 상황은 점점 더 위험해지고 있다.

공황의 두 가지 유형

역사적으로 공황에는 두 가지 유형이 있다.

1. 디플레이션으로 인한 공황
2. 인플레이션으로 인한 공황

75년 전 미국에서 일어난 공황은 디플레이션 때문에 발생했다. 반면 독일에서 일어난 공황은 인플레이션 때문에 발생한 것이었다.

미국의 공황이 디플레이션 때문에 발생한 이유 중 하나는 미국 달러가 기술적으로는 여전히 진짜 가치를 가지고 있었기 때문이다. 당시 미국 달러는 금과 은으로 가치를 뒷받침하는 '태환화폐'였다. 태환화폐는 기본적으로 재무부의 금고에 금이나 은을 보관하고 있다는 것을 증명하는 종이 영수증이다.

1929년 주식시장이 붕괴하고 경제위기에 대한 공포가 확산되자 미국인들은 달러를 모으는 일에 혈안이 되었다. 돈이 돌지 않자 기업은 문을 닫기 시작했고, 사람들은 직장을 잃었고, 공황은 고착화되었다. 이 문제를 해결하기 위해서 정부는 돈을 찍지 않았다. 아니, 찍을 수 없었다. 금을 확보하지 않고서 돈을 찍는 것은 불법행위였기 때문이다. 정부는 그러한 규칙을 뒤집을 만한 힘을 갖지 못했다. 돈은 늘 부족했으며 그 가치는 확고했기 때문에 예금자들은 언제나 '승자'였다. 미국의 공황은 이처럼 디플레이션이 고착화하면서 발생했다.

독일은 상황이 달랐다. 독일의 돈은 진짜 가치가 있는 돈이 아니라, 허공에서 만들어낸 '불환화폐'였다. 정부에서 발행한 차용증, 즉 부르마블 게임에서 쓰는 돈이었다. 따라서 독일의 공황은 인플레이션 때문에 발생했다.

당시 독일의 화폐였던 라이히스마르크Reichsmark는 잉크로 금액만 표시한 종잇조각에 불과했다. 그 무엇으로도 돈의 가치를 보장하지 않았다. 경제 상황이 나빠질 때마다 독일 정부는 계속 돈을 찍어내 문제를 해결했다. 돈이 자꾸 쏟아져 나오면서 돈의 가치는 계속 하락했다. 돈을 가진 사람, 은행에 예금한 사람들은 모두 '실패자'가 되었다. 인플레이션이 폭발하면서 공황은 시작되었다.

하이퍼인플레이션이 어떤 것인지를 극명하게 보여주는 에피소드가 있다. 어떤 여자가 빵 한 덩어리를 사기 위해 손수레 가득 라이히스마르크를 싣고 빵집에 갔다. 그녀가 잠깐 빵집에 들어갔다가 나오는 사이, 누군가 돈은 모두 바닥에 버리고 손수레만 훔쳐갔다.

어떤 공황이 다가오고 있는가

자, 이제 문제는 이것이다. 앞으로 다가올 공황은 미국식 공황이 될 것인가? 독일식 공황이 될 것인가? 다음 공황에서는 현금을 가진 사람이 진정한 부자가 될까? 아니면 현금이 단순한 종잇조각에 불과하게 될까?

미국식 공황을 위한 준비

사람들이 대부분 준비하는 것은 미국식 공황이다. 한 직장에서 오래 머물며 빚을 지지 않고 검소하게 생활하면서 돈을 아끼고 저축하고, 노후자금을 마련하고, 정부의 연금을 받으면서 살아가는 것을 최우선으로 생각한다. 또한 뮤추얼펀드 시장에서 일찍 빠져나와 꽤 돈을 번 사람들은 넘치는 현금을 만끽하면서 자신의 현명함을 뿌듯하게 여길 것이다.

하지만 독일식 공황이 닥치면 어떤 일이 벌어질까? 그때도 여전히 현금이 최고일까? 자신이 여전히 현명하다고 자부할 수 있을까? 이러한 사람들은 미국식 공황이 닥쳤을 때는 살아남을지 몰라도, 독일식 공황이 밀어닥치면 순식간에 무너지고 만다.

독일식 공황을 위한 준비

지금 독일식 공황을 준비하는 사람은 거의 없다. 현금은 최소한만 남겨두고 나머지는 모두 인플레이션에 따라 변동하는 가치에 투자해야 한다. 대표적인 투자 대상으로는 금, 은, 원유, 음식, 정부가 지은 주택 등을 들 수 있다.

> **독자 코멘트**
>
> 나는 디트로이트에 산다. 이곳은 벌써 공황이 시작되었다. 하지만 지금 공황은 미국식도 아니고 독일식도 아니다. 그것이 무엇이든, 이전의 생활양식은 더 이상 유지될 수 없다. 중산층은 결국 싹쓸이되고 말 것이다. ― cindyri

지금 서서히 다가오고 있는 공황은, 내 생각에 미국식이 아니라 독일식이다. 그렇게 예상하는 이유는 다음과 같다.

1. 소득세의 탄생

연방준비제도를 만든 사람 중에 유럽의 로스차일드 가문과 와버그 가문을 대표하는 폴 와버그Paul Warburg가 있다. 그는 독일과 네덜란드에 사무실을 둔 M. M. 와버그앤드컴퍼니의 일원이다. 그의 형 맥스 와버그Max Warburg는 제2차 세계대전이 일어나기 전 독일제국의 황제 직속 재정고문이었으며, 독일의 라이히스방크의 은행장이었다.

와버그 형제는 금본위제도를 반대하고 불환화폐를 지지했다. 돈의 공급과 수요를 탄력적으로 운영할 수 있어야 산업을 성장시킬 수 있다고 주장했다. 물론 이러한 통화 운용은 앞에서도 말했듯이 보통 사람들과 예금자에게 걷는 조용한 세금이라고 하는 인플레이션으로 이어진다.

와버그의 통화철학의 파괴적인 결과는 그야말로 비극적이었다. 1938년 하이퍼인플레이션이 극에 달하자 유대인이었던 맥스 와버그는 바로 독일을 떴다. 하지만 이들의 통화철학은 오늘날 미국에서도 고스란히 작동한다. 그래서 연방준비위원회가 경제를 살린다며 수조 달러를 퍼붓고 있는 것이다.

1913년 이전에는 미국에 소득세가 없었다는 사실도 알아야 한다. 소득세는 연방준비제도가 생기면서 이자로 지급할 돈을 확보하기 위해 고안된 세금이다. 연방준비위원회는 인플레이션이라고 하는 보이지 않는 세금과 눈에 보이는 소득세를 만든 장본인이다. 그들의 본질적인 임무는 우리 주머니에 있는 돈을 꺼내 부자들 주머니 속에 넣어주는 것이다.

2. 빚에서 벗어나기 위해 찍어낸 돈

1929년의 시장 붕괴는 주식 투기 때문이었다. 2007년 시장 붕괴는 부동산 투기 때문이었다. 두 상황은 앞에서도 말했듯이 상당히 다르다. 1929년에는 금본위제도에 얽매여 있었기 때문에 미국 정부는 돈을 찍어낼 수 없었고, 따라서 디플레이션에서 쉽게 벗어날 수 없었다. 하지만 지금 그러한 상황이 닥치면 미국 정부는 당장 돈을 찍어내 순식간에 디플레이션을 해소할 수 있다. 지금 미국 달러는 미국 정부에 대한 선한 믿음과 신용 이외에는 그 무엇으로도 뒷받침되지 않는 허공에 떠다니는 화폐이기 때문이다. 이런 처방은 결국 어떤 상황으로 이어질까?

3. 금 대신 달러

1933년 프랭클린 루스벨트 대통령은 미국인들에게 금을 가지고 오면 1온스(약 8돈)당 20.22달러를 주겠다고 했다. 그렇게 금을 긁어모으고 나서 금값을 1온스당 35달러로 올렸다. 단숨에 58퍼센트나 금값을 끌어올림으로써 금 1온스당 15달러씩 국민의 돈을 강탈한 것이다. 더 나아가 금을 소지하고 있다가 잡히면 1만 달러의 벌금을 물리거나 10년 동안 감옥살이를 시켰다.

이러한 조치를 취한 이유는 명백하다. 교환수단으로 돈 이외에는 다른 것을 사용하지 말라는 뜻이다. 또한 미국 정부가 너무 많은 달러를 찍어내는 바람에 그것을 뒷받침할 금을 충분히 확보하지 못한 상황을 무마하려는 술책이었다. 그렇게라도 해서 금을 확보하지 않으면 파산할 지경이었기 때문이다.

미국인들이 다시 금을 소유할 수 있게 된 것은 1975년이었다. 닉슨이 달러와 금의 교환관계를 영원히 끊어버린 다음에야 사람들은 금을 가질 수 있게 되었다. 하지만 정부와 은행이 마음대로 돈을 찍어낼 수 있는 상황에서 누가 금을 갖고 싶어했겠는가?

오늘날 사람들은 오로지 돈만 사용한다. 금이나 은을 어디에서 살 수 있는지 알지 못한다. 아니, 금이나 은을 왜 사야 하는지도 모른다. 그들 눈에는 오로지 사라지는 일자리, 떨어지는 집값, 폭락하는 주가, 날아가는 퇴직연금만이 보일 뿐이다. 수많은 사람들이 절망적으로 정부의 구제금융만 바라보고 있다. 사람들 눈에는 구제금융만이 금덩이로 보인다. 그 금덩이는 돈이 돌지 않는 디플레이션을 일시적으로 해결해줄 수 있지만, 결국 우리가 알지도 못하는 사이에 하이퍼인플레이션을 더욱 앞당길 것이다.

4. IMF와 세계은행이 하는 일

IMF와 세계은행은 1944년 브레턴우즈 회의에서 탄생한 기구다. 미국의 연방준비제도와 유럽의 여러 중앙은행의 '확장판'이라고 보면 된다. IMF와 세계은행은 전 세계의 돈을 불환화폐, 즉 금이나 은으로 가치를 뒷받침하지 않는 화폐로 바꾸도록 강요했다. 제2차 세계대전 이전의 독일에서 쓰던 돈처럼 말이다. 다시 말해 미국, IMF, 세계은행은 독일식 통화 시스템인 '손수레 화폐'를 전 세계로 수출하기 시작한 것이다.

1971년 미국 달러는 IMF에서 사용하는 주요 화폐였다. 금 1온스당 35달러밖에 만들어낼 수 없기 때문에 찍어낼 수 있는 화폐의 양은 제한되어 있었다. IMF가 진정으로 세계의 중앙은행 역할을 하기 위해서는 어떤 가치에 의존하지 않는 돈을 무제한으로 찍어낼 수 있어야 했다. 이러한 필요성에 맞춰 닉슨은 1971년 8월 15일 달러와 금의 교환을 중단하겠다고 선언했다. 미국 달러가 전 세계인이 쓰는 부르마블 게임머니가 되는 순간이었다.

다가오는 공황에 대비하라

오늘날 세계의 주요 통화는 결국 빵 한 조각을 사기 위해 손수레에 돈을 가득 담아 날라야 하는 부르마블 게임머니입니다. 다시 한 번 물어보

자. 다가오는 공황은 미국식 디플레이션 공황이 될 것인가? 독일식 하이퍼인플레이션 공황이 될 것인가? 현금은 보물이 될 것인가? 휴지조각이 되고 말 것인가? 예금자들은 승자가 될 것인가? 패자가 될 것인가? 연금 수령자들은 편안한 노후를 누리게 될 것인가? 불안한 시간을 맞이하게 될 것인가? 물가는 내려갈 것인가? 올라갈 것인가?

기요사키의 메모

지금 연방준비위원회와 미국 재무부는 디플레이션을 잡기 위해 안간힘을 쓰고 있다. 디플레이션은 인플레이션보다 훨씬 더 치명적이다. 디플레이션은 멈추기도 힘들다. 지금 정부가 온갖 구제금융과 경기부양책을 쏟아내는 것은 바로 이러한 디플레이션을 방지하기 위한 것이다. 이러한 통화 전략이 성공한다면 우리는 다시 인플레이션 상황으로 되돌아가고 경제는 그럭저럭 돌아갈 것이다. 물론 그럴 가능성이 높다. 하지만 경기부양책이 제대로 작동하지 않는다면 계속 돈을 찍어내야 하고, 이것은 하이퍼인플레이션으로 이어진다. 하이퍼인플레이션이 일어난다면 우리가 상상하는 공황보다 훨씬 더 악몽 같은 지옥이 될 것이다! 짐바브웨에서는 달걀 세 개를 사기 위해서 1조 짐바브웨 달러를 내야 한다고 한다. 이처럼 상상하기 힘든 하이퍼인플레이션이 미국에서 일어날 수 있다. 미국 달러가 휴지조각이 된다면, 미국 달러를 기반으로 움직이는 세계경제도 붕괴할 것이다. 우리 지도자들이 가장 두려워하는 사태다.

앞으로 닥칠 공황을 준비하기 위한 첫 단계는 역사를 돌아보고, 현실을 점검하고, 미래를 내다보고, 스스로 결정을 하는 것이다. 그런 다음 가난한 아빠의 공황 생존전략을 선택할 것인지, 부자 아빠의 공황 생존전략을 선택할 것인지 결정해야 한다. 공황은 모든 사람들에게 똑같이 영향을 미친다. 하지만 그 영향력이 커질수록, 부자는 더 부자가 되고 가난한 사람은 더 가난해진다.

공황은 오지 않을 수도 있다. 전 세계가 미국 달러를 중심으로 하는 경제체제에서 이탈하지 않는다면, 또 전 세계가 허공에서 찍어내는 돈을 토대로 계속 돌아간다면 말이다.

세계의 수많은 나라들이 미국에 상품이나 서비스를 수출하고 그 대가로 달러를 받는다. 미국은 계속 돈만 찍어서 그들에게 내주면 된다. 미국의 최고 수출품은 뭐니 뭐니 해도 달러, 즉 빚에 대한 차용증이다. 다른 나라들이 미국의 달러(차용증), 재무부증권(T-bill), 채권을 받아들이는 한 회전목마는 계속 돌아갈 것이다. 하지만 그들이 미국 달러 받기를 거부하는 순간, 흥겨운 노랫소리는 멈출 것이고 곧바로 공황이 밀어닥칠 것이다. 20세기 초 대공황보다 더 끔찍한 사태가 벌어질 것이다.

2009년 3월 18일, 연방준비위원회는 재무부채권과 모기지 증권을 '사들여' 1조 2,000억 달러를 미국 경제에 또 공급하겠다고 발표했다. 정상적인 경제 상황에서는 미국 재무부에서 채권을 발행하면 중국, 일본, 영국과 같은 국가들과 개인투자자들이 그 채권을 사들이고 이로써 달러를 시장에 공급한다. 하지만 미국 정부가 자신이 발행한 채권을 자신이 사들여 달러를 시장에 공급하겠다고 하는 것은, 마음대로 돈을 찍어내겠다는 뜻이다. 지난 공황 때 독일 정부가 그랬던 것처럼 돈을 찍어내는 작업이 미국에서도 본격적으로 시작되었다는 신호다. 공중에서 그나마 버티던 바람 빠진 열기구 풍선이 더 빠르게 추락할 거라는 신호다. 곧 비행기가 추락할 예정이니 안전벨트를 꽉 붙들어 매라는 경고방송이다.

버냉키 의장은 지난 대공황에서 경제를 배운 사람이다. 디플레이션을 막기 위해서는 달러를 무제한 찍어낼 수도 있다고 그는 자주 공언했다. 또한 헬리콥터로 전국에 돈을 뿌릴 것이라고 말해 '헬리콥터 벤'이라는 별명까지 붙었다. 2009년 3월 18일 연방준비위원회의 발표는 이러한 생각을 실행에 옮기겠다는 의지를 공식 선언한 것이다. 디플레이션을 막기 위해 어떤 대가를 치르는 한이 있더라도 인플레이션을 일으키겠다는 뜻이다. 그의 의지대로 헬리콥터에서 돈을 살포하는 일이 계속되면 결국 미국은, 전 세계는 독일식 공황에 빠질 것이 불 보듯 뻔하다.

독자 코멘트

아직까지는 현금이 최고다. 전 세계 경제가 여전히 미국 달러를 기준으로 움직이고 있기 때문이다. 하지만 계속해서 돈을 찍어내면 달러는 본원本源통화로서의 가치가 점점 떨어질 것이다. 다른 나라들이 본원통화를 달러에서 금과 같은 좀 더 안정적인 것으로 바꾸기 시작하면, 미국은 곧장 하이퍼인플레이션의 지옥으로 떨어질 것이다. — deborahclark

돈에 관한 8가지 새로운 규칙 4

힘든 시기를 대비하라.
그러면 좋은 시절만 누릴 것이다

이집트의 파라오가 어느 날 이상한 꿈을 꾸었다. 살찐 소 일곱 마리가 빼빼 마른 소 일곱 마리에게 잡아먹히는 꿈이었다. 꿈이 하도 이상하여 해몽가를 수소문했다. 마침내 꿈의 의미를 아는 한 노예 소년이 나타났다. 7년 동안 풍작을 거둬 배부르게 지내다가 그 이후 7년 동안 기근이 닥칠 것이라는 해몽이었다. 파라오는 즉각 기근을 대비하기 시작했고, 이집트는 곧 지중해 연안에서 가장 부유하고 강력한 나라가 되었다.

나 역시 1983년 벅민스터 풀러의 《자이언트 그런치》를 읽고 나서 금융위기를 대비하기 시작했다. 그 결과 지금 나와 아내, 나의 회사, 나의 투자는 계속해서 번창하고 있다. 오랜 시간 나쁜 경제 상황에 늘 대비해왔기 때문이다. 이것이 바로 돈의 네 번째 규칙이다. 힘든 시기를 준비하라. 그러면 늘 좋은 시간만 누릴 것이다. 자세한 방법은 뒤에서 설명하겠다.

나와 같은 베이비붐 세대와 우리의 자식들은 역사상 가장 풍족했던 호황기에서 살아왔다. 베이비붐 세대는 공황이 무엇인지 알지 못한다. 우리는 경제가 계속 성장하는 상황만을 경험했다.

베이비붐 세대가 경제적 축복을 누린 것은, 1971년 전 세계의 돈이 부르마블 게임머니로 바뀌었기 때문이다. 나를 비롯해 베이비붐 세대의 수많은 사람들이 손수레에 가득 돈을 퍼담을 수 있었다. 하지만

2007년 경제위기가 닥치자 사람들은 돈은 바닥에 쏟아놓고 손수레를 처분했다. 손수레를 남겨놓고 돈을 퍼주었어야 했다. 돈은 어차피 시간이 가면서 모두 날아가버릴 것이기 때문이다.

우리 세대, 그리고 우리의 자식들은 앞으로 다가올 경기침체, 더 나아가 공황에 아무런 대비도 하지 못하고 속수무책으로 당할 수 있다. 경제 성장의 혜택만을 누려왔던 사람은 디플레이션이나 하이퍼인플레이션이 어떤 것인지, 또 무엇을 준비해야 하는지 알 수 없다.

그런 상황에 대비하기 위해서 가장 좋은 방법은 지난 공황을 경험해본 사람에게 직접 이야기를 듣는 것이다. 미국의 공황, 독일의 공황에서 살아남은 사람들을 만나 밥 한 끼 대접하며 그때 삶이 어떠했는지 물어보라. 다가오는 공황을 대비하는 데 소중한 정보가 될 것이다.

지금 당신은 무엇을 준비하는가?

독자 코멘트

공황이 코앞까지 다가온 게 분명한 것 같다. 사람들 대부분 나와 마찬가지로 경제가 확장되는 시기만 경험했기 때문에, 아무 대책 없이 살다가 결국 곤란에 처하고 말 것이다. 아마도 다가오는 공황에서 살아남기 위해서는 구체적인 자산을 가지고 있어야 할 것이다. 가장 이상적인 자산은 금과 은이다. 금과 은은 미국 달러가 더 이상 가치가 없게 되었을 때 발생하는 현금흐름의 손실이나 돈의 가치 하락을 충분히 벌충해줄 것이다. — dkosters

RICH DAD'S CONSPIRACY OF THE RICH

5

금융 교육을 가로막는 보이지 않는 손

마술쇼는 계속된다

질문: 은행가와 은행 강도 제시 제임스는 어떻게 다를까?
해답: 제시 제임스는 은행 문을 몰래 따고 들어가 은행을 털었지만, 은행가는 은행 안에서 은행을 턴다.

질문: 은행을 터는 가장 좋은 방법은 무엇인가?
해답: 은행을 터는 가장 좋은 방법은 은행을 직접 소유하는 것이다.
― 윌리엄 크로포드William Crawford, 캘리포니아 저축대부협회 운영위원

아주 꼬마였을 적에 나는 요정이 있다고 믿었다. 예닐곱 살이 되어서야 어린아이에게 들려주기 위해 꾸며낸 이야기라는 사실을 깨달았

다. 지금 미국 대통령은 우리에게 '희망'을 가지라고 말하고, 같은 시각 연방준비위원회는 허공에서 수조 달러의 돈을 찍어내겠다고 말한다.

혹시 우리 지도자들은 사람들이 황금알을 낳는 거위가 있다고 믿기를 바라는 것은 아닐까? 그들은 황금알을 낳는 거위 수천 마리를 남몰래 가둬놓고 기르는 것이 분명하다. 그렇지 않고서야 어떻게 그 많은 돈을 순식간에 만들어낼 수 있겠는가? 다만, 우리 현실이 황금알을 낳는 거위 이야기와 같은 결말을 맺지 않기만을 바랄 뿐이다.

어릴 적 나는 마술도 진짜라고 믿었다. 나이가 들면서 마술이 눈속임이라는 사실을 알게 되었지만, 우리가 사는 현실세계에서도 이러한 마술이 작용하고 있다는 것을 뒤늦게 깨달았다.

재무부가 채권을 발행하면 연방준비위원회는 이 채권에 대한 돈을 발행하여 대형 은행에게 주고, 이들 은행은 이 돈을 각 지역 은행으로 분산 예치한다. 지역 은행은 더 작은 소규모 은행으로 현금을 분산한다.

돈을 만들어내는 눈속임은 이것으로 끝이 아니다. 진짜 마술은 돈이 각각의 은행에 들어갈 때마다 불어난다는 것이다. '부분지급준비제도fractional reserve banking'라고 하는 눈속임 기술 덕분에 이렇게 엄청난 돈을 찍어낼 수 있는 것이다. 이에 대해서는 뒤에서 설명하겠다.

모든 은행은 이러한 속임수를 쓴다. 은행들은 당신이나 나와 같이 돈이 급한 사람, 더 많은 돈을 쓰기 위해서 기꺼이 자신의 삶을 저당 잡힐 수 있는 사람을 찾아 나선다. 돈이 절박한 사람일수록 은행은 이자율을 높게 붙인다.

크건 작건 모든 은행이 돈을 찍을 수 있는 실질적인 면허를 가지고 있다. 은행 돈을 훔치고 싶거든 총을 들기보다는 은행을 하나 만들어 소유하는 편이 훨씬 손쉽고 빠른 길이다.

오늘날 사람들은 돈이 어떻게 돌아가는지 제대로 이해하지 못한다. 정직하게 열심히 살아가는 사람일수록 은행이 돈을 만들어내는 방법을 이해하기 힘들 것이다. 부자들은 오랫동안 정직한 사람들이 이해할 수 없는 통화제도를 구축하기 위해 노력해왔다. 사람들이 돈에 대해 무지할수록 그들의 주머니를 털기 쉽기 때문이다.

은행을 소유하게 되면, 돈을 찍어낼 수 있는 권한뿐만 아니라 합법적으로 돈을 훔칠 수 있는 권한까지 생긴다. 나는 지금 은행이 모두 도둑이라고 이야기하는 것은 아니다. 은행가들은 대부분 정직한 사람들이다. 다만 그들은 자신들이 어떻게 도둑질을 하고 있는지, 또는 도둑질에 이용당하고 있는지 전혀 알지 못하고 있을 뿐이다.

은행가들 역시 길거리에서 흔히 만날 수 있는 재정 설계사나 부동산 중개인들과 다르지 않다. 당신이 은행 문을 열고 들어서면 미소를 지으며 "무엇을 도와드릴까요?"라고 공손하게 물을 것이다. 그들도 대부분 우리와 마찬가지로 일을 해서 먹고사는 사람들이다. 우리 부를 훔치는 것은 은행가들이 아니라 '돈을 만들어내는 시스템'이다. 이 시스템을 통해 엄청난 부를 거둬들이는 사람들은 따로 있다.

돈의 진화

인간사회가 점점 복잡하고 정교해지면서, 그리고 거래를 하는 과정에서 더 복잡하고 정교한 수단이 필요해지면서 돈은 진화했다. 다음은 돈이 진화하는 단계를 간략하게 설명한 것이다. 진짜 돈에서 마술 돈으로 어떻게 진화했는지 알 수 있을 것이다.

1. 물물교환

최초의 통화는 물물교환에서 시작되었다. 물물교환은 자신의 상품과 서비스를 다른 사람의 상품과 서비스와 맞바꾸는 것이다. 닭을 가진 농부가 신발이 필요한 경우, 그는 닭과 신발을 바꾸면 된다. 하지만 물물교환의 가장 큰 문제는, 거래하는 데 상당한 시간과 노력이 들어간다는 것이다. 또한 상대적인 가치를 매기기 어렵다. 예컨대 신발을 만드는 사람이 닭을 원하지 않을 때는 어떻게 해야 하는가? 아니 그가 닭을 원한다고 하더라도 닭 몇 마리가, 또는 신발 몇 켤레가 서로 같은 값어치를 지니는지 어떻게 알 수 있는가? 결국 더 빠르고 더 효율적으로 교환할 수 있는 수단이 필요하다. 그래서 돈이 나온 것이다.

하지만 물물교환은 완전히 사라지지 않는다. 경제가 지금과 같이 계속 추락하고, 돈이 교환수단으로서 제 구실을 하지 못하게 되면 물물교환은 다시 늘어난다. 물물교환의 좋은 점은 정부가 세금을 매길 수 없다는 것이다. 국세청은 닭으로 세금을 받지 않는다.

2. 상품화폐

거래 과정을 단축하고 속도를 높이기 위해서 같은 집단에 속하는 사람들끼리 가치를 상징하는 특정한 물건을 사용하기로 합의했다. 이러한 상품화폐의 최초 형태는 조개껍데기다. 돌, 보석, 구슬, 소, 염소, 금, 은도 자주 사용되었다. 닭과 신발을 곧바로 교환하지 않고, 구슬

6개만 주면 신발을 얻을 수 있다. 상품화폐의 등장은 거래 과정을 빠르게 만들었다. 더 많은 거래를 더 짧은 시간에 해치울 수 있었다.

지금도 금과 은은 세계 어디서나 돈과 같은 값어치를 지니는 물건으로 사용된다. 우리가 쓰는 종이돈은 국경을 넘어가면 한낱 휴지조각이 될 수 있다. 하지만 금은 어디를 가나 가치가 똑같다. 적진 한가운데 들어가도 똑같은 값어치를 지닌다.

3. 태환화폐

상품화폐를 안전하게 보관하기 위해서 부유한 사람들은 금은보석과 같은 것을 믿을 수 있는 사람에게 맡겼다. 이것을 맡은 사람들은 부자에게 맡긴 물건에 대한 보관 증명서를 발행했다. 이것이 은행의 시초다.

태환화폐는 최초의 금융 파생상품이다. 파생상품이라는 말은 다른 어떤 것에서 파생했다는 뜻이다. 오렌지에서 오렌지주스가 파생하고 닭에서 달걀이 파생하는 것과 같다. 본원적으로 가치를 지닌 상품의 가치가 그것을 보관하고 있다는 증명서의 가치로 파생하면서 돈은 진화했고, 거래 속도는 더더욱 빨라졌다.

먼 거리를 여행하여 여러 시장을 옮겨 다니며 거래하는 상인들은 금이나 은을 직접 가지고 다닐 수 없었다. 무거울 뿐만 아니라 사막을 건너거나 산을 넘다가 도적을 만나 빼앗길 염려가 있기 때문이다. 대신에 그들은 금은보석을 맡겨두었다는 것을 증명하는 영수증을 가지고 다녔다. 이 증서는 곧 원래 자신이 가지고 있는 상품화폐의 가치, 안전하게 보관되어 있는 가치의 파생상품이다.

먼 곳에 가서 물건을 구입한 상인은 물건 값으로 실제 가치의 파생상품인 보관 영수증을 지불한다. 물건을 판 사람은 그 영수증을 자신이 사는 지역의 은행에 맡긴다. 이제 영수증을 받은 은행은 사막 건너편에 있는 은행에 가서 금은보석을 가져오면 된다. 하지만 은행은 실제로 금은보석을 교환하지 않는다. 서로 자신이 받은 영수증을 놓고 차변과 대변의 숫자를 맞추기만 하면 된다. 물건을 판 사람과 산 사람의 거래계정의 숫자를 조정하고 일치시킨다. 이것이 바로 오늘날 은행제도와 통화제도의 시초다.

이렇게 돈이 진화하면서 거래 속도는 더욱 빨라졌다. 영수증화폐 receipt money, 즉 태환화폐는 지금도 여러 형태로 남아 있다. 수표, 어음, 전신환, 직불카드 등이 그것이다. 이러한 은행의 핵심적인 업무에 대해 로스차일드 3세 경은 이렇게 설명했다.

"은행이 하는 일은 실제로 돈이 있는 A지점에서 돈을 필요로 하는 B지점으로 빠르게 돈을 전달할 수 있도록 도와주는 것이다."

4. 부분지급준비 태환화폐

거래가 활발해지면서 부가 계속 증가하자, 은행 금고는 금은보석과 같은 귀중한 자산으로 넘쳐나기 시작했다. 더욱이 사람들은 은행에 금은보석을 맡겨놓기만 할 뿐 실제로 찾아가는 경우는 드물다. 물건을 사고파는 데 영수증을 사용하는 것이 훨씬 편리하기 때문이다. 게다가 가볍고 안전하고 쉽게 보관할 수도 있다. 이러한 사실을 깨달은 은행들은 머리를 굴리기 시작했다. 더 많은 돈을 벌 수 있는 방법을 찾아낸 것이다. 단순히 금은보석을 보관만 해주는 것이 아니라 그것을 빌려주기 시작한 것이다.

　돈을 빌려주는 방법은 아주 쉽다. 돈을 빌리고 싶어하는 사람이 찾아오면 은행은 원하는 금액만큼 보관 영수증을 하나 써주기만 하면 된다. 그리고 그 영수증을 돌려받을 때는 이자를 덧붙여 받았다. 실제로 돈을 가지고 있지 않더라도 돈을 얼마든지 새로 벌어들일 수 있다는 사실을 은행들이 비로소 깨달은 것이다. 다시 말해 은행들이 돈을 찍어내기 시작한 것이다.

　은행은 이자를 다양한 방식으로 받았다. 현물로 이자를 지급하는 것을 영어에서는 'payment in kind'라고 하는데, 이것은 원래 '새끼로 지급한다'라는 뜻이다. 'kind'라는 말은 독일어 'kinder'에서 나온 말로 '어린아이'를 의미한다('유치원kindergarten'도 아이들의 정원child+garden이라는 뜻이다). 예전에 은행에서 돈을 빌리기 위해 담보물로 소를 맡겨놓았을 때, 은행에서 소를 보관하고 있는 동안 낳은 새끼는 은행이 가졌다. 이것이 바로 은행 이자의 시초다.

　이자를 통해 돈을 불리는 방법을 터득하면서, 즉 돈이 '새끼'를 친다는 사실을 깨닫게 되면서 은행들은 더 많은 돈을 벌어들이기 위한 온갖 기발한 방법을 짜냈다. 머지않아 수많은 은행들이 실제로 자신이 가지고 있는 금은보석보다 훨씬 많은 금액을 사람들에게 빌려주기 시작했다. 마술사가 모자 속에서 토끼를 꺼내듯이 은행들이 허공에서 돈을 만들어내기 시작한 것이다.

　예컨대 어떤 은행이 금고에 1만 달러어치 금은보석을 보관하고 있으면서, 2만 달러어치 보관 영수증을 발행했다고 하자. 이 경우 부분지급준비율을 2:1이라고 한다. 금고에 있는 금은보석에 대한 보관 영수증을 2배로 만들어 뿌린 것이다. 실제로 은행은 시중에 돌고 있는 보관 영수증의 '일부분'만 가지고 있다. 기술적으로 말해서 은행은 자신이 가지고 있지도 않은 돈에 대한 이자를 받는 것이다. 보통 사람이 이런 일을 한다면 사기범이나 위조지폐범으로 끌려가겠지만 은행에게는 완전히 합법적인 일이다.

어쨌든 돈이 시장에 많이 풀릴수록 사람들은 자신이 더 부자라고 느끼게 된다. 돈이 계속 늘어나는 경제 상황은 은행에 맡겨놓은 금은보석을 찾으려고 사람들이 한꺼번에 몰려들지 않는 한 문제없이 잘 돌아간다. 오늘날 경제학자들은 이러한 상황을 이렇게 표현한다.

"경제가 성장하는 것은 돈의 공급이 늘어나기 때문이다."

연방준비은행과 같은 중앙은행들이 생겨나기 전에 이미 은행은 이런 방법으로 돈을 만들어내고 있었다. 물론 시간이 가면서 은행들의 탐욕은 극에 달했고, 더 많은 돈을 벌어들이기 위해 금고에 있는 금은보석을 초과하여 영수증화폐를 남발하기 시작했다. 그러다가 사람들이 금은보석을 되찾으러 왔을 때 그것을 제대로 내어주지 못해 파산하는 은행들이 속출했다. 이것이 바로 영국 중앙은행이나 연방준비은행이 만들어진 이유다. 이들 중앙은행이 가장 먼저 한 일은, 은행이 다룰 수 있는 돈의 형태를 한 가지로 통일하는 것이었다. 그리고 부분지급준비제도를 엄격하게 통제했다.

미국 헌법을 만든 건국의 아버지들이 중앙은행 설립을 강력하게 반대했음에도, 1913년 우드로 윌슨 대통령과 미국 의회는 연방준비제도를 만들었다. 은행을 소유한 거대 부자들과 재무부가 긴밀한 파트너 관계가 된 것이다. 미국의 모든 돈은 이 파트너십에 의해 움직이고 통제된다. 다른 은행들은 스스로 돈을 만들어내지 못한다. 메이어 암셀 로스차일드Mayer Amschel Rothschild가 거의 1세기 전에 한 말이 그대로 실현된 것이다.

"돈을 만들어낼 수 있는 권한만 나에게 주면 누가 나라를 다스리든, 누가 법을 만들든 신경 쓰지 않겠다."

로스차일드와 같은 거대 부자들은 혼란에 빠진 경제를 살리기 위해 대통령과 의회가 어떻게 규칙을 바꾸든 전혀 신경 쓰지 않는다. 세계의 중앙은행을 통제하는 거대 은행 카르텔이 신경 쓰는 것은 단지 얼마나 많은 돈을 구제금융과 경기부양책으로 투입하느냐 하는 것이다. 은행 카르텔은 나라가 망하든 말든 더 많은 돈을 찍어내고, 그에 대한 이자 수입을 늘리는 것이 목적이다. 구제금융과 경기부양책이라는 이름으로 허공에서 만들어낸 수조 달러에 대한 이자만 받으면 되는 것이다.

2009년 대통령과 의회는 구제금융으로 8,000억 달러를 새로 지원하겠다고 말했다. 정부에서 하고 있는 일은 모두 예외 없이 돈을 찍어내는 일이다. 물론 이러한 작업은 '프라이머리 딜러 대출Primary Dealer Credit Facility'이나 '기업어음매입기금Commercial Paper Funding Facility'과 같은 난해한 이름으로 비밀리에 진행했다. 정부의 비밀스러운 작업은 대개 언론에 보도되지도 않는다. 하지만 이러한 작업을 통해 연방준비은행은 최소 3조 달러 이상의 돈을 대출자금으로 쏟아냈고, 민간투자 손실을 보전하기 위한 돈으로 5조 7,000억 달러를 쏟아냈다.

그렇다면 미국을 움직이는 진짜 권력자는 누구일까? 연방준비위원회이사회 의장인가? 대통령인가?

거대 은행가들은 은행을 마음 놓고 털 수 있는 확고한 지위를 확보하고 있다. 이것이 음모이든 아니든, 수조 달러는 이미 허공에서 만들어졌고, 그에 대한 이자를 우리가 계속 지급해야 하는 것은 명백한 사실이다. 지금 우리가 저지른 실수에 대한 대가를 우리 아이들이, 후손들이 모두 떠안아야 하는 것이다.

> **독자 코멘트**
>
> 더 깊이 알아갈수록 연방준비제도는 돈을 통제하기 위해 정부가 만든 부자들의 사회주의 기관에 불과하다는 결론에 도달하게 된다. 그렇다면 어떤 기관의 영향력이 더 큰지 따지는 것은 무의미하다. 정부와 연준 모두 사람들을 지배하는 막강한 권력기관이다.
> — rdeken

5. 불환화폐

금태환제도가 폐지됨으로써 미국은 금은보석을 확보하지 않고도 돈을 찍어낼 수 있게 되었다. 그렇다면 달러의 가치를 뒷받침하는 것은 무엇인가? 바로 '정부가 그 가치를 지급할 것'이라는 믿음만이 가치를 뒷받침한다.

기술적으로 말하자면, 1971년 이전 미국 달러는 금을 보관하고 있다는 영수증, 즉 '금의 파생상품'이었다. 하지만 1971년 이후 미국 달러는 '빚의 파생상품'이 되었다. 달러를 더 이상 금과 교환할 필요가 없다고 선언한 것은, 실로 상상할 수 없는 규모의 은행 강도질을 단행한 것이다.

불환화폐가 제대로 작동하기 위해서는 모든 가치를 하나의 통화로만 지급해야 한다. 돈에 대한 정부와 중앙은행의 독점구조를 위협하는 사람이나 집단은 사기꾼이나 위조지폐범으로 처벌을 받는다. 세금을 닭으로 낼 수 없는 것은 이 때문이다.

보이지 않는 은행 강도

돈이 상품화폐였을 때, 특히 금화나 은화가 돈으로 사용되었을 때는 자신이 가지고 있는 돈만 지키면 됐다. 또 누군가 자신의 돈을 훔쳐 가더라도 그 사실을 금방 알 수 있었다. 그래서 로마시대 초기에는 교묘하게 돈을 훔치기 위해서 동전의 가장자리를 깎아내는 사기꾼이 들끓었다. 이 문제를 방지하기 위해서 로마제국은 동전의 가장자리를 불규칙하거나 울퉁불퉁하게 만들었다. 지금 동전에도 톱니모양이 있는 것은 이 때문이다. 동전의 가장자리가 반들반들하다면 누군가 동전을 갈아냈으며, 사용할 수 없다는 뜻이다. 훔친 돈이라는 증거다. 이렇게 돈을 직접 보고 만지고 느낄 수 있을 때 사람들은 누구나 돈에 대해 똑똑해질 수밖에 없다.

로마인들이 돈을 훔치는 교묘한 방법이 또 하나 있었는데, 금속의 순도를 떨어뜨리는 것이다. 돈을 만드는 정부기관에서 순금이나 순은으로 동전을 만들지 않고 니켈이나 구리와 같은 '바탕금속'과 혼합하여 동전에 들어가는 금과 은의 함량을 떨어뜨린다. 이렇게 돈의 물리적인 가치가 떨어지고 많아지면 인플레이션이 발생한다. 인플레이션은 돈의 가치가 떨어지면서 발생하는 파생상품이다.

이러한 방법은 오늘날에도 자주 활용된다. 1964년 미국 정부는 은으로 만들던 동전을 바탕금속으로 바꿔서 제조하기 시작했다. 동전의 테두리에 구릿빛이 도는 것은 이 때문이다. 톱니를 만들어 사람들이 동전을 깎아내지 못하도록 하면서 정부 자신은 동전에서 은을 빼버림으로써 동전의 가치를 떨어뜨린 것이다. 결국 1964년 이후에는 누구도 동전을 깎을 생각을 하지 않았다. 깎아봤자 가치 있는 금속은 나오지 않기 때문이다.

물론 물리적인 형태는 아니지만 돈을 깎고, 희석하는 일은 지금도 계속되고 있다. 게다가 지금의 돈은 '보이지 않는 빚'의 파생상품이기 때문에 은행이 자신의 금고를 터는 것도 보이지 않는다. 은행이 우리 돈을 마음 놓고 훔쳐가도 사람들은 전혀 눈치 채지 못하는 것이다.

오늘날 은행이 고객들의 돈을 터는 방법은 두 가지다.

1. 부분지급준비제도

지급준비율이 12:1이라고 할 경우, 당신이 은행에 100만 원을 예금하면 은행은 100만 원으로 1,200만 원을 대출해줄 수 있다는 뜻이다. 이것은 바로 당신이 맡긴 돈을 깎고 희석하는 것이다. 시중에 돈이 많아지고, 또 그만큼 가치가 떨어지기 때문에 인플레이션이 발생한다.

예컨대 은행이 매년 이자를 5퍼센트씩 지급한다고 해보자. 100만 원을 예금했을 때 은행은 1년 후 5만 원을 이자로 줄 것이다. 하지만 은행은 이 100만 원을 가지고 1,200만 원을 빌려주고 10퍼센트씩 이자를 받는다. 은행은 1년 동안 120만 원을 벌어들일 것이다. 당신은 100만 원으로 1년 동안 겨우 5만 원을 벌지만, 은행은 당신의 돈으로 120만 원을 벌어들인다. 부분지급준비제도를 통해 은행이 우리 돈을 희석시키고 우리의 부를 훔쳐가는 것이다.

부분지급준비제도는 은행의 현금 강탈 방법이다. 이러한 첨단 은행 강도질은 사람들이 쉽게 눈치 채지 못한다. 모든 은행은, 하다못해 지방의 작은 은행이라고 해도 이와 같은 방식으로 허공에서 돈을 만들어낸다. 돈을 들고 은행에 찾아갈 때마다 반갑게 맞이해주는 데는 다 이유가 있다. 그들은 당신이 맡긴 돈을 가지고 마치 요술을 부리듯 더 많은 돈을 찍어낸다. 당신이 예치한 돈보다 더 많은 돈을 빌려주고, 이로써 시장에는 돈이 넘쳐나 인플레이션이 발생한다. 결국 은행에서 주는 이자율만큼 물가가 오른다는 뜻이다.

1983년 6월, 영리한 투자은행들은 허공에서 돈을 찍어낼 수 있는 또 다른 기발한 상품을 만들어냈다. 수천 개의 모기지 대출을 묶어 증권화하여 부채담보부증권CDO: collateralized debt obligation이라는 이름을 붙여 팔기 시작한 것이다. 그야말로 진짜 '빚'의 파생상품을 만들어낸 것이다. CDO는 전 세계에 정부 채권과 기업 채권의 대안 상품으로 팔려나갔다.

무디스Moody's와 스탠더드앤드푸어스Standard & Poor's 같은 신용평가 회사들은 부채를 재포장한 이 상품에 투자 등급을 매김으로써 상품 판매에 날개를 달아주었다. AIG와 같은 보험회사들과 패니메이와 프레디맥은 '신용디폴트스와프credit default swap'로 거래의 안전성을 보장했다. 이들이 '보험'이라는 말 대신 '스와프'라는 낯선 단어를 사용한 것은, 보험은 손실이 났을 때 이를 보상해줄 돈을 회사가 미리 가지고 있어야 하지만 스와프는 그럴 필요가 없기 때문이다. 바로 이 스와프 때문에 모기지 시장이 붕괴되자 AIG, 패니메이, 프레디맥 같은 회사가 가장 먼저 망한 것이다. 사고가 발생하여 자동차 보험회사에 보험금을 요청했더니 보험회사에서 지급할 보험금이 없다면서 파산해버린 꼴이다.

    CDO에 대한 시장의 수요가 늘어나자 모기지 은행들은 앞다퉈 증권을 만들어 판매하기 시작했다. 증권화할 수 있는 모기지 대출이 바닥나자 은행들은 새로운 대출 고객을 찾아 나섰다. 돈에 쪼들린 가난한 사람들, 돈 한 푼 없이 자기 집을 마련하고 싶어하는 사람들을 말이다. 이미 담보대출을 받아 산 집을 다시 담보로 걸고 집값이 오른 만큼 대출을 해주기도 했다. 은행들은 대출 자격이 되는 우량고객을 '프라임' 신용등급이라고 불렀는데, 새롭게 찾아낸 고객들에게 대출을 해주면서 '서브프라임subprime'이라는 새로운 이름을 붙여주었다. 대출 적격 수준에 못 미친다는 뜻이다. 그러니까 서브프라임 대출자들은 자격 미달인 사람들이다.

    서브프라임 대출자들도 처음 몇 달은 빚을 열심히 갚았고, 그동안에는 모든 일이 순조롭게 진행되었다. 하지만 2005년 집값이 폭락하면서 빚을 갚지 못하는 사람이 늘어나자 대혼란이 일어났다. 이 모든 혼란의 근본적인 책임은 부분지급준비제도를 통해 자신이 보유한 돈보다 더 많은 돈을 빌려줄 수 있도록 허가한 연방준비제도에 있다.

    문제는 연방정부가 이 파생상품으로 인한 손실을 떠안을 준비를 했다는 것이다. 드러난 것만 해도 600조 달러가 넘는 어마어마한 규모인데도 말이다. 정부가 이 손실을 떠안으면, 이는 곧 은행이 예금자의 돈을 또 한 번 꿀꺽할 수 있는 기회로 이어진다. 바로 예금보험 말이다.

2. 예금보험

예금보험은 예금자를 보호하는 제도가 아니라 은행을 보호하는 제도다. 미국에서 예금을 보장하는 업무를 하는 기관은 연방예금보험공사FDIC다. 이 기관의 주요 목적은 씨티그룹, 뱅크오브아메리카, JP모건체이스와 같은 거대 은행을 보호하는 것이다. 바로 금융위기를 초래한 주범들을 지켜주는 것이다.

연방예금보험공사는 사람들이 무더기로 몰려들어 예금을 찾는 사태가 일어나지 않도록 보장한다. 1980년대 저축대부산업이 위기에 처했을 때, 예금보장한도는 5만 달러였다. 이들의 문제를 해결하는 과정에서 예금보장한도는 10만 달러로 늘어났다. 2007년 금융위기가 시작될 무렵 예금보장한도는 25만 달러로 늘어났다. 이렇게 보장 범위를 자꾸 확대하는 것은 은행이 망해도 예금자들은 돈을 잃지 않는다는 확신을 심어주기 위해서다. 2007년에서 2009년까지 미국의 수많은 은행이 파산했음에도 무더기 예금인출 사태는 거의 일어나지 않았다. 왜냐하면 예금자들이 연방예금보험공사가 자신의 돈을 지켜줄 것이라고 생각했기 때문이다.

물론 이것이 예금자를 보호하는 일이라고 볼 수도 있지만, 동시에 무능력하고 탐욕스럽고 부정직한 은행을 보호하는 일이기도 하다. 연방예금보험공사는 은행의 돈을 안전하게 지켜준다는 인식을 심어주는 든든한 금융 방어벽 역할을 함으로써, 은행에게 예금자들의 돈을 가지고 더 위험한 모험을 하도록 부추기기 때문이다.

연방예금보험공사는 은행이 망해도 예금을 지급해준다고 큰소리치지만, 실제로 그런 손실을 메울 수 있는 돈이 전혀 없다. 그래서 구제금융이 필요하고, 이 돈을 납세자들이 모두 메워야 한다. 지금까지 무수한 은행들이 수십억 달러를 탕진하고 날랐다. 그들이 남겨놓은 청구서를 갚기 위해 사람들은 오늘도 뼈 빠지게 고생하고 있는 것이다.

은행에도 계급이 있다

'구제금융'이라는 말이 여기저기서 들리기는 해도 실제로 모든 은행이 구제금융을 받는 것은 아니다. 구제금융은 거대 은행에게만 돌아간다. 예컨대 소규모 은행이 불량대출을 지나치게 남발하여 파산했을 경우에는 연방예금보험공사에서 예금보험금을 지급한다. 예금보험금은 예금주들의 돈을 돌려주는 데 사용된다. 은행을 경영한 사람들과 은행에 투자한 사람들은 손실분에 대해 모두 책임져야 하며, 따라서 투자한 돈을 모두 잃게 된다. 정치적 영향력이 없는 작은 은행들은 대개 이런 방식으로 처리한다.

부실한 소규모 은행을 처리하는 또 다른 방법은 매각이다. 재정난에 처한 작은 은행을 큰 은행에 넘기는 것이다. 최근 금융위기를 맞아 이러한 인수합병이 수없이 일어났다. 가장 대표적인 인수합병은 워싱턴뮤추얼을 JP모건이 인수한 것이다. 이러한 과정을 통해 대형 은행은 시장점유율을 단숨에 높인다. 연방예금보험공사는 재정난에 처한 은행을 금요일에 인수해서 월요일 아침에 거대 은행의 지점 간판을 달고 재개장할 수 있도록 도와준다.

구제금융은 일반적으로 대형 은행과 정치적 영향력이 큰 은행가들만을 위한 제도다. 너무나 커서 망하게 놔둘 수 없는 은행들, 이들이 망하면 경제에 심각한 타격을 줄 수 있다고 판단되는 은행들에게 구제금융을 제공한다. 그래서 이런 은행들은 위험한 모험도 서슴지 않는다. 이들은 지금의 경제위기를 초래한 주범들이다. 연방예금보험공사의 전 수장이었던 어빈 스프라그Irvine Spreague는 자신의 책 《구제금융 Bailout》에서 이렇게 썼다.

"구제금융을 받는 은행은 망하지 않는다. 예금보험에 들었든 안 들었든, 은행이 어떠한 잘못을 해도 아무도 손해 보지 않는다. 경영진은 해고당하고 주가는 곤두박질쳐 주주들은 손해를 보겠지만, 그 외에 달라지는 것은 없다. 그러한 특권적 대우는 연방예금보험공사가 인증한 몇몇 은행에게만 주어진다."

결국 구제금융은 부자들만을 위한 제도라는 뜻이다. JP모건체이스나 씨티은행과 같은 거대 은행은 아무리 재정난에 처하더라도 그 손실을 납세자들이 지불한다. 예금보장 한도도 무의미하다는 뜻이다. 현재 공식적인 예금보장 한도는 25만 달러이지만 유럽의 어떤 은행이 수백만 유로를 미국 은행에 예금했다면, 또는 일본의 어떤 부자가 수백만 달러를 미국 은행에 예금했다면, 그 돈은 100퍼센트 미국 정부가 보장한다. 납세자들이 모두 물어내야 한다.

보통 사람들이 거대 은행들처럼 무모하고 방만하게 사업을 한다면, 머지않아 모든 것을 잃고 말 것이다. 우리는 절대 구제금융을 받을 수 없다. 조금 과장해 말하자면, 연방예금보험공사는 거대 은행의 치부가 드러나지 않도록 가려주는 연막에 불과하다. 대형 은행이 위기에 처하면 정부는 당장 달려가 구제한다.

AIG 파산은 시작일 뿐

2009년 연방준비위원회이사회 의장이었던 앨런 그린스펀이 청문회에 나와 자신의 실수를 공식적으로 인정했다. 하지만 그러한 실수로 인한 손실은 자신이 책임질 일이 아니라고 말했다. 물론 그 손실을 누가 책임져야 하는지 우리는 알고 있다. 바로 세금을 내는 우리다.

지금까지 납세자들이 낸 1,800억 달러 이상의 돈을 정부는 AIG에 쏟아 부었다. 이 중 1억 6,500만 달러가 '손실을 낸' 경영진에게 보너스로 지급되었다는 사실이 알려지면서 납세자들이 분노하자 연준 의장 버냉키, 재무장관 가이스너, 그리고 오바마 대통령은 사건의 진상을 조사하겠다고 약속했다. 보너스를 받아간 사람들은 공공의 적이 되었다.

중요한 문제는 따로 있다. AIG 같은 보험회사에게 정부는 왜 가장 먼저 구제금융을 제공했을까? 구제금융은 은행이 먼저 받아야 하지 않았을까? 기밀문서를 인용한 〈월스트리트 저널〉 기사를 보면 그 해답이 나와 있다. AIG에 지원한 구제금융 중 500억 달러는 골드만삭스, 메릴린치, 뱅크오브아메리카, 그리고 수많은 유럽 은행으로 빠져나갔다. AIG에게 가장 먼저 구제금융을 지원한 이유는 이 회사가 세계에서 가장 큰 은행들에게 엄청난 빚을 지고 있었기 때문이다.

2008년 4/4분기 AIG의 실적은 기업 역사상 가장 큰 손실로 기록되었다. 단 3개월 만에 617억 달러의 적자가 발생했다. 시간당 2,700만 달러씩 계속 돈이 빠져나간 것이다.

이 책을 출간하는 시점까지는 AIG에 대한 구제금융이 미국 역사상 가장 큰 금액을 기록했다. 하지만 이것은 끝이 아니다. 프레디맥은 부실 규모가 더 클지 모른다. 프레디맥은 AIG와 함께 서브프라임의 안전성을 보장하는 신용디폴트스와프를 제공했다. 하지만 엄청난 사람들이 일자리를 잃고 파산하면서 프레디맥의 손실도 눈덩이처럼 불어나고 있다.

2009년 3월, 부채를 갚지 못하는 서브프라임 대출자들로부터 프레디맥이 회수한 주택만 해도 3만 채를 넘어섰다. 사람이 살지 않는 빈집을 한 채 유지하고 관리하는 데 드는 비용만 해도 매달 3,300달러 정도 들어간다고 한다. 프레디맥에 쏟아 부어야 하는 구제금융은 AIG에 투입된 돈보다 훨씬 클 것으로 예상된다.

우리가 원하는 변화는 가능한가

"이 법안은 우리 경제를 지켜줄 것이며 미국의 금융 시스템을 안정시킴으로써 다시는 이러한 문제가 발생하지 않도록 지속적인 개혁을 실행하는 역할을 할 것이다."

1장에서 인용한, 20년 전 부시 대통령의 말이다. 1980년대 후반과 1990년대 초반 저축대부 산업이 위기를 맞았을 때, 그는 구제금융의 필요성을 역설하면서 이렇게 약속했다. 하지만 그 문제는 여전히 해결되지 않았다는 사실을 우리는 알고 있다.

저축대부 산업이 위기에 처했을 때 상원의원이었던 존 매케인은 수십억 달러의 손실을 내고 휘청거리던 링컨저축은행과 이해관계가 얽혀 있었다. 빌 클린턴과 힐러리 클린턴 역시 매디슨게런티저축은행과 깊은 관계를 맺고 있었다. 부시 일가는 실버라도저축은행과 직접 연관을 맺고 있었다.

1997년과 1998년 필 그램Phil Gramm 상원의원은 지난 공황 때 저축과 투자를 함께 겸업할 수 없도록 명문화한 글래스-스티걸 법안을 폐기하는 일에 앞장섰다. 글래스-스티걸 법안이 사라지자마자 은행의 현금 강탈 행위는 더욱 대담해졌다. 그리고 상원 은행위원회 의장이었던 필 그램 상원의원이 은행과 보험회사를 비롯해 각종 금융회사로부터 260만 달러라는 어마어마한 선거자금을 모금한 것은 결코 우연한 일이 아니다.

그린스펀 연준 의장, 클린턴 대통령, 또 클린턴 행정부에서 재무부장관을 지낸 로버트 루빈, 래리 서머스, 티모시 가이스너 모두 글래스-스티걸 법안을 폐지하는 데 일조했다. 이것은 모두 씨티그룹의 금융 슈퍼마켓을 합법화하기 위한 작전이었다. 우연의 일치일까? 이 법안이 폐지되자마자 루빈은 재무부장관을 사임하고, 씨티그룹 제국의 수장 자리에 앉았다.

내가 하고 싶은 말은, 거대 은행이라는 강도가 활동하기 위해서는 정치적 영향력이 뒷받침되어야 한다는 것이다. 그것이 바로 정치인들이 구제금융을 크게 문제 삼지 않는 이유다. 이처럼 썩은 시스템에서 어떻게 '우리가 믿을 수 있는 변화'가 가능하단 말인가?

1791년 토머스 제퍼슨Thomas Jefferson이 중앙은행제도에 대해 매우 부정적이었던 이유는 지금 우리가 처해 있는 이 모든 상황 때문이었다. 의회가 은행과 같은 기관을 설립할 수 있는 권한은 헌법에 명시되어 있지 않다고 지적한 사람 역시 제퍼슨이었다. 은행에서 돈을 찍어낼 수 있도록 허락하면 국가는 머지않아 파산할 수밖에 없으며, 따라서 그런 권한을 주는 것은 지극히 현명하지 못한 처사라고 그는 말했다. 제퍼슨은 은행을 군대와 맞먹는 위협적인 존재로 비유하곤 했다.

"사회의 기초를 뒤집는 가장 미묘하면서도 확실한 방법은 화폐를 타락시키는 것이다. 이러한 과정에는 경제의 모든 법칙이 비밀리에 작동하기 때문에 100만 명 중 단 한 명도 파멸로 치닫는 상황을 감지하지 못한다."

돈의 타락은 눈에 보이지 않기 때문에 진단하기 어렵다. 오늘날 은행은 바로 당신 코앞에서 당신의 주머니를 털고 있다. 하지만 무엇을 봐야 하는지 알지 못하면, 지식이 없으면, 그 도둑은 눈에 보이지 않는다.

> **독자의 코멘트**
>
> 정확한 질문일지는 모르겠지만, 이렇게 묻고 싶다. 우리 힘으로 시스템을 바꿀 수 없다면, 현존하는 시스템 안에서 우리는 어떻게 해야 이득을 볼 수 있을까?
> — Rromatowski
>
> 나는 마하트마 간디의 말을 늘 마음속에 새긴다. "세상에서 어떤 변화가 일어나기를 바란다면, 네 자신이 먼저 그 변화가 되어라."
> — justemailme

돈에 관한 8가지 새로운 규칙 5

지금 필요한 건 스피드

이 장을 시작하면서 우리는 돈이 물물교환에서 시작해 디지털머니로 어떻게 진화했는지 이야기했다. 지금은 빛의 속도로 돈이 움직인다. 어떤 사람은 한 시간에 수십 억 달러를 벌어들이는 반면, 어떤 사람은 뼈 빠지게 일해서 겨우 7달러를 번다. 그 차이는 바로 거래의 속도 때문이다. 빠르게 거래할수록 더 많은 돈을 벌 수 있다.

예컨대 의사들은 환자를 한 번에 한 명씩 본다. 반면에 인터넷 비즈니스를 하는 고등학생은 365일, 24시간 내내 무한한 고객과 거래를 한다. 비싼 학비를 내고 의과대학을 나와 의사가 되어서 버는 돈보다, 고등학생이 인터넷으로 벌어들이는 돈이 훨씬 많다. 인터넷 비즈니스는 물리적 관계를 뛰어넘지만 의사는 물리적 관계를 벗어나지 못하기 때문이다. 하나는 기하급수적으로 부가 쌓이지만 다른 하나는 산술적으로 부가 쌓인다. 여기에 대해서는 다음 장에서 자세하게 다룰 것이다.

사람들이 오늘날 경제적인 곤란에 처하는 이유는 너무 느리기 때문이다. 은행이 돈을 찍어내는 속도보다 돈을 더 빨리 벌지 못하기 때문이다. 금융 거래에 관한 한 사람들은 아직도 구석기 시대에 머물러 있다. 사람들은 보통 시급, 주급, 월급으로 돈을 번다. 때로는 한 건당 돈을 벌기도 하고, 주식 중개인이나 부동산 중개인처럼 수수료를 챙기기도 한다. 미래에는 기업과 돈이 얼마나 빠르게 변하는지 이해하고, 그것을 이용할 줄 아는 사업가들이 성공할 것이다. 빠르게 변화하고 적응할 수 있는 능력과 유연성을 갖춘 사람들만이 부자가 될 것이다.

이제 행동할 시간

이로써 1부가 끝났다. 2부에서는 호황기는 물론 불황기에서 어떻게 해야 잘살 수 있는지 이야기할 것이다.

금융위기가 일어난 역사적 원인에 대해서는 어느 정도 이해했을 것이다. 이제는 현 상황에 대한 전반적인 이야기보다는 개개인이 이 난국을 어떻게 헤쳐 나가야 하는지에 이야기의 초점을 맞추고자 한다.

2부는 이 게임을 움직이는 부자들의 음모를 우리가 먼저 활용함으로써 게임에서 이기는 법에 대해 알아본다.

Robert T. Kiyosaki

2부

부자들의 음모를 해킹하라

승자가 될 것인가
패자가 될 것인가

Conspiracy of the RICH

역사를 공부해야 미래를 준비할 수 있다

사람들에게 금융지식과 경제 관념을 심어주기 위해서 학교에서 돈에 대해 가르칠 수 있다면, 무엇을 가르치겠는가 하는 질문에 나는 이렇게 대답한다.

"역사를 먼저 가르치겠다. 과거라는 렌즈를 통해 미래를 더 선명하게 볼 수 있기 때문이다."

1부에서는 미국 금융의 역사와 그 역사가 오늘날 어떻게 반복되고 있는지를 설명했다. 부자와 권력자들이 중앙은행과 다국적 기업, 전쟁, 교육, 정부 정책을 통해서 우리 삶을 어떻게 조작하는지 이야기했다. 1부에서 내가 하고 싶은 말을 한마디로 정리하자면 "역사를 공부해야만 미래를 준비할 수 있다"는 것이다.

역사의 물줄기를 거슬러 올라가보면 부자와 권력자들의 행동은 인류에게 이로운 적도 있었고 해로운 적도 있었다. 부자들이 자신들의 이해관계, 또 친인척들의 이해관계를 우선시하는 것을 결코 비난할 생각은 없다. 보통 사람이라면 그럴 수밖에 없다. 그들을 비난하기보다는 부자들의 역사를 연구하고, 부자들만 아는 돈의 규칙을 밝히고, 부자들의 게임 법칙을 배움으로써, 그들에게 속지 않고 그들의 방식에 맞춰 내 삶의 규칙을 만드는 것이 내가 선택한 길이다. 부자들의 게임 법칙을 아는 사람들은 금융위기 속에서도 경제적 어려움을 겪지 않는다. 대부분 금융지식이 없는 사람들, 또 돈의 낡은 규칙에 따라 사는 사람들만이 경제적 어려움에 허덕이며 살아간다.

또한 1부에서 경제를 살린다는 명목 아래 연방준비제도가 거대 은행들만 보호한다는 것을 반복하여 강조했다. '너무 커서 망하게 놔둘 수 없다'는 것이 그 이유였다. 은행에 엄청난 구제금융을 제공하면서도 경영을 잘못한 은행장들은 해고되지 않는 것을 보았을 것이다. 이는 경기침체에 처한 다른 산업과는 상당히 다른 양상이다. 행정부는 GM의 수장 릭 왜고너Rick Wagoner는 해고하면서도 은행장들은 해고하지 않았다. 왜 그랬을까?

또 서브프라임 채권에 최고 신용등급인 AAA를 준 무디스나 스탠더드앤드푸어스와 같은 신용평가회사의 잘못을 추궁하지 않았다. AAA 딱지만 믿고 외국의 수많은 정부와 연금운용 기관들이 독이 묻은 자산에 돈을 투자했다. 정말 왜 그랬을까?

또한 여론의 압박이 거세진 다음에야 드러난 사실에 따르면, 독이 묻은 자산을 보장하여 파산한 거대 보험회사 AIG에 지원한 구제금융 중 수십억 달러가 프랑스의 소시에테제네랄, 독일의 도이체방크, 영국의 바클레이스, 스위스의 UBS, 그리고 미국의 골드만삭스, 메릴린치, 뱅크오브아메리카, 씨티그룹, 워커비아 등으로 빠져나갔다.

이 책을 쓰는 동안 믿을 수 없는 사실들이 언론을 통해 계속 쏟아져 나왔다. 금융의 역사에 대해서 쓰고 있는 와중에도, 금융의 역사는 하루하루 새롭게 만들어지고 있었다. 여러분이 이 책을 넘길 때쯤에는 금융 지옥이 문자 그대로 우리 눈앞에 펼쳐져 있을지도 모른다. 아포칼립스, 즉 베일이 걷히면 월스트리트와 정치인의 탐욕과 무능함이 만천하에 드러날 것이다.

2009년 4월 14일, 골드만삭스는 기대 이상의 실적에서 거둔 수익과 50억 달러의 주식을 매각한 돈으로 부실자산구제프로그램TARP으로 정부에서 지원받은 돈을 반환하겠다고 발표했다. 하지만 그날 저녁 방송된 CNBC 뉴스 인터뷰에서 메릴랜드 대학의 피터 모리치Peter Morici 교수는 파생상품을 가지고 도박을 하는 은행 시스템의 문제는 전혀 개선되지 않았다고 지적하면서, 대표적인 투자은행인 골드만삭스가 모범 시민의 이미지를 홍보하는 것 역시 이전의 방식 그대로 사업을 이어가기 위한 연출이라고 말했다. 그의 이야기는 대략 다음과 같다.

"그들이 파생상품 위에 파생상품을 만들고, 그 위에 또 파생상품을 만들지 못하게 막을 방법은 없다. 골드만삭스가 CEO에게 (그의 언급에 따르면) 1년에 7,200만 달러씩 지급하는 것이 어떻게 가능하겠는가?"

이것은 베일 속에 가려져 있던 하나의 사례에 지나지 않는다.

실제로 골드만삭스가 2009년 1/4분기에 뛰어난 실적을 낸 것은 건전한 의사결정 때문이 아니라, 〈뉴욕 타임스〉가 보도했듯이 AIG를 통해 지급한 구제금융 때문이다. 연방준비위원회가 가난하고 약한 사람들을 구하는 일을 하는 것이 아니라 돈이 많으면서 약한 사람만 구하는 일을 한다는 것을 보여준다. 작은 은행들은 구제금융의 혜택을 받지 못했다. 작은 기업들도 마찬가지다. 허리띠를 졸라매가며 성실하게 대출금을 갚는 사람들도 마찬가지다.

평생 갚아야 하는 이자

미국 건국의 아버지들은 연방준비제도와 같은 중앙은행 설립을 반대했다. 조지 워싱턴 대통령은 부대원에게 월급으로 지급한 콘티넨털이 결국 제로 가치로 떨어지는 것을 목격하고는 정부가 만든 돈의 문제를 경험했다. 토머스 제퍼슨도 중앙은행의 설립을 완강하게 반대했다. 그럼에도 오늘날 미국은 연방준비제도를 통해 금융세계를 통제한다. 지금의 혼란을 만들어낸 장본인들에게 우리는 우리가 살 길을 고스란히 헌납했다.

중앙은행은 허공에서 만들어낸 돈을 가지고 우리에게 이자를 물린다. 이자는 다양한 형태로 돌아온다. 세금이나 인플레이션은 물론 디플레이션도 우리가 내는 이자다. 디플레이션은 우리의 일자리를 빼앗고 집값을 떨어뜨려 이자를 받아간다. 드러난 방식으로든 숨은 방식으로든 이자는 우리의 경제적 안정을 위협한다.

모기지 대출금의 첫해 상환액은 고스란히 이자로 빠져나간다. 1년을 갚아도 원금은 거의 그대로 남는다. 은행은 이처럼 효율적으로 이자를 받아 챙긴다. 이렇게 버는 돈은 허공에서 만들어내는 것이다. 5장에서 설명한 부분지급준비제도는 아주 중요하다. 은행이 어떻게 돈을 만들어내는지, 예컨대 당신이 예금한 100만 원으로 어떻게 1,200만 원을 빌려줄 수 있는지 알아야 한다. 부분지급준비제도를 통해 은행이 허공에서 돈을 만들어내는 것은, 우리가 맡긴 돈의 가치를 떨어뜨림으로써 내가 가진 부를 훔쳐가는 행위다. 지금도 전 세계의 중앙은행들이 수조 달러씩 찍어내고 있다. 우리는 그 돈에 대한 이자를 빚, 세금, 인플레이션으로 평생 갚아야 한다.

정부가 주도하는 현금 강탈

1913년 연방준비제도가 설립된 것은 미국 재무부와 은행들 사이에 은밀한 거래가 성사되었다는 뜻이다. 은행의 현금 강탈을 정부가 지원하기 시작한 것이다. 역사를 온전히 이해하지 못하면, 돈이 어떻게 만들어지는지 알지 못하면, 진짜 금융지식은 쌓을 수 없다. "열심히 일해서 돈을 모으고, 집을 사고 주식·채권·뮤추얼펀드에 골고루 분산하여 장기투자하라"고 이야기하는 것은 중앙은행이 자신의 존립을 위해서 사람들에게 퍼뜨리는 선전일 뿐이다. 거대 부자들이 의도적으로 퍼뜨리는 성공 신화일 뿐이다.

역사적 측면에서 부자들의 음모를 둘러싼 수많은 사실들을 설명한 것은 단 하나의 질문에 대답하기 위한 것이었다.

"부자들이 만든 게임판에서 부자들의 음모를 저지하고 승리하기 위해 우리는 무엇을 할 수 있는가?"

이 질문에 대한 대답을 이제부터 시작하겠다.

연방준비위원회는 당신을 위해 일을 하는가?

오늘날 많은 사람들이 대형 은행, 정치인, 금융 혼란에 대해 불평하고 비난한다. 하지만 구제금융은 연방준비제도를 설립한 목적이자 부자들의 진짜 게임이 작용한 결과다. 이 제도는 정치적 영향력을 지닌 대형 은행들이 엄청난 돈을 만들어낼 수 있도록, 또 실패하면 납세자들이 내는 돈으로 손실을 메워줄 수 있도록 설계되어 있다. 이 과정에서 부자들은 더 부자가 되고 가난한 사람들은 더 가난해진다.

연방준비제도를 폐지해야 할까

연방준비제도를 폐지해야 한다고 주장하는 사람들도 있다. 내가 묻고 싶은 것은, 그렇다면 대안은 무엇인가 하는 것이다. 연방준비제도를 없애면 어떤 혼란이 생길까? 또 그 혼란은 얼마나 지속될까? 연방준비제도에 대한 불만을 무작정 토로하기보다는 이렇게 묻는 것이 현명할 것이다.

"연방준비제도가 나의 경제적 상황에 미치는 영향력을 어떻게 하면 최소화할 수 있을까?"

개인적으로 나는 부자들의 게임을 배우기로 결심했다. 1983년 풀러 박사의 책을 읽고 나서, 부자 아빠로부터 배운 것을 활용하여 부자의 게임에 다른 방식으로 참여하기로 결정했다. 그때부터 지금의 혼란을 대비하지 않았다면 나 역시 다른 베이비붐 세대와 마찬가지로 연금은 허공에 날아가고 집값이 추락하는 것을 마냥 보고만 있을지도 모른다. 직장은 물론 연금과 건강보험이 언제 날아갈지 모른다는 두려움에 떨며 노년을 맞이하고 있을 것이다. 최악의 상황은 나의 가난한 아빠처럼 무작정 정부에만 의지하며 살아가는 것이다.

1부에서는 역사에 대해서 이야기했다. 역사가 어떻게 오늘날 반복되고 있는지 설명했다. 이제 당신은 미래를 분명하게 내다볼 수 있는 역사 지식을 갖추었다. 2부에서는 미래에 초점을 맞춰 부자들의 게임에서 그들의 음모를 무찌르기 위해서 갖춰야 하는 돈의 새로운 규칙에 대해 이야기할 것이다. 이 규칙만 알아두면 부자들의 음모가 작동하더라도 휘둘리지 않고 경제적 여유를 누릴 수 있다.

> **독자 코멘트**
>
> 역사상 어떤 경제 상황이 닥쳐도 줄곧 번성한 사람들이 있었다. 누군가 그게 가능했다면 나도 할 수 있을 것이다. 이 책을 쓰는 기요사키를 비롯한 몇몇 사람들은 그러한 삶을 살아가고자 노력하는 이들이다. 그들의 사례와 삶의 계획을 이 책을 통해 배울 수 있어서 기쁘다. 나뿐만 아니라 다른 이들에게도 도움이 되기를 바란다.
>
> — deborahclark

RICH DAD'S CONSPIRACY OF THE RICH

6

지금 우리는 어디에 있는가

경제위기는 끝난 걸까

2009년 3월 23일, 다우존스지수는 497포인트나 뛰어올랐다. 역사상 가장 큰 상승 폭이었다. 이날을 포함하여 2주도 채 안 되는 기간 동안 다우존스는 1,228포인트나 올랐다.

어떤 이들은 바닥은 이미 지났으며, 주식시장은 다시 활기를 찾을 것이라고 말한다. 또 어떤 이들은 지금의 상승은 약세장에서 벌어지는 랠리일 뿐이라고 말한다. 지금 시장에 뛰어들어야 한다고 말하는 사람들은 이미 바닥을 쳤으니 싼값의 주식을 사서 올라가는 엘리베이터에 올라타라는 논리다. 물론 엘리베이터는 올라갈 것이다. 아주 잠시 동안만. 그리고 아무 경고 없이 엘리베이터 케이블은 끊어지고 순식간에 엘리베이터는 추락할 것이다. 약간의 이득을 노렸던 탐욕은 공포로 돌변

할 것이다.

많은 사람들이 내게 묻는다.

"경제위기는 끝난 건가요? 경제가 되살아나고 있는 건가요?"

나는 이렇게 대답한다.

"아니요. 경제는 살아나지 않습니다. 경제는 이동하고 있습니다. 경제가 살아날지 물어보는 사람들을 남겨두고 경제는 떠나갔습니다."

실질적인 조언으로 들어가기 전에 이 장에서는, 미국 경제가 지난 대공황에서 어떻게 빠져나왔는지 살펴보고자 한다. 학교에서 배운 대로 과연 정부의 경제 정책 때문에 대공황에서 벗어났던 것인지 이야기할 것이다. 역사에 대해 조금만 알아도 지금 우리 상황이 어떤지, 미래는 어떻게 될지 좀 더 뚜렷이 볼 수 있을 것이다.

> **독자 코멘트**
>
> 경제는 원래 모습과 똑같이 되살아나지 않는다. 경제는 지금까지 그러했듯이 변화하고 진화한다. 긍정적으로든 부정적으로든 계속 바뀐다. 시간만이 알려 줄 것이다. 하지만 경제가 어떤 방향으로 탈바꿈을 하든 우리는 모두 번영을 향해 스스로 준비할 수 있다.
> — Jerome Fazzari

1954년에는 어떻게 회생했는가

앞에서 이야기했듯이 미국 경제는 1954년까지 대공황에서 회복하지 못했다. 1954년, 다우지수는 이전의 최고 주가지수였던 381포인트를 넘어섰다. 그때 경제가 좋아진 데는 몇 가지 이유가 있다.

1. 제2차 세계대전을 겪었던 세대가 자리를 잡기 시작했다. 전쟁이 끝나자 군인들이 집으로 돌아오고 대학에 가고 결혼을 하고 아이를 낳았다. 1950년대 내내 주택 수요와 출산율이 계속 늘었다.
2. 1951년 처음으로 신용카드가 나왔고, 쇼핑이 국가적인 스포츠가 되었다. 교외에 대형 쇼핑센터들이 잡초처럼 들어서기 시작했다.
3. 주를 잇는 고속도로가 건설되었고 자동차 산업이 호황을 맞았다. 패스트푸드 산업이 탄생했고 드라이브인 식당에 아이들은 열광했다. 1953년 프랜차이즈를 시작한 맥도날드는 패스트푸드 산업의 새로운 별로 떠올랐다.
4. 텔레비전이 보급되기 시작했다. 베이비붐 세대는 TV를 보며 자란 첫 번째 세대가 되었다. 연예오락 산업이 성장하기 시작했고, 스포츠 스타가 새로운 갑부로 등극했다. 광고가 사람들의 일상에 파고들었다.
5. 보잉이 707을 출시하면서 제트여객기로 여행할 수 있는 시대가 도래했다. 비행기 조종사나 승무원이 선망의 직업으로 떠올랐다. 늘어나는 항공여행 수요를 감당하기 위해 대규모 공항이 여기저기 건설되기 시작했고, 거대 공항은 그 자체로서 하나의 거대한 산업을 일으켰다. 먼 거리를 여행하는 사람들이 쉴 수 있는 호텔과 리조트가 지어졌고, 관광산업이 번창했다. 낮은 요금과 빠른 여행이 사람들을 하와이로 불러들이면서 나의 부자 아빠는 더욱 부자가 되었다.
6. 기업들이 노동자들에게 연금과 건강보험을 보장했다. 퇴직금을 저

축하거나 비싼 의료비 걱정 없이 사람들은 자유롭게 돈을 썼다.
7. 중국은 아직 가난한 공산주의 국가에 불과했다.
8. 미국은 경제적·군사적 측면에서 새로운 강대국으로 떠올랐다.

중산층이 사라지고 있다

55년 전 새롭게 열린 경제체제의 토대가 되었던 수많은 요소들이 이제는 서서히 사라지고 있다.

1. 베이비붐 세대는 퇴직을 눈앞에 두고 있다. 자신들의 부모인 제2차 세계대전 세대와 함께 사회보장제도와 의료보험을 수급해야 하는 처지가 되었다.
2. 중산층이 모여 사는 교외 지역은 서브프라임 사태로 폐허가 되어버렸다. 중산층이 빈곤층으로 전락하면서 쇼핑센터의 매출도 떨어지기 시작했다. 더욱이 온라인 쇼핑이 활성화되면서 웬만한 소매점들은 문을 닫아야 하는 상황에 처했다.
3. 50여 년 전에 건설한 고속도로와 다리는 이제 상당한 보수를 하지 않으면 안 될 정도로 낡았다. 자동차 산업은 시대에 뒤처져 죽어가고 있다. "GM이 전진하면 미국도 전진한다"라는 말은 옛말이 되었다. 이제 GM은 무덤으로 전진하고 있다.
4. 텔레비전 광고가 줄고 있다. 점점 많은 광고주들이 온라인으로 옮겨가고 있다.

5. 팬아메리칸월드항공과 같은 쟁쟁한 항공사들이 역사 속으로 사라졌다. 유나이티드에어라인과 같은 거대 항공사들도 겨우 목숨을 부지하고 있다. 지금은 책상 앞에 앉아서 인터넷을 통해 전 세계 누구든 만날 수 있기 때문이다.

6. 사람들의 수명은 늘었지만 비만과 성인병으로 인해 건강은 더욱 악화되었다. 당뇨병은 새로운 암으로 퍼져나가고 있으며, 미국의 의료보장제도는 파산했다. 높은 의료 비용으로 인해 수많은 기업들이 문을 닫고 있으며, 이로써 일자리가 계속 사라지고 있다.

7. 퇴직연금기금은 파산했다. 퇴직 이후에도 기업연금과 의료보험 혜택을 편안히 받을 수 있는 사람은 없다. 7,800만 베이비붐 세대가 퇴직하여 의료보장제도와 사회보장제도의 완전한 수혜자가 되는 몇 년 후의 상황은 미국 정부에게 재앙이 될 것이다.

8. 사실상 중국은 이미 세계에서 가장 부유한 강대국의 자리에 올랐다. 심지어 중국은 미국 달러를 세계의 기준통화로 계속 사용할지 말지를 두고 저울질하고 있다. 중국이 미국 달러를 버리는 순간, 미국은 그야말로 아수라장이 된다.

9. 미국은 세계에서 가장 큰 빚을 안고 있는 나라다. 그 어마어마한 빚으로 군사력만 비대하게 키웠다.

이런 상황에서 미국 경제는 정말 회복될 수 있겠는가? 나는 본질적으로 그렇지 않다고 생각한다. 지난 대공황에서 미국을 끄집어내준 호황 경제는 이제 수명을 다하고 서서히 죽어가고 있다. 잘나가던 경제가 다시 살아나주기만을 기다리는 사람들은 결국 버림받고 말 것이다. 첨

단 기술과 다른 나라의 값싼 노동력을 활용한 아웃소싱의 발달로 인해 미국 내 일자리는 갈수록 사라질 것이고, 그 결과 실업자들은 더 많이 쏟아져 나올 것이다. 가진 자와 못 가진 자, 부자와 가난한 자의 간격은 더 크게 벌어질 것이다. 중간층은 북극의 빙하가 녹듯이 흔적도 없이 사라지고 부자 계급과 빈곤 계급만 남게 될 것이다.

육안으로든, TV를 통해서든 극빈자들이 살아가는 판자촌을 본 적이 있을 것이다. 그런 모습을 볼 때마다 나는 빈곤의 문제를 어떻게 해결해야 하는지 생각하곤 한다.

혹시 남아프리카공화국의 케이프타운Cape Town에 가본 적이 있는가? 케이프타운은 세계에서 가장 아름다운 도시라고 해도 손색이 없다. 현대적이고 부유한 도시다. 활기 넘치고 신이 나는 곳이다. 하지만 그곳에 가면 우리가 사는 세계의 미래 모습을 볼 수 있다. 공항에서 차를 타고 도시로 들어가는 길가에 누더기 판자촌이 수킬로미터에 걸쳐 있다. 수만 명이 문명화된 삶과 야생의 삶의 경계선에서 겨우겨우 살아간다. 나는 그 판자촌을 보면서 미국의 미래가 저렇지 않을까 하는 불길한 예감이 들었다. 지금 중산층에 속하는 사람들이 정말 판자촌에 살게 될 날이 올지도 모르기 때문이다.

독자 코멘트

퇴직을 앞둔 나이 든 베이비붐 세대로서 나는 너무나도 비관적인 생각이 든다. 앞으로 얼마 남지 않은 건강한 시간 동안 내가 잃은 손실을 되찾기는 힘들 것이다. 수명도 늘어난 마당에 나이가 들어 어떤 삶을 누리게 될지 걱정이 앞선다.

— jeuell52

호기심이 많고 도전을 좋아하는 나로서는, 그래도 미래에 대해 낙관적이다. 미국인들은 분명 새로운 방식으로 다시 살아날 것이다. 물론 마음가짐을 완전히 바꿔야 할 터이니 꽤 시간이 걸리기는 할 것이다.   — annebecker

1987년 vs 2007년 시장 붕괴

1987년과 2007년의 시장 붕괴가 어떻게 다른지 비교해보면 중산층이 사라지고 빈부의 격차가 커지는 이유를 알 수 있다. 1987년 10월 19일, 나는 로스앤젤레스에서 시드니로 가는 비행기 안에 있었다. 호놀룰루 공항에 비행기가 잠시 머무는 동안 공중전화로 친구에게 전화를 걸었다. 친구가 나에게 이렇게 물었다.

"소식 들었어?"

"무슨 소식? 비행기 안에 있느라 못 들었어."

"난리 났어. 다우지수가 오늘 하루만 23퍼센트나 떨어졌어. 수많은 사람들의 재산이 날아간 거야."

"흠, 그 사람들에게는 안됐지만 나한텐 좋은 소식이군그래. 나도 부자가 될 수 있는 기회가 드디어 왔네."

나는 이렇게 말했다. 그리고 이때부터 아내와 함께 가진 돈을 죄다 털어 사업을 시작했다. 1994년까지 우리 부부는 사업 기반을 다지기 위해 열심히 일했다. 친구들은 물론 친척들도 우리를 보고 제정신이 아니라고 했다. 경기도 안 좋은데 무슨 사업이냐고, 경기가 되살아날 때까지 기다리라는 것이다. 그들은 투자하기보다는 집 안에 돈을 쌓아놓았다.

하지만 1994년 우리 부부는 경제적으로 아무 걱정할 필요가 없을 정도로 돈을 모았고, 이 돈을 밑천으로 1995년에 다시 시작된 상승장에서 엄청난 수익을 만들어냈다. 그때 가만히 손 놓고 있던 사람들은 지금까지도 경제적 곤란을 겪고 있다.

2007년의 시장 붕괴는 1987년의 시장 붕괴와 다르다. 시장이 과거와 같은 방식으로 되살아날지 나는 확신하지 못한다. 1954년 호황이 시작되면서 일어난 수많은 산업들이 지금은 죽어가고 있다. 이번에는 많은 것이 달라졌다.

1987년의 붕괴와 2007년의 붕괴가 다를 수밖에 없는 것은 인터넷 때문이다. 인터넷은 모든 것을 바꿔버렸다. 독이 묻은 달러와 파산한 정부와 함께 인터넷 때문에 사람들은 더욱 뒤처졌다. 실업자들이 쏟아져 나왔다.

인터넷은 1492년 콜럼버스가 미국을 발견한 것보다 100만 배 이상 더 큰 변화를 세상에 몰고 왔다. 콜럼버스와 같은 탐험가가 신세계, 즉 새로운 부를 인류에 가져다준 것과 마찬가지로 인터넷은 오늘날 탐험가들에게 더욱 큰 세계의 부를 가져다주고 있다.

하지만 콜럼버스와 인터넷 사이에는 엄청난 차이가 있다. 사람들은 콜럼버스가 가져온 변화를 눈으로 볼 수 있었다. 수많은 배, 약탈해온 온갖 물건들, 원주민들과 그들의 땅을 그린 그림들이 있었다. 하지만 우리는 인터넷 세상을 직접 볼 수 없다. 인터넷 세상은 눈에 보이지 않는다. 마음으로 봐야 한다.

눈에 보이지 않는 변화, 바로 이것이 사람들이 뒤처지는 이유다. 어떠한 변화가 찾아온다고 해도 눈먼 자에게는 아무것도 보이지 않는다.

> **독자 코멘트**
>
> 그렇다. 1987년을 기억한다……. 독립적인 삶을 살겠다고 회사를 박차고 나와 사업 계약을 하려고 할 때였다. 회계사의 제안에 따라 퇴직연금을 몽땅 찾아 개인 펀드에 넣었다. 나는 회계사에게 돈을 나누지 않고 한 펀드에 몽땅 넣는 이유를 물었다. 그는 '그렇게 작은 금액'은 나눌 필요가 없다고 말했다. 몇 달 후 시장은 붕괴했다. 10년 동안 힘들게 일해서 번 퇴직연금은 순식간에 반 토막이 났다. 금융에 대해서는 아무것도 모르던 시절이었다. — 10billion

보이지 않는 세상이 다가온다

벅민스터 풀러 박사는 변화가 눈에 보이지 않을수록 변화의 속도는 빨라진다고 말했다. 예컨대 지난 한 세기 동안 비행 기술이 놀라운 속도로 발전한 것을 떠올려보라. 1903년 라이트 형제가 처음으로 지속적인 비행에 성공했다. 1969년 우리는 인간을 달에 보냈다. 지금은 한 시간에 27,868킬로미터를 이동하는 스페이스셔틀이 날아다닌다. 화성 여행도 머지않아 가능할 것이라고 한다. 이처럼 기술의 발전은 걷잡을 수 없을 정도로 가속도가 붙는다. 그리고 그 기술이 사업에 미치는 영향 또한 따라잡기 힘들 만큼 엄청난 속도로 변하고 있다.

1980년대 초, 풀러 박사는 한 강연에서 1980년대가 끝나기 전에 엄청난 기술이 폭발적으로 탄생할 것이라고 예언했다. 기술의 발전 속도를 추적하면 미래를 충분히 예측할 수 있다고 그는 말했다. 아직도 뇌리에 남아 있는 말이 있다. 보이지 않는 세상이 온다는 것이다.

"우리는 보이지 않는 세상으로 들어가고 있습니다. 땅에 누워서 구름을 바라볼 때는 구름의 움직임이 보이지 않지만 잠시 눈을 감았다가 눈을 떠보면 그 변화를 알 수 있습니다."

풀러 박사의 메시지는 기술 발전으로 인해 수백만 명이 일자리를 잃게 될 것이라는 의미였다. 시야 밖에서 작동하는 새로운 기술에 의해 영문도 모른 채 일자리에서 쫓겨나는 것이다. 그는 이렇게 말했다.

"우리는 달려오는 자동차를 볼 수 있습니다. 변화하는 것을 볼 수 있습니다. 자동차가 자신을 향해 달려오면 당연히 길에서 비켜설 것입니다. 하지만 자동차가 자신을 향해 정면으로 달려온다고 해도 그것을 보지 못하면 피할 수 없습니다."

자동차가 달려오는 것을 볼 수 있을 때 우리는 삶의 행로를 바꾸고 스스로 변화할 수 있다. 하지만 미래의 발명은 보이지 않는다. 그래서 사람들은 자기 앞에 무엇이 달려오는지 보지 못한다. 그는 핵심을 다음과 같이 한마디로 요약했다.

"수많은 사람들이 자신의 눈에는 보이지 않는 것에 치여 쓰러져 나갈 것입니다."

오늘날 사람들은 눈에 보이지 않고 이해할 수 없는 기술적 혁신에 이리저리 치이며 시대에 점점 뒤떨어지고 있다. 수백만 명이 의지해 먹고살았던 기술은 더 이상 필요 없게 될 것이고, 따라서 더 많은 이들이 실직 상태에 놓일 것이다. 시대에 뒤처진 패배자가 되고 말 것이다.

1970년대 처음 사업을 시작할 때 나는 순식간에 항공사 마일리지를 수백만 마일이나 쌓았다. 지금은 사무실에 앉아 인터넷을 이용하여 전 세계의 더 많은 사람들을 더 짧은 시간에 더 적은 에너지를 들여 만날 수 있고, 따라서 더 많은 사업을 할 수 있다. 물론 돈도 훨씬 적게 들어간다. 내가 돈을 더 만들어내는 동안 항공사들은 경영난에 허덕인다. 나처럼 사업하는 사람들이 비행기를 타지 않고도 더 빠르고 더 싸게 전 세계 사람들과 사업적 거래를 할 수 있기 때문이다.

1969년 나는 뉴욕 주 킹스포인트에 있는 해양사관학교를 졸업했다. 당시 우리 학교 졸업생들이 받는 초봉은 세계에서 가장 높은 수준이었다. 나와 함께 공부한 동기들은 졸업하자마자 베트남전쟁 지역을 운항하는 화물선에 승선하여 1년 만에 8만 달러에서 15만 달러를 벌어들였다. 스물두 살의 청년들에게는 결코 나쁜 출발이 아니었다.

나 또한 졸업 후 스탠더드오일의 유조선에 승선하여 몇 달을 생활했다. 하지만 형이 베트남전쟁에 참전하기 위해 입대하면서, 그 좋은 일자리를 그만두고 나도 해병대에 자원입대했다. 나의 수입은 한 달에 5,000달러에서 200달러로 떨어졌다. 그것은 충격이었다. 나의 동창들 중 몇몇은 지금도 배를 타는데, 보통 1년에 40만 달러를 벌어들인다. 좋은 대학교육을 받은 대가로 버는 돈 치고는 나쁜 금액은 아니다.

나는 전쟁이 끝난 뒤 다시 배를 타거나 항공 조종사가 되지 않고 기업가가 되기로 결심했다. 지금 나는 이 선택의 결실을 거둬들이고 있다.

지금도 배를 타는 동창들과 나 사이에는 차이점이 두 가지 있다. 첫 번째는 내가 하는 일의 90퍼센트는 정신노동이지만, 그들이 하는 일의 90퍼센트는 육체노동이다. 그들은 직접 배를 운항해야만 돈을 벌 수 있지만, 나는 잠을 자는 동안에도 돈을 벌 수 있다. 두 번째는 거래의 속도다. 그들은 일주일에 5일을 근무하고 다달이 보수를 받는다. 나는 365일 내내, 일주일 내내, 24시간 내내 일을 하고 있고 매 분마다 보수를 받는다. 내가 일을 멈추더라도 돈은 계속 들어온다. 다음 장에서 어떻게 그게 가능한지 설명할 것이다.

모든 변화는 가속이 붙고 거기에 또다시 가속이 붙는다. 그러한 변화의 앞머리에 머물기 위해 나는 사업가가 되기로 결심한 것이다. 나는 절대 시대에 뒤처지고 싶은 생각이 없다. 경제가 되살아나기만을 가만히 앉아서 기다리지 않는다. 초고속으로 달리는 경제의 맨 앞에 서기 위해 열심히 일을 할 뿐이다.

새로운 경제, 새로운 부의 탄생

오늘날 금융위기의 씨앗은 1903년 부자들이 미국 교육 제도를 납치하면서 이미 뿌려졌다. 지금도 학교는 학생들에게 적절한 금융 교육을 제공하지 않는다.

미국에 노예제도가 존재하던 시절, 노예들에게 교육을 하는 것은 금지되어 있었다. 노예에게 글을 가르치는 것을 법으로 금지한 주도 있었다. 교육받은 노예들은 위험하기 때문이다. 오늘날 아이들에게 금융 교육을 하지 않는 것은 부자들의 노예로 만들기 위한 것이다. 바로 임금 노예를 키우는 것이다.

학교를 떠나는 순간 아이들은 대부분 직장을 찾고, 돈을 아껴서 집을 사고, 뮤추얼펀드에 골고루 분산하여 장기투자를 한다.

일자리를 잃은 수백만 명의 사람들은 지금 무엇을 하고 있을까? 아마도 학교로 돌아가서 다시 교육을 받고, 새로운 일자리를 찾고, 돈을 모아서 모기지 대출을 갚고, 은퇴 후 쓸 돈을 마련하기 위해 뮤추얼펀드에 투자할 것이다. 자신의 아이들에게도 그렇게 가르칠 것이다.

1904년 이반 파블로프는 개의 소화기 계통에 대한 연구로 노벨 생리·의학상을 받았다. 오늘날 '파블로프의 개'라는 말은 조건반사를 의미하는 대명사가 되었다. 더 많은 보수를 받는 직업을 갖기 위해 학교로 되돌아가고, 집을 사기 위해 돈을 저축하고, 주식과 뮤추얼펀드에 골고루 투자하는 것은 일종의 조건반사다. 왜 그렇게 해야 하는지도 모르면서 단지 그렇게 하라고 배웠기 때문에 그러는 것이다.

1973년 베트남전쟁에서 돌아왔을 때 나의 가난한 아빠는 실직한 상태였다. 하와이 부지사 선거에 출마했다가 낙마한 뒤였다. 아버지는 훌륭한 교육을 받고 열심히 일해왔던 분이지만 50세가 되면서 모든 것이 끝났다. 교육 분야에서는 두각을 나타냈지만 사업과 정치 세계에서는 무능했다. 학교에서는 살아남을 수 있었지만 거리에서는 살아남지 못했다.

아버지는 나에게 학교로 돌아가 박사학위를 받고 공무원이 되라고 조언했다. 나는 아버지를 존경했지만 아버지와 같은 삶을 살고 싶지 않았다. 27세에 집을 나와, 다시 한 번 부자 아빠의 도제가 되기 위해 와이키키로 갔다. 그것은 내가 지금껏 살아오면서 내린 결정 중 가장 현명한 선택이었다. 나는 기업가가 되기 위해 피고용자의 조건반사를 거부했다.

역사를 돌아보면 조건반사를 깨고 자신의 길을 개척해 성공한 사람들의 이야기로 가득하다. 라이트 형제와 헨리 포드는 고등학교도 나오지 않았다. 빌 게이츠, 마이클 델, 스티브 잡스는 모두 대학을 중퇴했다. 구글의 세르게이 브린Sergey Brin도 스탠퍼드에서 박사학위를 중도에 포기했다. 하버드 대학 기숙사에서 페이스북을 구축하기 시작한 마크 주커버그Mark Zuckerberg는 캘리포니아로 여행을 갔다가 다시는 대학으로 돌아가지 않았다.

이 세상을 바꾼 사람들은 모두 학교를 때려치웠다. 더 이상 직업을 찾을 필요가 없었기 때문이다. 그들에게는 아이디어가 있었고, 그 아이디어를 실천할 용기가 있었다. 그들은 기업을 세웠고 다른 사람들에게 일자리를 만들어주었다. 오늘날 기업가 정신은 전 세계로 퍼져나가고 있다. 더 중요한 것은, 성공한 기업가들은 우리가 어떤 시대에 살고 있는지 이해한다는 것이다. 보통 사람들은 보지 못하는 변화를 그들은 볼 수 있고, 또 그런 변화에 대한 비전을 가지고 있다.

미래는 완전히 달라질 것이다. 1990년 이후 태어난 아이들이 바로 그러한 미래를 바꿀 새로운 세대다. 이들은 어릴 적부터 인터넷을 통해 세상을 배웠다. 1990년 이전에 태어난 사람들과는 전혀 다르다. 그들은 다른 세상에서 태어났고, 따라서 다른 미래를 만들어갈 것이다. 미래는 어떤 모습일까? 나도 정확하게는 알 수 없다. 그들이 보는 미래는 내가 보는 미래와 다르다는 것만 알 뿐이다.

내가 확실히 아는 것은 부자와 가난한 사람의 격차는 계속 벌어질 것이라는 사실이다. 기업이 빛의 속도로 세계 어느 곳과도 아이디어를 교환할 수 있고, 누구나 저임금 국가에서 물건을 싼값에 만들어낼 수 있는 세상에서 '평생 고소득을 보장하는 직업'을 꿈꾸는 것은 어리석기 그지없는 짓이다. 똑같은 일을 낮은 비용으로 할 수 있는 곳을 찾아 일자리는 계속 빠져나간다. 값싼 컴퓨터로 무장한 젊은 기업가들이 세상을 바꾼다. 현실에 만족하며 호화롭게 살아가는 부자들의 세상을 배고픈 젊은 기업가들이 나와 어지럽히는 모습을 보게 될 것이다. 새로운 기업가들 중 몇몇은 판자촌에서도 나올 것이다.

산업화시대의 부자 나라들은 석유, 금속, 통나무, 식량과 같은 물질적인 천연자원을 통제함으로써 부를 누렸다. 정보화시대가 진행되면서 부자 나라와 강대국들은 더 이상 그러한 힘을 발휘하지 못할 것이다. 진정한 천연자원, 바로 우리의 '생각'은 독점할 수 없기 때문이다. 인터넷이라는 보이지 않는 세상에서 세계의 천재들은 해방될 것이고, 수백 년 동안 지속되어온 계급 구분은 무의미해질 것이다. 거대 갑부는 새로 떠오를 것이다.

새로운 경제가 도래하면서 새로운 부가 폭발할 것이다. 새로운 백만장자, 억만장자들이 쏟아져 나올 것이다. 돈은 엄청나게 빠른 속도로 쌓여갈 것이다. 문제는 바로 나 자신이다. 나는 새로운 부자가 될 것인가? 새로운 가난한 사람이 될 것인가? 1950년대, 나의 부자 아빠는 새로운 경제의 부흥을 예측하고 그에 따라 움직였다. 그는 경제적 자유보다는 경제적 안정을 선택했다. 하지만 결국에는 이 두 가지를 모두 획득했다.

주식시장은 물론 되살아날 것이다. 하지만 지난 대공황 때 원래의 자리로 되돌아가는 데 25년이 걸렸다는 사실을 기억하라. 주식시장이 원래 수준을 회복하기 위해서는 새로운 기업이 나타나 경제를 이끌어야 한다. 새로운 블루칩이 시장을 지배할 것이다. 부동산 시장은 인구가 늘어날 때처럼 호황을 맞이할 것이고 일자리도 다시 생겨날 것이다. 하지만 호화로운 저택의 주인들은 바뀔 것이다. 물론 집 없이 거리를 헤매는 사람들 또한 더욱 늘어날 것이다.

하지만 앞에서도 말했듯이 경제는 다시 살아나는 것이 아니다. 경제는 그저 전진할 뿐이다. 1954년에 태어난 옛 경제는 죽어가고 있다. 이제 새로운 경제가 탄생하고 있다. 이 경제는 1990년대 이후 태어난 아이들이 이끌어갈 것이다. 인터넷을 통해, 보이지 않지만 빠르게 움직이는 세상에 적응한 세대다.

도널드 트럼프Donald Trump와 함께 흔들리는 중산층에 대한 책을 쓸 때, 도널드는 내게 이런 이야기를 했다.

"학교에서는 나보다 훨씬 똑똑한 친구들이 많았지. 하지만 그들보다 내가 더 많은 돈을 벌었어. 그 이유를 한 가지 들자면, 나는 기업가가 되었고 그들은 거대 기업에서 일하는 피고용자가 되었다는 거야. 이유를 하나 더 덧붙이자면, 그들은 저무는 산업에 종사하러 들어갔다는 것이야. 죽어가는 산업에 들어가서 일을 하고 있지."

그의 이야기를 듣고 내 삶을 돌아보았다. 내가 가난한 아빠의 조언을 따랐다면, 나 역시 죽어가는 산업에 고용된 사람이 되었을 것이다. 지금 해양사관학교를 졸업한 친구들은 예전처럼 일자리를 얻기 힘들다. 미국의 해양운수산업 역시 GM과 같은 이유로 죽어가고 있기 때문이다. 선박회사들은 더 싼 임금으로 우수한 인력을 고용할 수 있는 다른 나라로 빠져나가고 있다. 노동조합은 마지못해 자신들의 임금을 깎고 있는 실정이다.

나는 도널드와 함께 그의 사무실에 앉아 센트럴파크를 여유롭게 내려다보고 있었다. 가난한 아빠의 조언을 따랐다면 그곳에 있지 못했을 것이다. 가난한 아빠의 생각은 지난 대공황에서 깨달은 경험에서 나온 것이었다. 새로운 대공황이 어렴풋이 다가오고 있는 이 시점에서 도널드와 나는 두려움에 떨기보다는 그에 맞서 도전할 준비를 하고 있다. 우리는 이전에도 이미 고된 시간을 헤쳐온 경험이 있다. 그 시간을 헤쳐 나올 때마다 우리는 더 영리해지고 더 큰 부자가 되었다.

지금은 부자가 될 수 있는 기회

두 친구가 숲 속을 걸어가고 있었다. 곰이 갑자기 튀어나와 그들에게 다가왔다. 한 친구가 물었다.
"우리가 곰보다 빨리 달릴 수 있을까?"
친구는 이렇게 대답했다.
"아니, 곰보다 빨리 달릴 필요는 없어. 단지 너보다 빨리 달리기만 하면 돼."

이 유머는 우리가 살아가는 세상의 모습을 잘 보여준다. 많은 기업들이 쓰러지고 있다. 강한 기업은 살아남고 더 강해질 것이다. 하지만 안타깝게도 나와 같은 베이비붐 세대는 대부분 미래를 준비하지 않는다. 그동안 너무 쉽게 살아왔기 때문이다. 하지만 이제는 나이가 들어 건강도 좋지 않을 뿐만 아니라 일을 하지 않고 먹고살 수 있을 만큼 모아둔 자산도 없다. 의료보장제도조차 파산에 이른 지금 건강보험 하나 들지 않은 사람이 수두룩하다.

우리는 지금 길고도 혹독한 금융겨울 속으로 진입하고 있다. 물론 좋은 소식도 있다. 겨울이 온다는 것은 그다음엔 봄이 온다는 뜻이다. 꽃이 피고 새로운 생명이 태어날 것이다. 그렇게 우리는 이 금융위기에서 벗어날 것이다. 하지만 긴 겨울을 나는 동안 수백만 명이 영원히 나락으로 떨어지고 말 것이다. 그들은 결국 정부에 의존하여 생계를 유지해야만 한다.

내가 보기에 정치인들이 경제를 살리기 위해 할 수 있는 일은 거의 없다. 그들이 할 수 있는 일은 오로지 구제금융이라는 이름으로 부자들을 구해주는 것뿐이다.

진짜 문제는 이것이다. 지금의 위기에서 스스로 살아남기 위해서 당신은 무엇을 할 수 있는가? 곰보다 빨리 뛸 필요는 없다. 누군가 구해주기만을 넋 놓고 기다리는 멍청한 사람들만 제치면 된다.

새롭게 펼쳐질 세상으로 뛰어들 준비가 된 사람들에게는 좋은 소식이 있다. 가만히 앉아서 불평만 하는 사람들보다는, 빠른 시간 안에 공부하고 배우고 열심히 일하고자 하는 사람들에게 아주 좋은 기회다. 과거를 통해 미래에 성공하는 법을 배워라. 지금은 당신이 부자가 될 수 있는 시기이다. 물론 부자가 되고 싶은 생각이 있다면 말이다.

지금까지 이야기한 돈의 새로운 5가지 법칙에 대해서 정리해보자. 부자들의 게임에서 부자들의 음모를 물리치고 승리하기 위한 필수적인 법칙이다.

돈에 관한 8가지 새로운 규칙 1
돈은 지식이다

오늘날 전통적인 자산은 우리를 부자로 만들어주기는커녕 경제적 안정도 가져다주지 못한다. 사업, 부동산, 주식, 채권, 자산, 금도 돈을 벌어다주지 못한다. '지식'만이 우리를 부자로 만들어줄 것이다. 지식이 없는 사람은 가난해질 것이다. 새로운 세상에서는 지식이 바로 새로운 돈이다.

2부에서는 금융지식을 높이는 작업을 할 것이다.

돈에 관한 8가지 새로운 규칙 2
빚을 이용하는 법을 배워라

1971년 이후 미국 달러는 자산에서 부채로 바뀌었다. 은행들은 더 많은 빚을 만들어내야만 더 많은 돈을 찍어낼 수 있기 때문에 계속해서 대출을 늘려나갔다. 그 결과가 바로 서브프라임 사태다. 명백한 사실은 가난한 사람이든 부자든 빚에 대해서 더 많이 배워야 한다는 것이다.

빚은 나쁘지 않다. 빚을 잘못 쓰는 것이 나쁠 뿐이다. 빚으로 가난해질 수도 있지만 부자가 될 수도 있다. 경제적으로 앞서나가고 싶다면, 빚을 남용하지 말고 제대로 사용하는 법을 배워야 한다.

2부에서는 우리 삶을 더 부유하게 만드는 좋은 빚을 활용하는 법과 경제적으로 안전한 자리에 올라서는 법에 대해서 이야기할 것이다.

돈에 관한 8가지 새로운 규칙 3

현금흐름을 통제하는 법을 배워라

달러가 빚이 되고 난 다음, 부자들은 사람들을 빚으로 몰아넣는 게임을 시작했다. 우리가 빚을 지는 순간, 우리의 현금은 다른 사람들, 즉 부자들의 주머니로 흘러간다. 오늘날 많은 사람들이 경제적 어려움에 처한 것은 그들 주머니에서 많은 현금이 흘러나가기만 하고 들어오는 돈은 거의 없기 때문이다. 경제적 안정을 누리고 싶다면, 자신의 주머니로 더 많은 현금이 흘러 들어오게 해야 한다.

2부에서는 빠져나가는 돈이든 들어오는 돈이든, 현금흐름을 통제하는 법에 대해서 이야기할 것이다.

돈에 관한 8가지 새로운 규칙 4

힘든 시기를 대비하라.
그러면 좋은 시절만 누릴 것이다

지난 대공황은 나의 부자 아빠를 더 부자로 만들었고 가난한 아빠를 더 가난하게 만들었다. 한 사람은 공황을 기회로 봤고, 다른 한 사람은 위기로 봤다.

나와 같은 베이비붐 세대는 좋은 시절만을 경험해왔다. 많은 사람들이 나쁜 시간을 대비하지 않는다. 지금의 금융위기에서도 내가 경제적으로 안정을 누리는 것은 지난 20년 동안 힘든 시기를 준비해왔기 때문이다. 힘든 시기를 준비함으로써, 좋은 시절에도 더 큰 안정을 누릴 수 있었다.

2부에서는 힘든 시기에 잘사는 법과 좋은 시절에 더 잘사는 법을 설명한다.

돈에 관한 8가지 새로운 규칙 5
지금 필요한 건 스피드

물물교환에서 디지털머니로 돈이 진화하면서 세계 금융 시스템이 움직이는 속도가 매우 빨라졌다. 느린 사람은 뒤처질 수밖에 없다. 좋은 위치를 선점한 사람들은 1년 내내, 24시간 내내 거래를 한다. 다달이 돈을 버는 것이 아니라 초단위로 돈을 번다.

> **독자 코멘트**
>
> 나는 자영업을 하고 있다. 그런데 지난 11월 수술을 받는 바람에 석 달 동안 일을 하지 못했다. 그동안 모아두었던 돈으로 겨우 버틸 수 있었다. 이번 경험을 통해 저절로 들어오는 수입이 얼마나 중요한지 깨달았다. 지금은 좋은 투자기회를 찾아다니며 현금흐름이 나오는 자산을 사들이느라 바쁘다.
>
> — henri54

2부를 본격적으로 시작하기에 앞서 스스로 질문해보라.

1. 어떻게 돈을 버는가? 달마다 버는가? 시간마다 버는가? 분마다 버는가? 초마다 버는가?
2. 일주일에 5일, 하루에 8시간 동안 돈을 버는가? 일주일에 7일,

하루에 24시간 동안 돈을 버는가?
3. 일을 하지 않으면 돈이 들어오지 않는가?
4. 다양한 곳에서 돈이 들어오는가?
5. 누군가에게 고용되어 있다면, 나를 고용한 사람은 시대를 앞서가는 사람인가, 뒤처진 사람인가?
6. 나의 친구와 가족들은 경제적으로 앞서가고 있는가, 뒤처져 있는가?

자신만이 이 질문에 정직하게 대답할 수 있다. 자신만이 경제적으로 만족스러운 삶을 살고 있는지 알 수 있다. 자신만이 삶에 일상적인 변화를 만들 수 있다. 변화할 준비가 되어 있다면, 더 밝은 경제적 미래를 위해 준비할 자세가 되어 있다면, 앞으로 이야기할 내용은 바로 당신을 위한 것이다.

7

게임의 법칙을 이해하라

돈의 게임에서 이기고 싶다면

질문: 평범한 사람들에게 당신은 어떤 조언을 해주고 싶은가?
답: 평범해져서는 안 된다.

80:20 법칙이라는 말을 들어보았을 것이다. 결과의 80퍼센트 정도는 원인의 20퍼센트에서 나온다는 얘기다. 이탈리아의 경제학자인 빌프레도 파레토Vilfredo Pareto가 이탈리아의 땅 80퍼센트를 20퍼센트의 사람이 소유하고 있는 현상에서 힌트를 얻어 만든 것인데, 고안자의 이름을 따 '파레토 법칙'이라고도 한다. 기업의 경우 매출 80퍼센트가 고객의 20퍼센트에서 나온다는 의미로 사용된다. 이 소수의 고객들을 기업들은 잘 관리해야 한다.

나의 부자 아빠는 이 법칙을 한 걸음 더 발전시켰다. 그는 세상의 돈 90퍼센트를 10퍼센트 사람들이 벌어들인다고 믿었다. '90:10 법칙'인 셈이다. 예를 들어 프로골프에서도 골프선수 10퍼센트가 상금 90퍼센트를 다 가져간다. 지금 미국에서도 90퍼센트 정도의 부를 10퍼센트 정도의 사람들이 차지하고 있다.

돈의 게임에서 이기고 싶다면, 평균이 되어서는 안 된다. 최고 10퍼센트 안에 들어야 한다.

90퍼센트의 사람들이 경제적으로 평범할 수밖에 없는 이유는 그들이 평범한 조언을 따르기 때문이다. 평범한 조언에는 다음과 같은 것이 있다.

1. 좋은 학교에 들어가라.
2. 좋은 직장을 잡아라.
3. 열심히 일하라.
4. 돈을 아껴 써라.
5. 집이 최고다. 집은 가장 큰 자산이자 투자 대상이다.
6. 버는 돈보다 적게 써라.
7. 빚은 빨리 갚아라.
8. 주식, 채권, 뮤추얼펀드에 골고루 분산하여 장기투자하라.
9. 퇴직하면 정부연금으로 살 수 있다.
10. 오래오래 행복하게 산다.

'오래오래 행복하게 산다'는 말은 내가 덧붙인 것이다. 위의 금융 조언은 아이들에게 들려주는 동화와도 같기 때문이다. 사람들이 오래오래 행복하게 사는 것은 동화에서만 가능한 일이다. 이런 조언들은 제2차 세계대전 세대가 믿었던 동화와 똑같다. 하지만 이 동화는 현실이 아니다.

내 또래의 사람들, 베트남전쟁 세대는 한때 잘사는 사람도 있었지만 지금은 대부분 경제적 위기를 겪고 있다. 이 동화를 믿었기 때문이다. 베이비붐 세대 대부분 주식시장이 되살아나 퇴직 후 넉넉한 돈을 돌려받을 수 있기를 바란다.

오늘날 대학생들은 졸업 후 직장을 갖지 못할까 두려워한다. "좋은 학교에 들어가라", "좋은 직장을 잡아라"와 같은 조언을 지나치게 믿기 때문이다.

부자들은 사람들이 이 열 가지 동화를 모두 믿기를 바란다. 동화를 따르는 것은 곧 평범한 사람 90퍼센트가 부자들의 게임에서 먹잇감이 되는 것이다. 사람들은 대부분 열 가지 동화는 알아도 돈의 현실에 대해서는 잘 모른다. 이 게임이 무엇을 위한 것인지 알지 못한다.

독자 코멘트

아버지는 젊어서는 판사로 일했고 나중에는 투자은행의 은행장으로 일하시다 작년에 돌아가셨다. 아버지는 나에게 주식시장만이 믿을 수 있는 투자수단이라고 말씀하셨다. 또한 부동산은 크게 하락하기 때문에 바보들이나 하는 투자라고 하셨다. 아버지는 저절로 들어오는 수입을 믿지 않았다. 올해 초, 아버지의 자산을 처분했을 때 순가치는 아버지가 돌아가신 시점에서 87퍼센트나 떨어졌다. 자식들에게 그토록 남겨주고 싶어했던 유산이 순식간에 사라져 버린 것이다.

— FredGray

> 아버지는 늘 이렇게 말씀하셨다. "중간만 가면 전혀 문제될 것이 없다." 나는 그 말을 거부한다. 오히려 나는 최선을 다해 평균보다 앞서나가야 한다고 나는 생각한다.
> — arnei

실제 우리 삶에서 작용하는 게임의 법칙

부자들이 만든 세상은 바로 '현금흐름'을 확보하는 게임의 장이다. 게임을 만든 사람들은 보통 사람들이 열 가지 동화를 믿기를 바란다. 그렇게 해야 사람들의 돈을 자신에게 끌어올 수 있기 때문이다. 그 결과 지금 90퍼센트의 사람들에게서 10퍼센트의 사람들에게로 현금이 흘러 들어가고 있다.

우리가 살아가는 세상은 한마디로 '현금흐름'이라는 이름의 게임판이다. 어떤 사람들은 이렇게 말할지도 모르겠다.

"쳇! 자기가 만든 보드게임을 광고하는 거잖아!"

물론 지금 나는 내가 만든 게임 '캐시플로'를 선전하고 있다. 내가 만든 게임을 자랑스럽게 생각하며, 많은 사람들이 즐기기를 바란다. 사실 캐시플로는 부르마블의 확장판이라고도 할 수도 있지만, 단순한 보드게임이 아니다. 이것은 실제 세상에서 작동하는 게임이다. 게임의 최종 목표는 다른 사람들의 주머니에서 자신의 주머니로 돈이 흘러 들어오게 하는 것이다. 지금 우리가 사는 세상을 기획하고 조종하는 사람들 역시 당신의 주머니에서 돈을 뽑아가기 위해 노력하고 있다.

물속에 있는 물고기는 물을 보지 못한다. 우리는 음모 속에서 살아가지만 그 음모를 보지 못한다. 부자든 가난한 사람이든, 교육받은 사람이든 교육을 받지 못한 사람이든, 일을 하는 사람이든 일자리를 잃은 사람이든, 우리는 모두 현금흐름이라는 게임에 참여하고 있다. 일부는 게임의 목표와 규칙을 제대로 알고 그것을 활용하는 반면, 나머지는 아무것도 모른 채 먹잇감이 될 뿐이다.

현금흐름 게임이 실제 우리 삶에서 어떻게 작용하는지 몇 가지 예를 통해 살펴보자.

사례 1. 교육이라는 이름의 캐시플로 게임

많은 학생들과 부모들이 대학 등록금 때문에 빚에 허덕이고 있다. 더욱이 대학들은 신용카드로도 등록금을 받는다. 훨씬 나쁜 빚을 쌓도록 만드는 것이다. 학생들이 대출을 받거나 신용카드를 쓰면, 그 빚을 모두 갚을 때까지 몇 년 동안 학생의 주머니에서 현금은 계속 빠져나간다.

캐시플로 게이머들은 학생들을 좋아한다. 학생들은 현금을 토해내는 가장 큰 원천이기 때문이다. 이들은 대개 경제적으로 무지할 뿐만 아니라, 신용카드는 마구 쓸 수 있는 돈이라고 생각한다. 많은 학생들이 된통 혼이 난 다음에야 정신을 차린다. 물론 죽을 때까지 깨닫지 못하는 사람들이 더 많다. 그렇기 때문에 학교에서 현금이 자신의 주머니에서 부자들 주머니로 어떻게 흘러 들어가는지 가르쳐야 한다.

학생들은 엄청난 빚을 진 채 학교를 졸업한다. 직업을 찾고 나서야 자신들의 현금이 소득세라는 명목으로 정부로 흘러 들어가는 것을 깨닫는다. 빚은 더 많이 쌓인다. 더 많이 벌수록 세금도 더 많이 내야 한다. 돈을 아끼기 위해서 맥도날드에서 싸구려 햄버거로 끼니를 때운다. 현금은 맥도날드로 흘러 들어간다. 자신의 급료를 ATM에서 찾을 때마다 은행은 수수료를 뗀다. 이로써 현금은 또 은행으로 흘러 들어간다. 차를 살 때도 현금은 자동차회사, 금융회사, 정유회사, 보험회사, 그리고 각종 세금의 형태로 정부로 흘러 들어간다. 집을 살 때는 현금이 대출은행, 보험회사, 케이블 TV, 수도, 전기, 난방, 그리고 취득세의 형태로 정부로 흘러 들어간다. 퇴직연금을 위해 매달 적립하는 뮤추얼펀드를 통해 현금은 월스트리트로 흘러 들어간다. 또한 뮤추얼펀드의 수익금 중 일부는 수수료의 형태로 펀드매니저에게 흘러 들어간다. 나이가 들고 건강이 나빠지면 현금은 양로원으로 흘러 들어간다. 죽을 때도 남겨놓은 자산에 대한 상속세를 통해 현금은 정부로 흘러 들어간다. 보통 사람들의 삶이란 이처럼 계속해서 빠져나가는 현금을 채워 넣기 위해 고군분투하는 것이다.

90퍼센트의 사람들이 경제적 곤란을 겪는 이유는 현금이 늘 어떤 사람에게서 나와 다른 사람에게로 흘러 들어가기 때문이다. 게임의 법칙이 무엇인지 아는 10퍼센트의 사람들에게로 현금은 계속 흘러 들어간다. 90퍼센트가 열심히 일할수록, 더 많은 돈을 벌수록 10퍼센트에게는 더 많은 현금이 흘러 들어간다.

나의 가난한 아빠는 아주 열심히 일했다. 더 많은 돈을 벌기 위해 학교로 돌아가 더 높은 학위를 받았고 특별한 직업훈련을 받았다. 그렇게 번 돈 중 일부를 저금했다. 하지만 현금흐름 상황은 계속 나빠졌다. 빠져나가는 현금을 막을 길이 없었다. 일자리를 잃고 난 뒤에는, 돈은 하나도 들어오지 않고 계속 빠져나가기만 했다. 경제적 파산 위기까지 몰렸다.

학교는 아이들에게 현금흐름에 대해 가르치지 않는다. 학교가 가르치는 것은 고작 은행에 저축하고 뮤추얼펀드에 투자하라는 것이다. 다시 말해 자신의 돈을 부자에게 퍼주라고 가르친다.

내가 학교를 운영한다면 빠져나가는 현금흐름을 통제하고 들어오는 현금흐름을 만들어내는 법을 가르칠 것이다. 이에 대해서는 다음 장에서 자세하게 설명할 것이다.

사례 2. 기술 개발과 혁신이라는 캐시플로 게임

휴대전화와 현금흐름, 둘 중에 무엇이 먼저 있었을까? 물론 현금흐름이 먼저다. 휴대전화가 아무리 유용하다고 해도 현금흐름 없이는 휴대전화도 존재하지 못했을 것이다. 현금흐름은 혁신을 추동하는 가장 큰 힘이다. 휴대전화를 통해 현금을 빨아들일 수 있다는 것이 알려지자 세상의 돈이 무선전화 네트워크의 발전에 몰려들었다. 현금흐름의 가능성이 없었다면 누구도 이 네트워크를 만들고 발전시키는 데 관심 갖지 않았을 것이다.

우리가 휴대전화를 쓸 때마다 현금은 우리 지갑에서 나와 휴대전화 사업자의 지갑으로 들어간다. 휴대전화 사업 역시 게임의 핵심은 현금흐름의 확보다.

오늘날 세상을 구할 수 있는 수많은 제품, 서비스, 사업이 존재한다. 하지만 현금이 소비자에게서 부자에게로 빠져나가지 않는 한 그 제품이나 사업은 살아남을 수 없다. 누구도 돈을 투자하지 않는다. 새로운 제품을 개발하거나 새로운 사업을 시작하고자 한다면 현금흐름을 어떻게 창출할 수 있는지 세세하게 고려해야 한다. 그 제품이나 사업이 자신만 먹고살 수 있을 정도의 현금흐름을 만들어낸다면, 다른 투자자는 끌어들일 수 없을 것이며, 따라서 성장할 수 없다.

사례 3. 붕괴하는 주식시장의 캐시플로 게임

주식시장이 붕괴한다는 것은 현금이 주식시장에서 다른 자산으로 빠져나간다는 뜻이다. 시장이 붕괴하면 90퍼센트의 투자자는 돈을 잃는다. 이들이 돈을 잃을 수밖에 없는 이유는 행동이 너무 느리기 때문이다. 더욱이 뮤추얼펀드에 골고루 분산하여 장기간 투자하라는 금융 동화는 이들을 느리게 행동하도록 만든다.

하지만 금융 동화를 믿지 않는 10퍼센트는 시장이 붕괴할 조짐이 나타나면 재빨리 값이 오르는 금과 같은 안전한 자산으로 돈을 옮겨놓는다. 주식시장에서 현금이 빠져나올 때 뮤추얼펀드에 투자한 사람들은 패자가 되고, 금에 투자한 사람들은 승자가 된다. 이러한 현상은 부동산 시장에서도 나타난다. 주택 가격의 거품이 꺼지면 현금은 모조리 빠져나가고, 집을 가진 사람들에게는 집만 한 채 덜렁 남게 될 것이다. 물론 집값은 형편없이 떨어져 있을 것이다.

지식은 새로운 돈이다

'돈은 지식이다'라는 돈의 제1규칙은 우리 경제가 현금흐름을 목표로 하는 게임이기 때문이다. 학교에서 제대로 금융 교육을 하지 않기 때문에 학생들은 졸업을 할 때까지 현금흐름 게임에 대해서는 전혀 알지 못한다. 나는 현금흐름이 그 어떤 과목보다 훨씬 중요하다고 생각한다. 학생들은 졸업을 하고 나서 현금을 끌어들이기 위해서 열심히 일한다. 하지만 현금흐름을 통제하기는 쉽지 않다. 들어오는 돈보다 나가는 돈이 훨씬 더 많다. 그 때문에 신용카드 빚도 계속 늘어가고 더 열심히 일해야 한다.

사람들이 직업의 안정성을 중요하게 생각하는 것은 빠져나가는 현금흐름을 통제하지 못하기 때문이다. 그토록 많은 금융 전문가들이 "신용카드를 자르고, 버는 한도 내에서 살라"고 조언한다. 이것은 90퍼센트의 평범한 사람들에게 들려주는 금융 조언이다. 게임의 목표를 아는 10퍼센트는 일을 하지 않는 순간에도 현금이 흘러 들어오게 하는 법을 찾는다. 평범한 투자자들은 현금흐름에 대해 거의 알지 못한다. 자신이 번 돈에서 상당한 금액이 미처 만져보기도 전에 퇴직연금이라는 명목으로 빠져나가 뮤추얼펀드 회사로 들어간다. 이들은 각종 수수료와 비용이라는 합법적인 이름으로 현금을 빨아들인다.

내가 뮤추얼펀드를 싫어하는 것은, 이것이 금융에 대해 무지한 사람들을 위해 만든 사기성 투자 수단이기 때문이다. 이러한 주장 때문에 나는 오랫동안 수많은 금융 전문가들과 싸워야 했다. 우리는 바로 그 금융 전문가들이 대부분 뮤추얼펀드 회사의 후원을 받아 먹고사는 사람들이라는 것을 잊어선 안 된다. TV 프로그램이나 책을 통해 뮤추얼펀드를 홍보하고 선전하는 사람들이 하는 금융 조언이란 한결같다.

"뮤추얼펀드에 골고루 분산하여 장기간 투자하십시오."

이것은 평균적인 90퍼센트의 투자자를 위한 평균적인 조언이다.

좋은 조언이 아니다.

내가 존경하는 금융의 영웅으로, 뱅가드그룹Vanguard Group을 설립한 존 보글John Bogle이 있다. 관리비용을 줄임으로써 수수료를 낮춘 인덱스펀드를 창시한 그는, 전통적인 뮤추얼펀드와 정면으로 맞섰다. 〈스마트 머니〉와의 인터뷰에서 그는 이렇게 말한다.

"뮤추얼펀드 투자자들은 자신의 돈을 100퍼센트 넣고, 위험도 100퍼센트 부담하면서 수익은 20퍼센트밖에 먹지 못한다. 뮤추얼펀드 회사는 수수료와 비용이라는 명목으로 80퍼센트를 가져간다. 물론 수익이 있는 경우에 그렇다."

2009년 상황은 더욱 나빠졌다. 현금이 주식시장에서 빠져나가자, 뮤추얼펀드 회사들은 수수료와 비용을 오히려 올리기 시작했다. 결국 투자자들은 더 많은 손해를 보게 된다.

보글은 자신의 책에서 뮤추얼펀드 회사와 은행들이 '복리의 마술'에 대해서만 이야기할 뿐 '복리비용'에 대해서는 말하지 않는다고 비판한다. 아무리 높은 수익을 올린다고 해도 뮤추얼펀드 회사들은 그만큼 더 많은 혜택을 가져간다. 부자들의 음모를 공개적으로 까발리고 맞선 보글을 깊이 존경한다. 이러한 비판은 어떠한 책도, TV도 할 수 없는 것이다. 뮤추얼펀드 회사들의 광고 수입을 잃고 싶지 않기 때문이다.

돈에 관한 8가지 새로운 규칙 6

돈의 언어를 배워라

의과대학에 들어가면 먼저 의학용어부터 배워야 한다. 그래서 '확장기 혈압'과 '수축기 혈압'이 무엇인지 이해하고, 또 막힘없이 이야기할 수 있어야 한다. 항공학교에 들어갔을 때 나는 비행사들이 쓰는 말을 배워야 했다. 고도계, 보조 날개, 러더와 같은 용어들을 배워서 쓰기 시작했다. 헬리콥터를 배울 때는 또 다른 용어를 배워야 했다. 사이클릭, 콜렉티브, 회전날개와 같은 말을 익혔다. 이런 말을 모르고서는 파일럿이 될 수 없다.

성경에 이런 말이 나온다. "말씀은 육신肉身이 된다." 다시 말해서 우리가 쓰는 말이 곧 우리를 대변한다.

1903년 부자들은 교육 제도를 접수하고 나서 가장 먼저 돈의 언어를 빼앗고, 대신에 실제 세상에서는 거의 쓰지 않는 '수학'과 같은 학교 선생들의 언어로 바꿔버렸다. 전체 인구의 90퍼센트가 경제적으로 곤란을 겪는 주요한 이유는 바로 돈의 언어를 배우지 못했기 때문이다.

독자 코멘트

우리는 언어를 통해 생각한다. 우리가 말로 묘사하지 못하는 것은 개념화하지 못한다. 돈의 언어를 아는 것, 그 말을 사용할 줄 아는 것은 곧 돈이 무엇인지, 어떻게 작동하는지 개념적으로 이해하는 것이다. '전문가'들에게 끌려다니며 관습적인 조언을 맹목적으로 따르지 않고 스스로 금융 결정을 하기 위해서는 돈의 언어를 알아야 한다. '머리가 나빠서 이해하지 못한다'는 마음가

> 짐을 버려야 한다. 말을 배우면 이해할 수 있게 되고, 그 결과를 통제할 수 있게 된다.
> — buzzardking

10퍼센트 클럽에 들어가기

돈의 언어를 배운다는 것은 음모의 언어를 배운다는 것이다. 매일 조금씩 시간을 투자하면 10퍼센트 안에 들어갈 확률은 더욱 높아진다. 무엇보다도 돈의 언어를 배우면 돈에 대한 거짓 예언에 농락당하지 않게 된다. 돈을 아껴주겠다며, 집을 살 수 있게 해주겠다며, 빚에서 꺼내주겠다며, 뮤추얼펀드에 골고루 장기간 투자하라며 조언하는 거짓 예언자들에게 놀아날 확률이 줄어든다.

더욱이 아이들에게 돈의 언어를 가르치는 데는 그다지 많은 노력이 들지 않는다. 돈이 들어가는 것도 아니다. 단지 상식적인 수준의 비용만 들이면 된다. 학교에서 돈의 언어를 가르치기만 해도 경제적 어려움과 가난은 상당히 줄어들 것이다. 더 많은 아이들이 돈의 언어를 배울수록 그들은 정부가 일자리를 만들어주기만을 기다리는 사람이 아니라 새로운 일자리를 만들어내는 기업가로 자라날 것이다.

이제부터는 10퍼센트 클럽에 들어가기 위해 반드시 알아야 하는 돈과 투자에 대한 자세에 대해 설명할 것이다.

삶은 태도다. 자신의 삶을 바꾸고 싶다면 먼저 말을 바꿔야 한다. 말은 태도를 바꿀 것이다. 돈에 대한 보통 사람들의 몇 가지 태도를 알아보자.

"나는 절대 부자가 되지 못할 거야."

가난한 사람들의 마음가짐을 보여주는 말이다. 이런 생각을 하는 사람들은 죽을 때까지 경제적 곤란에서 벗어나지 못할 확률이 높다.

"나는 돈에 관심이 없다."

이렇게 말하는 사람은 들어오는 돈까지도 쫓아버린다.

"돈이 돈을 번다."

많은 사람들이 이렇게 말한다. 결국 돈 없는 사람은 돈을 벌 수 없다는 생각이다. 현실은 그렇지 않다. 모든 돈은 '말㐠'에서 시작한다. 말에는 돈이 들지 않는다.

"투자는 위험하다."

이런 말을 하는 사람들 역시 가난을 면치 못한다. 투자가 위험한 것이 아니라 금융에 대한 무지, 엉터리 금융 전문가의 조언을 따르는 것이 위험할 뿐이다. 부자가 되려면 돈과 투자에 대한 관점과 태도부터 바꿔야 한다.

돈은 곧 지식이고, 지식은 말에서 출발한다. 말은 우리 뇌의 연료이며 우리 현실을 만들어내는 바탕이다. 잘못된 말, 가난한 말을 쓰면 가난한 생각을 하게 되고 가난한 삶을 살게 된다. 가난한 말을 쓰는 것은 좋은 자동차에 싸구려 혼합유를 넣고 다니다 엔진을 망가뜨리는 것과 같다. 말은 생각에 많은 영향을 미친다. 그 사람이 하는 말만 듣고도 그 사람의 부의 수준을 알 수 있다. 몇 가지 예를 살펴보자.

가난한 사람의 말

1. 나는 절대 부자가 되지 못할 거야.

2. 나는 돈에 관심 없어.

3. 정부는 사람들을 돌보지 않고 뭘하는 거야.

중산층의 말

1. 보수도 좋고 안정적인 직장이 있으면 됐지.

2. 가장 좋은 투자 대상은 뭐니 뭐니 해도 집이야.

3. 뮤추얼펀드에 골고루 분산투자를 하고 있죠.

부자의 말

1. 내 일을 맡아서 잘 해줄 사람이 어디 없을까?

2. 현금이 잘 도는 아파트 10채 정도 사려고 하는데.

3. 나의 출구 전략은 IPO를 통해 회사를 주식시장에 공개하는 거지.

각각 사용하는 말이 어떻게 다른지 알겠는가? 말이 그 사람의 현실을 제대로 보여주고 있지 않은가? 우리가 쓰는 말은 바로 우리 자신이다.

자본이득 vs 현금흐름

10퍼센트 클럽에 들어가기 위해 반드시 알아야 하는 것 중 가장 중요한 용어는 '자본이득capital gains'과 '현금흐름cash flow'이다. 그중에서도

'현금흐름'이 중요하다. 현금흐름은 그 자체로서 우리가 살아가는 게임판의 이름이자 게임의 목표다.

2007년 부동산시장과 주식시장이 무너지기 시작하면서 90퍼센트의 사람들이 돈을 잃은 것은, 그들이 현금흐름이라는 게임을 하지 않고 자본이득이라는 게임을 했기 때문이다. 자본이득 게임을 한 사람들은 자신이 가진 집이나 주식의 가격이 계속 오르기를 바랄 것이다. 하지만 현금흐름에 투자한 사람들은 가격이 오르든 내리든 신경 쓰지 않는다.

자본이득과 현금흐름에 관한 또 다른 중요한 용어는 '순자산net worth(대차대조표의 총자산으로부터 부채를 뺀 것. 자기자본이라고도 한다)'이다. 비싼 집을 사거나 비싼 주식을 대량으로 사들이고서 순자산을 자랑한다는 이야기를 들어본 적이 있을 것이다. 문제는 지금과 같은 시장에서는 '순자산은 제로'라는 것이다.

순자산은 대개 자본이득으로 정해진다. 한 예로 10억 원짜리 집을 샀다면, 기술적으로 이 부동산의 순자산은 10억 원이다. 하지만 집을 팔 때 5억 원밖에 받지 못한다면, 또한 대출금 7억 원을 갚아야 한다면 순자산은 제로인 것이다.

기업의 경우도 마찬가지다. 기업과 은행에 대한 순자산은 '시가평가mark-to-market(자산의 가치를 매입가가 아닌 시가로 평가하여 장부에 계상하는 일)'라는 말로 표현한다. 경제가 좋을 때 회사들은 시가평가액을 내세우기 좋아한다. 실제 손익과 상관없이 자신의 대차대조표를 그럴듯하게 포장해주기 때문이다. 하지만 시장이 붕괴된 지금, 시장평가액이 하락하면서 기업들의 순자산도 계속 떨어지고 있다.

부의 규모를 측정할 때 나는 순자산보다는 현금흐름을 기준으로 사용한다. 나의 투자가 매달 가져다주는 돈이 진정한 나의 부다. 시가평가액이든 장부 가격이든 무엇이 진정한 가치인가 따지는 것은 쓸데없는 논란이다.

나의 사업과 투자는 철저하게 현금흐름에 초점을 맞추기 때문에 금융위기에도 흔들리지 않는다. 아내는 37세, 나는 47세에 '퇴직'할 수 있었던 이유는 의식적으로 현금흐름에 투자해왔기 때문이다. 1994년 우리는 투자의 결과로서 1년에 대략 12만 달러의 현금을 벌어들였다. 일을 하지 않아도 저절로 들어오는 돈을 말하는 것이다. 현재 금융위기 속에서도 우리가 1년 동안 벌어들이는 돈은 그때에 비해 10배로 늘어났다. 계속해서 현금흐름에 투자했기 때문이다.

아홉 살 때 나는 부자 아빠와 부르마블 게임을 했다. 그것이 금융교육의 시작이었다. 수년 동안 우리는 몇 시간씩 게임을 했다. 왜 그렇게 게임을 자주 하느냐고 묻자 부자 아빠는 이렇게 말했다.

"부자가 되는 공식이 이 보드게임 속에 들어 있단다."

"그 공식이 뭔데요?"

"별장 세 개를 호텔 하나로 바꾸는 거지."

열아홉 살 때 뉴욕에서 학교를 다니다가 하와이로 돌아왔을 때 부자 아빠는 정말 와이키키 해변이 코앞에 내려다보이는 거대한 호텔의 주인이 되어 있었다. 10년이라는 시간 동안 부자 아빠는 작은 사업가에서 하와이에서 거대한 영향력을 행사하는 기업인으로 성장했다. 부자 아빠가 성공한 비밀은 현금흐름에 투자한 것이었다.

부자 아빠는 아들(내 친구)과 나를 앉혀놓고 부르마블 게임의 특징을 가르쳐주었다. 예컨대 주사위를 던지기 전에 이렇게 묻곤 했다.

"네 땅에 별장을 하나 지으면 얼마를 벌 수 있지?"

"10달러요."

"그 땅에 별장을 두 개 지으면?"

"20달러요."

나는 꼬마였지만 10달러를 버는 것보다 20달러를 버는 것이 더 좋다는 것은 알았다. 그것이 바로 부자 아빠가 자본이득이 아닌 현금흐름에 초점을 맞추도록 훈련시키는 방법이었다.

현금흐름에 초점을 맞추다

1971년 닉슨이 금태환제도를 폐지하자 경제 전반에 인플레이션이 퍼져나가기 시작했다. 사람들은 무언가 잘못되고 있다고 직감했다. 하지만 금융 교육을 받지 못한 사람들은 그게 뭔지 알지 못했다. 1980년대 인플레이션이 폭발하면서 1온스당 금은 850달러, 은은 50달러를 기록했다.

레이건 대통령 시절 연방준비위원회이사회 의장이었던 폴 볼커 Paul Volcker는 인플레이션을 반드시 꺾고 말겠다면서, 연준기금 이자율을 20퍼센트로 올렸다. 지금은 친숙한 말이 이때 새롭게 등장했다. 바로 '스태그플레이션 Stagflation'이다. '침체된 경기 속 인플레이션'이라는 뜻의 'STAGnant inFLATION'을 압축한 말이다. 경제가 침체되어 사람들과 기업들은 돈을 벌지 못하는 상황인데도 물가는 계속 치솟았다.

당시 식당의 메뉴판 가격표가 덕지덕지 붙어 있던 모습이 기억난다. 거의 매달 가격이 올랐다. 물건이 팔리지 않는 상황에서도 비용과 가격은 계속 올랐다.

모기지 대출 비율이 높았음에도 매년 12~14퍼센트씩 집값이 올라갔다. 1973년 3만 달러에 와이키키 해변에 콘도를 하나 사둔 것이 있었는데, 2년 후에 4만 8,000달러에 팔았다. 또 마우이 섬에 콘도 세 채를 각각 1만 8,000달러에 샀는데, 1년 후에 4만 8,000달러에 팔았다. 단 1년 만에 9만 달러를 번 것이다. 내가 해병대 비행사로 근무할 때 1년 동안 번 돈보다 6배나 많은 돈이었다. 나 스스로 재테크의 천재라는 생각이 들었다.

그러던 어느 날 부자 아빠가 나를 불러 앉혀놓고 조용히 이야기했다. 새로운 금융 교육이 시작된 것이었다. 나는 더 이상 부르마블 게임을 하는 아홉 살짜리 아이가 아니었다. 나는 20대 중반이었고, 진짜 돈으로 부르마블 게임을 하고 있었다.

부자 아빠는 인내심을 가지고 나에게 자본이득과 현금흐름의 차이를 다시 일깨워줬다. 그것은 정말 소중한 조언이었다. 자산의 가치가 떨 때마다 나는 자본이득에 투자했다. 부자 아빠는 나에게 자본이득과 현금흐름에 붙는 세금은 전혀 다르다고 말했다. 지금도 마찬가지다.

"현금흐름에 투자하라. 부르마블 게임을 하면서 내가 가르쳐준 교훈을 기억하라. 자본이득에 투자하는 것은 도박과 같다."

어린아이였을 때 그러했듯이 그는 내게 물었다.

"별장을 하나 가지고 얼마를 벌 수 있지?"

"10달러요."

시간이 꽤 지났음에도 어릴 적 부자 아빠가 가르쳐준 자본이득과 현금흐름의 차이가 떠올랐다. 하지만 어른이 되어서 한동안 잊고 살았던 것이다. 부자 아빠는 차분하게 이야기했다.

"맞아. 그러면 별장을 두 개 가지고 있으면 얼마를 벌 수 있지?"

"20달러요."

부자 아빠는 단호하게 말했다.

"그래. 절대로 잊지 마라. 현금흐름에 투자해라. 그래야만 돈 걱정 없이 살 수 있다. 현금흐름에 투자해라. 그래야만 호황기이든 불황기이든 휩쓸려가지 않지. 현금흐름에 투자해라. 그래야만 부자가 될 수 있다."

나는 이렇게 대답했다.

"하지만 부동산 가격이 하늘 높은 줄 모르고 치솟고 있어요. 자본이득으로 훨씬 쉽게 더 많은 돈을 벌 수 있어요. 현금흐름을 만드는 투자를 찾는 것은 어려워요."

"나도 안다. 하지만 내 말을 들어라. 탐욕과 눈먼 돈이 부자가 되는 데 방해가 될 수 있다는 점을 명심해라. 자본이득에 눈이 멀어 결코 현금흐름을 놓쳐서는 안 된다."

> **독자 코멘트**
>
> 내가 어렸을 때 아버지는 나를 위해 몇 가지 자산을 마련해주셨다. 하지만 나는 그것을 오래전에 팔아버렸다. 일을 해서 모은 돈과 함께 그 돈을 뮤추얼펀드에 투자했다. 하지만 캐시플로 게임을 하면서 현금흐름을 만들어낼 수 있는 투자를 해야 한다는 것을 깨달았다. 수입이 들어오는 자산을 유지하면서 더 많은 자산을 늘려갈 수 있다는 사실을 뒤늦게야 깨달은 것이다. 진작에 그

렇게 했다면 지금보다 훨씬 상황이 좋았을 것이다. 나는 다시 현금흐름 자산을 구입하는 일을 시작했다.
— miamibillg

자본이득의 위기

1971년 이후 물가는 치솟았다. 하지만 임금은 인플레이션을 따라잡지 못했다. 일자리는 해외로 계속 빠져나갔다. 무언가 잘못되어가고 있다고 느끼면서도 빨리 부자가 되고 싶은 마음에 사람들은 자본이득에 투자하기 시작했다. 직관적으로 달러의 가치가 점점 떨어진다는 사실을 이해한 사람들은 더 이상 돈을 저축하지 않고 인플레이션에 따라 가치가 달라지는 것에 투자하기 시작했다. 미술품, 골동품, 오래된 자동차, 바비인형, 게임카드, 오래 숙성된 와인 등을 사들였다. 하지만 자본이득을 노리는 사람들에게 가장 인기 있는 투자 대상은 역시 주식과 부동산이었다. 많은 사람들이 돈을 빌려 투자를 했고, 또 많은 돈을 벌었다. 하지만 그렇게 한때는 부자였던 이들이 지금은 새로운 빈곤층으로 전락하고 있다. 그들의 도박이 이번엔 예상과 다른 결과로 이어졌기 때문이다.

1929년 시장이 붕괴하기 직전, 사람들은 치솟는 주가를 보고 너도나도 돈을 빌려 주식을 샀다. 있는 돈을 털어 자본이득에 베팅했다. 2007년에도 사람들은 돈을 빌려 자본이득에 베팅했다. 이번에는 주식뿐만 아니라 집도 투자 대상이었다. 물론 시장 붕괴의 파급 효과는 대공황 때에 못지않게 위력적이었다.

2009년 아우성치는 투자자들은 대부분 자본이득에 투자한 사람들이었다. 현금흐름에 투자한 사람들은 금융위기에 별다른 영향을 받지 않았다. 노후 자금이든 아이들의 학자금이든 실직 위협이든 별로 걱정할 필요가 없다.

2007년에서 2009년 사이에 주식시장은 50퍼센트의 가치가 날아갔다. 물론 자본이득이 날아간 것이다.

블룸버그 통신에 따르면, 2007년 1월부터 2년 동안 미국의 20개 주요 도시의 주택 가격 지수는 매달 떨어졌다고 한다. 샌디에이고, 마이애미, 라스베이거스와 같은 도시에서는 하락 폭이 33퍼센트나 된다. 내가 살고 있는 애리조나 피닉스는 집값이 최고 가격일 때보다 50퍼센트 하락했다고 지역신문이 보도했다. 다시 말하지만 집값 역시 자본이득을 측정하는 것이다. 특정한 시기의 자산 가격을 다른 특정한 시기의 자산 가격과 비교하는 것이다.

수백만 베이비붐 세대는 자신들이 퇴직하기 전에 집값과 주식시장이 되살아나기만을 기도하고 있다. 다시 말하지만 그들이 바라는 것은 자본이득이 되살아나는 것이다. 현금흐름을 능동적으로 통제하기보다 시장의 운에 모든 것을 맡기고 있는 것이다.

내가 운영하는 부동산 투자회사는 피닉스에 많은 부동산을 소유하고 있다. 앞에서도 말했듯이 피닉스의 부동산 가격은 최고 수준에서 50퍼센트 밑으로 떨어졌다. 하지만 나의 회사는 전혀 타격을 받지 않았다. 현금흐름에 투자하기 때문이다. 우리는 자산의 가치에 투자하는 것이 아니라 용도에 투자한다. 부자들과 같은 목표와 규칙을 가지고 게임을 함으로써 부자들을 무찌른다. 바로 현금흐름 게임을 하는 것이다. 부르마블을 하면서 부자 아빠에게서 배운 것이다.

부르마블은 고리대금을 하는 게임이 아니다. 부르마블은 낮은 가격에 사서 높은 가격에 되파는 게임이 아니다. 부르마블은 분산투자를 하는 게임이 아니다. 부르마블은 집중, 계획, 인내, 장기적인 통제가 있어야만 이기는 게임이다. 게임의 처음 목표는 보드게임의 네 면 중 한 면을 집중적으로 사들이는 것이다. 그다음 목표는 자신이 소유한 땅의 자산을 개선하는 것이다. 별장을 짓고 나중에는 호텔까지 짓는다. 궁극적인 투자 전략은 자신이 투자한 모든 땅을 호텔로만 채우는 것이다. 그런 다음 다른 사람이 코너를 돌아 자신이 소유한 땅에 들어오기만을 기다리면 된다. 게임의 최종 목표는 다른 사람을 파산시키고 그 돈을 모두 갖는 것이다.

2009년 사람들은 진짜 부르마블 게임에서 파산을 하고 있다.

내가 자본이득에 투자했다면, 또 부동산 투기를 했다면 더 많은 돈을 벌었을지 모른다. 사람들이 모두 여유 있게 자본이득에 투자하는 동안 나는 현금흐름에 투자하느라 고생했다. 하지만 지금, 금융위기의 한복판에서 부자 아빠의 조언에 더욱 고마움을 느낀다. 낮은 가격에 사서 높은 가격에 파는 광란 속에 빠져들지 말고 현금흐름에 초점을 맞춰 투자하라는 고집스러운 조언을 따른 덕분에 진정한 자유를 누리고 있는 것이다.

나에게는 현금이 들어오는 네 가지 주요 통로가 있다. 앞으로 자세하게 설명하겠지만 간단하게 이야기하면 다음과 같다.

1. 회사

내가 일을 하든 하지 않든, 현금은 계속 들어온다. 회사 문을 닫더라도 현금은 계속 들어온다.

2. 부동산

우리 부부는 현금이 매달 들어오는 부동산을 소유하고 있다.

3. 석유

나는 원유를 채굴하는 회사에 자본을 투자했다. 유전을 발견했을 때, 매달 판매되는 석유와 천연가스에 대한 수익이 일정 부분 들어온다.

4. 인세

내가 쓴 책을 대략 50개 출판사에 판권을 팔았다. 매 분기마다 이들 출판사로부터 인세를 받고 있다. 더불어 보드게임 역시 15개 게임회사에 판권을 팔았다. 매 분기마다 인세를 받는다.

왜 사람들은 현금흐름에 투자하지 않는가

사람들은 대부분 매달 현금이 들어와야 한다고 생각만 할 뿐, 좋은 현금흐름 전략과 평범한 현금흐름 전략이 어떻게 다른지 이해하지 못한다. 좋은 현금흐름 전략이란 세금이 적게 붙고, 자신이 통제할 수 있다. 평범한 현금흐름 전략이란 높은 세금이 붙고, 통제하기 힘들다. 다음은 평범한 현금흐름 전략에 속하는 몇 가지 예다.

1. 저축

저축은 현금흐름의 한 형태다. 오늘날 단기채권 이자율은 0퍼센트다. 운이 좋은 경우 은행은 3퍼센트 이자를 지급할 것이다.

저축에서 나오는 현금흐름에는 두 가지 문제가 있다. 하나는 3퍼센트 이자에는 보통 소득에 붙는 세율의 세금이 붙는다는 점이다. 세금을 빼면 이자를 2퍼센트밖에 받지 못한다. 또 하나는 연방준비위원회가 거대 은행에 수조 달러의 구제금융 자금을 뿌리고 있는 것이다. 1970년대 후반 구제금융은 수백만 달러 수준에 불과했다. 1980년대 구제금융은 수십억 달러 수준이었다. 2009년 구제금융은 수조 달러다.

이것은 곧 인플레이션으로 이어진다. 하이퍼인플레이션이 될지도 모른다. 물가가 매년 2퍼센트만 오른다고 해도, 은행에 돈을 넣는 것은 오히려 손해를 보는 것이다. 구제금융과 인플레이션이 어떻게 연관되는지 안다면 역사를 공부하는 것이 왜 중요한지 알 것이다. 역사를 조금만 알아도 저축을 할수록 손해를 본다는 것을 이해할 수 있다. 중앙은행이 수조 달러를 찍어내는 동안 당신은 겨우 3퍼센트 이자, 아니 세금을 빼면 2퍼센트 이자를 얻게 되는 것이다.

2. 주식

배당을 지급하는 주식은 일종의 현금흐름이라 할 수 있다. 오늘날 수백만 퇴직자들이 주식에서 나오는 배당금으로 살아간다. 문제는 경제가 어려울 때 많은 회사들이 배당을 깎는다는 것이다. 2009년 4월 첫 주 스탠더드앤드푸어스는 367개 기업이 2009년 1/4분기 동안 배당금을 770억 달러 삭감했다고 발표했다. 이것은 스탠더드앤드푸어스가 1955년 배당지급액 통계를 내기 시작한 이후 최대 삭감 규모다. 불황으로 인한 파급 효과가 퇴직자들에게 직접 영향을 미치는 것이다.

3. 연금

연금도 현금흐름의 일종이다. 문제는 연금의 운용 방식이다. 실제로 시장이 붕괴되는 바로 그 시점에 연금지급보증공사PBGC는 640억 달러나 되는 자산을 채권에서 주식과 부동산으로 옮겼다. PBGC를 움직이는 어떤 '천재'가 채권에서 나오는 이자 수입이 너무 적다고 생각했거나, 주식과 부동산으로 옮기면 자본이득으로 더 큰 돈을 벌 수 있다고 생각했기 때문일 것이다. 결국 금융위기로 인해 엄청난 연금 손실이 발생했을 것으로 추정된다.

연금을 받아 편안한 노후를 보내는 것은 옛 이야기다. 오늘날 기업들은 대부분 연금을 운용하지 않거나 연금 규모를 크게 축소했다. 이제 피고용자들이 연금을 의지할 수 있는 곳은 정부와 노동조합밖에 없다. 앞으로는 퇴직 이후 생활비를 마련하기 위해서 개인이 방법을 찾아내야 한다.

4. 개인연금보험

개인적인 연금보험도 현금흐름의 한 형태다. 젊었을 때 가입한 보험료에 대한 이자를 죽을 때까지 지급한다. 문제는 보험회사들은 거대한 기관투자가들만 살 수 있는 상업부동산이나 그 밖의 금융수단을 통해 자금을 운용한다는 것이다. 이러한 금융수단은 대부분 현금흐름이 아니라 자본이득에 의존한다. 기관이 자본이득에 투자할 때 생기는 문제는 기본적인 회계 규칙에 따라 자산을 시장에 팔기 위해서는 자산가치를 떨어뜨려야 하고, 그만큼의 손실을 보전하기 위해 더 많은 돈을 고객들로부터 거둬들여야 한다는 것이다. 이것은 결국 보험회사에게 손해로 돌아오고, 연금혜택에도 손해가 된다. AIG가 바로 그 사례를 보여준다.

최근 나는 투자 컨퍼런스에 참석하여, 사람들이 투자에 대해 어떤 이야기를 하는지 들어보았다. 한 강사는 주식과 뮤추얼펀드의 균형을 다시 잡으라고 조언했다. 이 말은 결국 자본이득에 투자하라는 뜻이다. 그는 이렇게 말했다.

"물론 시장에서 돈을 잃은 분들도 있을 겁니다. 하지만 걱정하지 마십시오. 주식시장은 다시 살아납니다. 평균적으로 주식시장은 매년 8퍼센트씩 성장한다는 것을 명심하세요. 그래서 장기적인 투자가 필요합니다."

정말 어처구니없는 논리였다. 사람들은 그 이야기를 들으며 고개를 끄덕였다. 나는 강연장을 나왔다. 사람들이 어떻게 그렇게 쉽게 현혹되는지 이해가 되지 않았다.

게임을 하는 부자들은 사람들이 계속 돈을 쓰게 만들기 위해서 금융설계사, 주식 중개인과 같은 자신들의 영업사원들을 통해 주식시장이 매년 8퍼센트씩 오른다는 식의 말을 퍼뜨린다. 그렇게 해서 자본이득의 유혹에 빠져든 사람들의 돈을 자기 주머니 속으로 쓸어담는다. 부동산 중개인도 비슷한 전략을 구사한다. 흔히 그들은 이렇게 말한다.

"집값이 오르기 전에 사두세요."

집값이 오르기 전에 사라는 말은 자본이득을 기대하고 집을 사라는 뜻이다. 부자들의 영업사원은 이처럼 자본이득으로 사람들을 유혹하여 현금을 빼내간다. 그들은 게임의 법칙을 알고 있기 때문이다. 모기지 대출 서류에 서명을 하는 순간, 당신은 실패자가 된다.

많은 사람들이 현금흐름이 아닌 자본이득에 투자하는 데는 이유가 있다. 몇 가지 이유를 들면 다음과 같다.

1. 사람들이 대부분 그 차이를 알지 못한다.
2. 경제가 성장할 때 자본이득 게임을 하는 것은 쉽다. 인플레이션과 함께 집값이나 주가도 덩달아 올라갈 것이라고 예측할 수 있다.
3. 현금흐름에 투자하기 위해서는 많은 금융지식이 필요하다. 물건을 사놓고 가격이 오르기만을 기다리는 것은 누구나 할 수 있다. 현금흐름을 얻을 수 있는 자산을 찾기 위해서는 잠재적인 수입과 비용에 대해 알아야 하고, 그러한 변수에 기초한 투자 성과를 계획할 수 있어야 한다.
4. 사람들은 게으르다. 오늘을 위해 살 뿐 내일은 걱정하지 않는다.
5. 집값이나 주가가 폭락하면 정부가 나서서 지켜줄 것이라고 기대한다. 나의 가난한 아빠도 그랬다. 결국 평생 가난으로 고생하다가 죽었다. 나의 가난한 아빠는 습관적으로 남들이 자신을 돌봐주기를 기대했다. 오늘날 나와 같은 베이비붐 세대에 속하는 6,000만 미국인들이 그런 태도를 가지고 있다.

가난한 아빠의 삶을 따르고 싶지 않은 사람들을 위한 소중한 정보는 이제부터 시작된다.

부자들의 음모를 무찌르는 방법은 우선 게임의 법칙을 아는 것이다. 게임의 법칙은 바로 현금흐름이다. 게임의 법칙을 알려면, 게임에서 쓰는 말, 즉 돈의 언어를 알아야 한다.

돈의 언어 중 가장 중요한 것은 '현금흐름'과 '자본이득'이다. 사람들의 90퍼센트는 자본이득 게임을 하고, 10퍼센트만 현금흐름 게임을 한다. 10퍼센트만 게임의 법칙을 아는 것이다. 결국 10퍼센트만 이긴다. 당신은 패자가 될 것인가, 승자가 될 것인가? 평범한 사람으로 그칠 것인가, 탁월한 사람으로 우뚝 설 것인가? 현금흐름의 게임에서 이기고 싶다면 앞으로 나오는 이야기가 소중한 정보가 될 것이다.

8

자신의 돈을
찍어내라

보통 사람들과
부자들이 투자하는 게임은 다르다

　코미디센트럴을 통해 방송되는 〈존 스튜어트 데일리 쇼〉가 많은 인기를 끌고 있다. 정치에 대한 재치 있는 논평과 풍자를 하는 코미디 프로그램이지만, 사람들은 뉴스보다 오히려 이 프로그램을 더 신뢰한다. 주류 뉴스가 타락했다고 생각하기 때문이다.

　2009년 3월 12일 〈존 스튜어트 데일리 쇼〉에 CNBC에서 투자에 관한 프로그램을 진행하는 짐 크레이머Jim Cramer가 출연했다. 스튜어트는 그날 전혀 농담을 하지도 않고 웃기려고 하지도 않았다. 그는 정말 화를 내며 따져 물었다. 사람들을 우롱하는 금융산업은 물론, 그것을 보도하는 언론사들의 무책임한 태도를 질타했다.

스튜어트는 금융산업이 잘못된 길로 가고 있더라도 경제뉴스 매체들이 사람들에게 진실을 알려야 한다고 주장했다. TV에서는 사람들에게 장기투자하라고 선동하지만, 진짜 부자들도 그런지 물었다. 그는 미국인들이 느끼고 있는 감정을 그대로 쏟아냈다.

"시장은 위험할 뿐만 아니라 윤리적으로도 의심스럽습니다. 장기적으로 정말 시장이 살아날까요? 우리가 받는 인상은, 비전문가로서 느끼는 솔직한 심정은, 우리는 힘들게 번 돈을 부자들이 장난칠 수 있는 밑천으로 퍼주고 있다는 겁니다."

다시 말하지만 지금 일어나는 일을 이해하기 위해선 역사적 유래를 알아야 한다. 1974년 의회가 근로자퇴직소득보장법ERISA을 통과시킨 후 역사상 최대 규모의 현금 강탈이 본격적으로 시작되었다.

지난 대공황을 거치면서 많은 사람들이 주식시장을 경계하게 되었다. 나의 부자 아빠와 가난한 아빠 역시 주식에 눈을 돌리지 않았다. 주식시장은 쉽게 조작할 수 있기 때문에 주식 투자를 하는 것은 도박이라고 생각했다. 많은 이들이 주식을 멀리하는 상황에서 ERISA는 수백만 명을 주식시장으로 끌어들이는 결정적 역할을 했다. 투자에 대해 전혀 모르는 사람들도 예외가 아니었다.

ERISA를 통해 근로자들의 돈이 주식시장으로 들어가는 것을 기업들은 환영했다. 1974년 이전 기업들은 대부분 직원들에게 퇴직 후 연금을 지급했지만, 새로운 연금체제에서는 연금을 자신들이 지급할 필요가 없기 때문이다. 1970년대 주식시장이 호황을 누리게 된 데는 ERISA의 역할이 컸다. 이때 금융 설계사라고 하는 직업도 생겨났다. 하지만 사람들이 주식시장에 더 이상 투자하지 않거나, 주식시장이 붕괴하면

퇴직연금도 함께 날아가고 만다.

실제로 은행들은 주식 투자자, 장기 투자자들의 돈을 가지고 도박을 한다. 나의 부자 아빠는 연금은 결국 파산하고 말 것이라고 경고했다. 2002년에 쓴 책에서도, 2006년 도널드 트럼프와 함께 쓴 책에서도 나는 그렇게 이야기했다.

물론 트럼프와 내가 주식 투자를 반대하는 것은 아니다. 우리는 둘 다 주식시장에 상장된 회사를 가지고 있다. 금융지식을 제대로 갖춰야 주식시장에서 자신의 돈을 지킬 수 있다는 것이다. 책임 있는 금융 교육을 우리가 절실하게 생각하는 이유는, 많은 이들이 정반대로 투자를 하고 있기 때문이다.

부자들은 뉴스와 교육을 통해 금융 문맹을 조장하고 이들의 돈을 빨아들인다. 세계적인 경제 TV인 CNBC조차 돈으로 하는 진짜 게임을 대중들에게 알려주지 않는다. 물론 경제매체들의 존립 자체가 대부분 게임 조종자들의 손에 달려 있기 때문이다.

존 스튜어트가 지적했듯이 보통 사람들과 부자들이 투자하는 게임은 다르다. 보통 사람들은 주식, 채권, 뮤추얼펀드에 장기투자하지만 헤지펀드 매니저나 전문 거래자들은 단기투자한다. 보통 사람들이 참치라면 전문가들은 상어인 셈이다. 7장에서 이야기한 것처럼 뮤추얼펀드는 금융지식이 없는 사람들을 위해 설계한 무식한 투자 상품일 뿐이다.

2001년 《부자 아빠 가난한 아빠》가 출간되었을 때 주요 뮤추얼펀드 회사로부터 자신들의 뮤추얼펀드 상품을 추천해달라는 제안을 받았다. 4년 동안 내 추천 광고를 사용하는 대가로 400만 달러를 주겠다고 했다. 매력적인 제안이었지만 거절했다. 나 자신도 믿지 못하는 상품을 추천할 수는 없기 때문이다. 물론 400만 달러는 정말 큰 금액이었다. 하지만 금융 교육을 제대로 받으면 그 정도를 버는 것은 그다지 어렵지도 않은 일이다. 나의 진짜 부는 현금이 아니라 나의 금융지식이다. 내 지식을 활용하고 내가 믿을 수 있는 사업을 운영하여 400만 달러 이상을 벌 수 있다. 그러니 내 영혼을 팔아야 할 이유가 없지 않은가.

내가 뮤추얼펀드를 무조건 싫어하는 것은 아니다. 높은 수수료와 숨은 비용을 싫어할 뿐이다. 그것은 투자자들의 돈을 훔치는 것이다. 더욱이 수천 개의 뮤추얼펀드 가운데 S&P500 지수를 따라잡는 상품은 30퍼센트도 안 된다. 다시 말해 S&P인덱스펀드에 투자하기만 해도 뮤추얼펀드매니저 70퍼센트보다 높은 수익을 낼 수 있다. 훨씬 적은 돈으로 더 높은 수익을 내는 것이다. 뮤추얼펀드는 주로 평균 이하 투자자들, 금융 수업에서 C학점을 받는 학생들을 위한 것이다. A와 B학점을 받는 투자자들에게는 뮤추얼펀드가 필요 없다.

> **독자 코멘트**
>
> 금융 혼란에 대한 주류 언론의 이야기만 듣고 나의 투자 방식을 결정할 생각은 추호도 없다. 물론 그들이 고의적으로 왜곡하는 건 아닐지 모른다. 어쨌든 그들의 시각은 상당히 좁다. ― hattas
>
> 전문 주식 거래인인 내가 보기에 돈을 잃는 가장 빠른 방법은 경제뉴스를 보고 투자 결정을 하는 것이다. ― gone17

진정한 분산투자란

돈의 새로운 첫 번째 규칙은 '돈은 지식이다'이고, 여섯 번째 규칙은 '돈의 언어를 배워라'이다.

그토록 많은 사람들이 잘못된 투자로 인해 돈을 잃는 것은 기초적인 금융지식조차 없기 때문이다. 금융지식이 없으면 돈의 언어를 이해하지 못한다. 예컨대 금융 설계사가 '장기간 투자하라'고 이야기할 때, 금융지식이 있는 사람은 '장기간'이라는 말이 구체적으로 무슨 의미냐고 물어볼 것이다.

전문 거래자들은 대부분 아주 짧은 거래를 한다. 이러한 단기 거래자들에게 장기투자란 하루, 아니 한 시간 정도 투자하는 것을 말한다. 이들은 시장에 계속 들락날락하면서 노후자금이나 학자금을 마련하려는 사람들이 투자한 돈에서 나오는 수익을 야금야금 거둬간다. 금융지식이 높은 사람들은 '장기간'이라는 말보다는 '출구 전략'이라는 말을 쓴다. 장기투자는 이들에게 어떤 대상에 얼마나 오래 투자하느냐 하는 문제가 아니다. 정해진 기간 동안 그 투자 안에서 어떻게 부를 늘려나가느냐가 중요하다.

'분산'이라는 말 역시 사람들이 잘못 이해하는 단어다. 영리한 투자자는 분산투자를 한다고 금융 전문가들은 말한다. 하지만 워런 버핏은 이렇게 말했다.

"분산투자는 자신의 무지함으로 인한 손해를 보지 않으려고 하는 행동일 뿐이다. 자신이 무엇을 하고 있는지 아는 사람들은 그럴 필요가 없다."

보통 사람들은 자신이 무엇을 하고 있는지도 모를뿐더러, 금융 설계사들이 분산투자라고 이야기하는 것은 실제로 분산투자가 아니다. 몇 가지 예를 들어보자.

1. 금융 설계사들은 분산투자를 하라고 하면서 예컨대 중소기업 주식, 대기업 주식, 성장주식, 귀금속 주식, 부동산투자신탁(리츠), 상장지수펀드ETF, 채권펀드, 머니마켓펀드, 신흥시장펀드 등 다양한 뮤추얼펀드에 투자하라고 이야기한다. 기술적으로는 분산투자일지 모르나 실제로는 전혀 그렇지 않다. 이들은 모두 같은 자산 부문, 즉 종이자산이기 때문이다. 2007년 주식시장이 폭락할 때 주식과 연관된 모든 종이자산은 예외 없이 폭락했다. 종이자산 안에서만 분산투자하는 것은 아무 소용이 없다.
2. 뮤추얼펀드는 그 자체로서 이미 분산되어 있는 투자 상품이다. 여러 주식(종이자산)에 대한 투자를 하나로 묶은 것이다. 더 큰 문제는, 개별종목의 수보다 뮤추얼펀드의 수가 훨씬 많다는 것이다. 따라서 무수한 뮤추얼펀드들이 같은 종목에 투자한다. 뮤추얼펀드는 모든 비타민이 다 들어 있는 영양제와 같다. 뮤추얼펀드를 세 개 가입한다면 종합비타민제를 세 알 먹는 것과 같다. 하나만 먹어도 될 것을 세 개나 먹으면 과다복용으로 인해 부작용이 나타날 수 있다!
3. 금융 설계사들은 뮤추얼펀드, 연금, 채권, 보험과 같은 종이자산만 판다. 1974년 ERISA가 통과된 이후 수많은 보험 판매인들이 갑자기 자신들의 직함을 '금융 설계사'로 바꾸었다. 하지만 그들

이 팔 수 있는 것은 종이자산뿐이다. 부동산, 기업, 원유, 금, 은과 같은 실물자산은 팔지 못한다. 따라서 그들은 당신이 필요로 하는 상품보다 자신이 팔 수 있는 상품을 먼저 추천한다. 그들이 권유하는 것은 사실상 분산투자가 아니라 중복 구매일 뿐이다.

보험에 가입하고자 한다면 보험 판매인에게 묻지 않는 것이 좋다. 그들의 답변은 뻔하기 때문이다. 금융 설계사들이 분산투자를 권하는 이유는 더 많은 종이자산을 팔기 위해서이며, 자신의 잘못된 추천에 대한 책임을 분산하려는 것이다. 그들이 고객의 이익을 우선시하는 경우는 거의 없다.

투자를 할 수 있는 주요 분야에는 네 가지가 있다.

1. 사업

평범한 사람들은 일한 만큼 돈을 버는 직업을 가지고 있는 반면, 부자들은 대개 저절로 돈이 들어오는 사업체를 가지고 있다.

2. 소득을 만들어내는 투자 부동산

매달 임대료 형식으로 수입이 들어오는 부동산을 말한다. 물론 금융 설계사들은 모든 집은 자산이라고 말하겠지만, 자신이 살고 있는 집이나 별장은 투자 자산이 아니다.

3. 종이자산

평균적인 투자자들은 대부분 주식, 채권, 저축, 연금, 보험, 뮤추얼펀드와 같은 종이자산에만 투자한다. 사기 쉽고 관리하기 쉽고 쉽게 유통할 수 있기 때문이다. 이것은 휴지조각이 되기 쉽다는 뜻이기도 하다.

4. 상품자산

평균적인 투자자들은 금, 은, 원유, 가스와 같은 상품을 어디에서, 어떻게 살 수 있는지 알지 못한다. 심지어 그런 상품에 투자할 수 있다는 것을 모르는 사람도 많다.

금융지식이 많은 투자자는 이 네 분야에 골고루 투자한다. 이것이 바로 진정한 분산투자다. 일반투자자들이 분산투자를 한다고 하는 것은 대개 3번, 종이자산에만 투자하는 것을 말한다. 그것은 분산투자가 아니다.

가난한 사람의 언어 vs 부자의 언어

지금까지 이야기했듯이 우리는 같은 말을 하더라도 실제로는 전혀 다른 언어를 쓰고 있다. 예컨대 '장기간'이라는 말은 금융지식이 있는 사람들과 없는 사람들에게 다른 의미로 이해된다. '분산투자'도 마찬가지다. '투자'라는 말도 다르게 쓰인다. 예컨대 어떤 사람이 "부동산에 투자한다"라고 말할 때 그것이 무슨 뜻인지 어리둥절할 때가 많다. 자기가 살 집을 샀다는 뜻인지 부동산 시장을 들락거리면서 사고팔기를 반복하는 부동산 투기를 한다는 뜻인지, 현금흐름을 확보하기 위한 임대자산을 샀다는 뜻인지 알 수 없다.

소위 전문가연하는 사람들이 '신용디폴트스와프', '헤지'와 같이 일반인들은 잘 모르는 난해한 말을 사용함으로써 금융을 어렵게 만든다는 것도 문제다. 사실 이것들은 일종의 보험일 뿐이다.

풀러는 《자이언트 그런치》에서 이렇게 쓰고 있다.

"지금은 세상을 뜬 친구 중에 모건 가문의 일원으로 엄청난 갑부가 하나 있었다. 그는 내게 말했다. '난 자네를 좋아하네. 그래서 유감스럽지만 자네가 성공하지 못할 거라는 사실을 알려주고 싶네. 자네는 이해하기 어려운 말을 쉽게 설명하는 일을 하지만, 성공의 첫 번째 원칙은 복잡하게 할 수 있는 일을 단순하게 만들지 말라는 걸세.' 그의 고마운 조언에도 불구하고 나는 이 책에서 거인에 대해 쉽게 설명하고자 한다."

나는 풀러의 전통을 그대로 이어받고 있다는 것이 자랑스럽다. '거인'이라는 말이 '부자'라는 말로 바뀌었을 뿐, 내가 하고 싶은 일은 풀러와 마찬가지로 언제나 복잡한 용어로 된 것을 누구나 알아들을 수 있는 쉬운 말로 설명하는 것이다.

풀러 박사는 말의 힘에 대한 확신이 있었다. 그는 강연에서 이렇게 말했다.

"인간이 발명한 가장 강력한 도구는 말이다. 태초에 말씀이 있었다. 산업화, 즉 기술적으로 인간이 협력할 수 있게 된 것도 말이 있었기에 가능했다. 말을 주고받음으로써 삶의 도전을 헤쳐 나가는 방법에 대한 인류의 지식은 급속도로 발전했다."

풀러 박사의 이야기를 듣기 전에는 말의 힘을 의식하지 못했다. 1983년 서른여섯 살이 되어서야 나는 한평생 교사로 살아온 가난한 아빠가 말을 신중하게 하라고 했던 이유를 이해했다. 내가 고등학생이었을 때 국어에서 두 번이나 낙제한 이유를 깨달았다. 나는 말의 힘을 믿지 않았기 때문이다. 말이 내 삶을 변화시킬 수 있다는 사실을 몰랐던 것이다. 가난한 사람의 말을 쓰면 나는 가난한 마음가짐을 갖게 되고, 그러한 마음가짐은 실제로 나를 가난하게 만든다.

'인간이 발명한 가장 강력한 도구는 말'이라는 의미를 나는 비로소 이해했다. 말이 우리 두뇌의 연료이며, 가장 위대한 자산이자 가장 위대한 부채라는 사실을 깨달았다. 1903년 금융과목을 교육 제도에서 뺀 것도 이 때문일 것이다. "말씀은 육신이 된다"라는 성경 구절이 새로운 의미로 다가왔다. 부자 아빠가 내게 "불가능해"라는 말 대신 "어떻게 할 수 있을까?"라는 말을 하라고 가르친 이유를 깨달았다. 내 삶은 나의 말의 총합이라는 사실을 깨달았다.

더 나아가 부자들이 쓰는 말을 이해하지 못하고 사용할 줄 모르면 나 역시 게임판의 볼모, 희생자, 노예가 되고 만다는 사실을 알았다. 그 뒤로 나는 보통 사람들이 흔히 쓰는 말, "좋은 직장을 잡아라", "돈을 아껴 써라", "버는 한도 안에서 살아라", "투자는 위험하다", "빚은 나쁘다", "집은 자산이다"와 같은 말을 쓰지 않도록 노력했다. 금융노예의 삶에서 탈출하기 위한 유일한 티켓은 돈의 언어, 부자들의 언어를 이해하는 것이었다. 1983년에 나는 금융 언어, 부자들의 언어를 배우는 학생이 되었다.

> **독자 코멘트**
>
> 네 살짜리 아들이 있다. 이제 말을 시작하는 아이에게 어른이 되어서도 무의식적으로 기억하기를 바라며 돈과 관련된 간단한 지식을 가르친다. 예를 들어 어른들이 돈을 줄 때마다 나는 아이에게 "이 돈으로 뭐할 거야?"라고 묻고는 아이에게 '저금'이라고 대답하도록 가르쳤다. 그리고 이런 교육 방식을 자랑스럽게 생각했다. 하지만 내가 잘못된 정답을 가르쳤다는 사실을 깨닫고, 이제는 '투자'라고 대답하도록 가르친다. 물론 이런 노력은 사소한 것일지도 모른다. 다음번에는 아이에게 투자의 네 분야를 가르쳐야겠다. — bgibbs

파생상품은 대량 살상무기

워런 버핏은 파생상품을 '금융의 대량 살상무기'라고 말했다. 2007년까지는 파생상품이 무엇인지 아는 사람도 거의 없었고, 관심도 갖지 않았다. 금융지식이 없는 사람들은 파생상품이 나쁘고 위험하다는 사실만 안다. 금융 엘리트들이 고안했고, 그들만 이해하고 사용할 수 있는 첨단 금융상품의 하나라는 것 정도만 안다. 하지만 모두 진실과는 거리가 멀다.

앞에서 이야기했듯이 부자들의 첫 번째 원칙은 "자신이 복잡하게 할 수 있는 일을 단순하게 만들지 말라"는 것이다. 금융세계 역시 마찬가지다. 그들은 간단한 것을 복잡하게 만들어 돈을 번다. 금융세계의 엘리트들은 단순한 것을 복잡하게 만듦으로써 돈에 관한 한 남보다 똑똑한 사람처럼 보이게 하고, 나머지 사람들을 바보로 만들어버린다. 스스로 바보 같다고 느끼는 사람에게서 돈을 빼내가는 것은 식은 죽 먹기다.

오늘날 파생상품은 세계에서 가장 많이 쓰이는 금융 용어 중 하나다. 금융기관들은 모든 용어를 신비롭고 복잡한 개념처럼 보이도록 만드는 데 공들인다. 워런 버핏이 금융 대량 살상무기라고 부른 파생상품이 정확히 뭔지 많은 사람들이 알지 못했던 이유다. 사실 파생상품이라는 개념은 복잡하지 않다.

파생상품의 넓은 정의는 '다른 상품에서 만들어낼 수 있는 상품'이라는 뜻이다. 금융 파생상품의 정의는 '다양한 자산을 바탕으로 뽑아낸 또 다른 가치'다. 일반적인 주식은 이미 존재하는 회사의 파생상품이다. 애플컴퓨터의 주식을 사면 애플컴퓨터라는 회사의 파생상품을 산 것이다. 뮤추얼펀드에 가입했다면 그 펀드의 주식(파생상품)을 산 것이다. 뮤추얼펀드는 또한 주식의 파생상품이고, 주식은 회사의 파생상품이다. 따라서 뮤추얼펀드에 투자하는 것은 파생상품의 파생상품의 파생상품을 산 것이다.

우리가 알아야 하는 사실이 또 있다. 파생상품이 엄청난 자금을 조성하는 도구라는 것이다. 파생상품은 10퍼센트의 부자들이 나머지 90퍼센트의 돈을 빨아들일 수 있도록 해준다. 그래서 버핏은 파생상품의 파생상품의 파생상품에 투자하는 순간 투자금이 순식간에 날아갈 수 있음을 경고했다.

포도넝쿨을 예로 들어보자. 포도는 포도넝쿨에서 나온다. 따라서 포도는 포도넝쿨의 파생상품이다. 포도를 따 먹으면 건강에 상당한 도움이 된다. 또 우리는 포도를 짜서 포도주스를 만들 수도 있다. 포도주스는 포도넝쿨의 파생상품인 포도의 파생상품이다. 포도주스 역시 우리 몸에 좋다. 더 나아가 우리는 포도주스를 가지고 와인을 만들 수 있다. 와인은 포도주스의 파생상품이다. 와인은 더욱 진하고 휘발성이 강한 음료가 된다. 와인에 중독되는 것은 알코올 중독이다. 와인은 곧 대량 살상무기가 될 수 있다. 알코올 중독으로 건강, 가족, 돈을 모두 잃을 수 있기 때문이다. 금융위기 기간에도 이와 비슷한 연쇄반응이 일어났다. 문제는 금융 파생상품의 독성은 와인보다 훨씬 진하고 휘발성이 강하다는 것이고, 이 술을 만든 사람들이 아직도 사람들을 유혹하며 팔고 있다는 것이다.

1부에서 금융의 역사에 대해 이야기한 것은 역사를 알면 현재와 미래를 더 잘 볼 수 있기 때문이다. 1971년 이전 달러는 금의 파생상품이었다. 1971년 이후 달러는 빚의 파생상품이었다. 납세자들이 앞으로 갚을 것이라는 약속만으로 뒷받침되는 채권, 곧 차용증이다. 오늘날 진짜 문제는 이것이다. 납세자들은 부자들에게 구제금융으로 쏟아부은 수조 달러를 갚을 능력이 있는가? 그리고 달러의 미래는 어떻게 될까?

오늘날 진정한 금융 대량 살상무기는 미국 달러다.

돈 한 푼 없이 돈을 버는 방법

파생상품을 만드는 것은 오렌지에서 주스를 짜는 것처럼 쉽다. 금융 파생상품을 간단하게 정의하고 이해함으로써 우리는 파생상품의 힘을 역이용할 수 있다. 우리 스스로 자신의 돈을 찍어내는 것이다. 간단한 예는 차용증을 발급하여 이자를 붙이는 것이다.

예를 들어 100만 원을 가지고 있다고 해보자. 친구가 그 돈을 1년 동안 빌려달라고 한다. 10퍼센트의 이자를 주겠다는 차용 계약서에 서명을 받고 그 돈을 친구에게 빌려준다. 친구는 1년 후 110만 원을 돌려주어야 한다. 이것은 100만 원에서 10만 원을 파생상품으로 만들어낸 것이다. 100만 원에서 10만 원을 짜낸 것이다.

이제 파생상품을 한 단계 발전시켜보자. 친구가 100만 원을 빌려달라고 하는데 100만 원을 가지고 있지 않다. 그래서 부모님에게 1년 동안 3퍼센트의 이자를 주겠다고 약속하고 100만 원을 빌린다. 이 돈을 다시 친구에게 빌려주면서 10퍼센트 이자를 받기로 한다. 1년 후 친구에게 110만 원을 받고 자신은 103만 원을 부모님에게 돌려준다. 중간에서 당신은 7만 원을 벌었다. 당신은 파생상품의 파생상품을 만들어냄으로써 돈 한 푼 없이 돈을 번 셈이다.

은행도 이와 같은 방법으로 돈을 번다. 5장에서 설명한 부분지급준비제도가 작동하는 방식이다. 물론 은행이 만드는 파생상품은 더 복잡하다. 그들은 3단계까지 파생상품을 만들어낸다. 파생상품의 파생상품의 파생상품을 만드는 것이다.

은행에 100만 원을 예금한다고 해보자. 은행은 저금한 돈에 대해 1년에 3퍼센트의 이자를 주겠다고 약속함으로써 파생상품을 만들어낸다. 그런 다음 부분지급준비제도에 따라 예금한 돈의 몇 배를 더 높은 이자를 붙여 빌려준다. 예컨대 10배의 돈을 10퍼센트로 빌려 줄 수 있다고 해보자. 그러면 은행은 당신이 예금한 100만 원으로 100만 원의 10배인 1,000만 원을 빌려주고 10퍼센트씩 이자를 받는다. 당신은 은행에 100만 원을 넣고 3만 원을 벌지만, 은행은 이 돈으로 1,000만 원을 빌려주고 100만 원을 벌어들인다. 바로 이런 일이 지금 우리가 사는 세상에서 매순간 일어나고 있다.

금융위기가 크게 번진 이유 중 하나는 2004년 증권거래위원회SEC가 5대 투자은행들에게 부분지급준비금을 10분의 1에서 40분의 1로 줄이는 것을 허락했기 때문이다. 100만 원을 가지고 4,000만 원까지 빌려줄 수 있게 된 것이다. 이렇게 만든 돈을 다른 은행들은 받아서 다시 10배로 불려서 사람들에게 빌려준다.

은행이 돈을 벌려면 돈을 무조건 빌려줘야 하기 때문에 모기지 중개인들은 끊임없이 돈 빌릴 사람을 찾아 나선다. 결국 대출 자격에서 미달하는 사람들(서브프라임)에게 돈을 마구 빌려주기 시작했고, 끝내 대출 시장은 폭발했으며, 전 세계 경제도 마비되었다. 결국 문제는 파생상품이 아니라 은행과 정부 고위층의 탐욕이다. 버핏은 이렇게 말한다.

"무지와 대출이 결합할 때 그 결과는 한층 더 파괴적이다."

우리는 모두 파생상품을 만들 수 있다

이야기의 핵심은 이렇다. 누구나 간단한 파생상품을 만들어낼 수 있다! 허공에서 우리가 생각하는 파생상품을 만들어낼 수 있다. 돈을 '금융지식의 파생상품'으로 만드는 것이다. 파생상품 측면에서 생각하는 법을 훈련함으로써 돈을 찍어낼 수 있는 권력을 누릴 수 있다. 그래서 금융 교육이 중요하지만, 학교에서는 절대 가르치지 않는 것이다. 부자들은 보통 사람들이 자신들의 게임에 참여하는 것을 원치 않는다! 파생상품을 만드는 법을 습득하고 나면 돈은 무한하게 벌 수 있다. 쉬운 말로 설명해보자.

파생상품이 존재하기 위해서는 현금흐름이 있어야 한다. 예컨대 은행이 모기지 대출(집의 파생상품)을 만들면, 대출자는 매달 은행에 돈을 지불해야 한다. 파생상품이 존재하기 위해서는 돈을 지불하는 쪽과 돈을 받는 쪽이 있어야 한다. 모기지의 경우, 대출자는 돈을 지불하고 은행은 돈을 받는다. 당신은 어느 쪽에 앉고 싶은가? 돈을 지불하는 자리에 앉고 싶은가? 받는 자리에 앉고 싶은가?

파생상품의 뜻을 이해한다면, 어디에 앉아야 하는지 알 것이다. 당연히 돈을 받는 자리에 앉아야 한다. 하지만 돈을 지불하는 사람은 90퍼센트이고, 받는 사람은 10퍼센트밖에 안 된다.

내가 저축을 하지 않는 것은, 나는 예금자가 아니라 대출자이기 때문이다. 나는 빚을 사랑한다. 물론 누군가가 그 빚을 대신 갚아주는 한도 내에서 그렇다는 말이다. 내가 돈을 버는 방법은 은행과 똑같다. 예를 들어 나는 10억 원을 10퍼센트 이자로 빌려서 주상복합 아파트를 산다. 돈의 첫 번째 규칙인 '돈은 지식이다'를 적용해 임차인에게 20퍼센트의 임대료를 부과한다. 은행에서 10퍼센트 이자로 빌린 돈을 임차인에게 20퍼센트 이자로 빌려주는 것이다.

단순화한 이 사례에서 나는 10억 원을 빌려 2억 원을 만들어내고, 은행에는 이자로 1억 원을 지급한다. 내가 버는 순수 수익은 1년에 1억 원이다. 여기서 임차인이 임대 계약에 서명하는 순간, 나는 내가 가진 주상복합 아파트에서 파생상품을 만들어낸 것이다. 임차인에게는 서로 합의한 가격으로, 내가 정한 규칙에 따라 그곳에 살 수 있는 권리를 준다. 내 이야기가 이해하기 어렵거나 복잡하다면 친구와 함께 이 파생상품의 사례에 대해 토론해보라. 그렇게 해서 파생상품이라는 말이 당신의 일부가 되고 살이 되도록 만들어라.

'파생상품'이라는 말을 이해하는 순간, 내가 가진 지식을 행동으로 옮기는 순간, 나는 자유인이 되고 먹고사는 일을 걱정할 필요가 없어진다. 뮤추얼펀드를 살 필요도 없고 노후를 걱정할 필요도 없다.

또한 파생상품은 다양한 형태로 적용할 수 있다. 이 책의 경우도 파생상품이다. 이 책의 잠재수익을 높이기 위해서 나는 변호사를 통해 이 책의 판권을 확보할 수 있도록 조치를 취했다. 이 책은 나의 파생상품이고, 판권은 이 책의 파생상품이다. 그런 다음 이 책의 출판권을 전 세계 50여 개 출판사에 팔았다. 각 출판사들이 판권을 사서 만들어낸 책은 또 다른 파생상품이 된다. 이 책들은 전 세계 서점에 진열될 것이고, 분기마다 50여 개 출판사로부터 인세가 들어올 것이다. 인세는 인쇄된 책의 파생상품이고, 인쇄된 책은 판권의 파생상품이고, 판권은 이 책의 파생상품이고, 이 책은 나의 파생상품이다. 사람들은 책을 단순히 책 하나만을 놓고 생각하지만, 나는 책을 파생상품의 측면에서 생각한다.

더 복잡한 예를 들 수 있다. 하지만 그럴 필요가 있는가? 내가 하고 싶은 일은 모든 것을 단순하게, 복잡하지 않게 만드는 것이다. 나는 모건 가문 사람들을 위해 이 글을 쓰는 것이 아니다! 하지만 내가 금융의 개념을 간단하게 설명한다고 해서 그것이 쉽다는 것은 아니다. 나 역시 가난한 아빠의 사고방식을 버리고 부자 아빠의 사고방식으로 전환하는 데 오랜 시간이 걸렸기 때문이다. 나는 지금도 끊임없이 배우고 있다. 모든 것을 안다고 생각하는 순간 당신은 아무것도 모르는 것이다.

지금까지 10퍼센트의 사람들이 90퍼센트의 돈을 차지하는 이유, 90퍼센트의 사람들이 10퍼센트의 돈을 나눠 갖는 이유를 설명했다. 이러한 차이는 모두 지식, 이해, 말의 힘에 대한 믿음, 자신의 말을 주의 깊게 선택하는 것에서 출발한다. "빚을 빨리 갚아라", "난 부자가 되지 못할 팔자인가 봐", "투자는 위험하다", "뮤추얼펀드에 골고루 분산해서 장기간 투자하라"와 같은 말은 잊어버려야 한다. 이런 말은 당신을 빈곤층으로 끌어내린다. 그 대신 '파생상품', '현금흐름', '투자수익률', '세제완화'와 같은 부자들이 쓰는 말을 이해하고 쓸 줄 알아야 한다. 그런 말을 자유롭게 쓸 수 있을 때 실제 생활도 부유해질 것이다.

자본이득을 얻고자 뮤추얼펀드에 장기투자를 하는 보통 사람들을 참치라고 한다면, 이들 사이를 유유히 오가며 이들의 투자저축에서 수수료를 떼어먹는 펀드매니저나 전문 거래자들은 상어라고 할 수 있다. 이들은 경제 TV에 나와 종목을 추천해주고, 주가가 올라가는지 내려가는지 알려줌으로써 사람들을 주식시장으로 끌어들이고, 주식·채권·뮤추얼펀드와 같은 파생상품에 더 많은 현금을 쏟아 붓도록 부추긴다. 자신들의 풀장으로 더 많은 참치들이 들어오도록 유인하는 것이다. 이 모든 것은 시장이라는 커다란 게임의 파생상품이다. 90퍼센트의 사람들은 이 10퍼센트의 사람들이 벌이는 게임판에서 먹잇감이 되기 십상이다.

다음 장에서는 어떻게 해야 돈을 찍어내는 10퍼센트 속에 들어갈 수 있는지를 설명한다. 차용증만 만들어낼 수 있다면 파생상품을 만들 수 있다는 뜻이며, 그것은 곧 스스로 돈을 찍어낼 수 있다는 뜻이다. 또한 부자들의 언어를 더욱 빨리 배워나가는 방법에 대해 이야기할 것이다. 자신의 삶을 바꾸고 싶다면 쓰는 말부터 바꿔라. 무엇보다 반가운 소식은, 말을 하는 데는 돈이 들지 않는다는 것이다.

돈의 첫 번째 규칙을 기억하라. '돈은 지식이다.' 지식이 바로 돈의 언어의 시작이다. 부자들의 말을 이해함으로써 그 말을 자유롭게 사용할 수 있으며, 부자들과 같은 말을 함으로써 음모의 볼모, 노예, 희생양이 되지 않고 그들의 권력을 당신에게 유리하게 활용할 수 있다. 그들의 언어를 사용함으로써 게임의 법칙을 당신 것으로 만들 수 있다. 게임의 법칙은 바로 현금흐름이다.

> **독자 코멘트**
>
> 우리가 처음 파생상품을 만들었을 때 느꼈던 벅찬 감동을 아직도 기억하고 있는지 아내는 내게 물었다. 우리는 세일즈 집중 훈련 프로그램을 만들어 홍보했고, 마침내 22명이 등록했다. 짜잔! 우리 계좌에 순식간에 2,000달러가 꽂혔다! (더불어 부동산을 팔기 위해 열심히 노력하는 22명의 판매사원도 생겼다.) 이것이 바로 윈윈전략이다. 다른 사람이 갖고 싶어하는 우리의 지식이나 경험에서 '파생'하는 제품과 서비스는 자유롭고 힘이 넘치고 흥미진진하다! 우리는 처음으로 진정한 경제적 자유를 누리면서 개인적인 주권을 확보할 수 있었다.   — davekohler

RICH DAD'S CONSPIRACY OF THE RICH

9

성공의 비밀
: 팔아라!

금융 동화 1: 버는 한도 내에서 생활하라

내가 보기에 이 말은 꿈을 꺾는 것이다. 자신이 버는 한도 내에서 살아가는 데 만족하는 사람이 어디 있는가? 대다수의 사람들은 풍요롭고 부유하고 넉넉한 삶을 살고 싶어한다. "버는 한도 안에서 살라"는 말은 많은 사람들을 경제적으로 가난하게, 정서적으로 공허하게, 영적으로 무감각하게 만든다. 이 말 속에 담긴 의미를 하나씩 파헤쳐보면 진짜 메시지가 무엇인지 알 수 있다.

"더 좋은 삶의 질을 탐내지 마라."

"원한다고 해서 모두 가질 수는 없다."

그러니 우리는 전문가라는 사람들의 조언을 무조건 받아들이기 전에 의심하고 되물어보아야 한다. 버는 한도 안에서 살면 내가 원하는 삶을 살 수 있는가? 동화 속 사람들처럼 오래오래 행복하게 살아갈 수 있을까?

나의 가난한 아빠는 버는 한도 내에서 살라는 말을 철석같이 믿었다. 우리 가족은 언제나 근검절약했고 돈을 모으기 위해 노력했다. 알루미늄 호일도 한 번 쓰고 버리지 않았다. 마트에서는 무조건 가장 값싼 것을 골랐다. 먹는 것도 마찬가지였다.

반대로, 나의 부자 아빠는 버는 한도 안에서 살라는 말을 믿지 않았다. 그는 아이들에게, 또 나에게 꿈을 향해 마음껏 나아가라고 격려했다. 돈을 헤프게 쓰거나 마구 낭비해도 좋다는 의미가 아니다. 그는 충동적이지도 않았고, 돈을 잘 버는 편도 아니었다. 하지만 버는 한도 내에서 살라는 말은 심리적으로나 영적으로나 경제적으로나 자신을 정해진 테두리 안에서 살도록 가두는 해로운 조언이라고 생각했다. 금융 교육을 통해 스스로 원하는 삶의 방식을 결정할 수 있도록 사람들에게 더 많은 선택권과 자유를 줘야 한다는 것이다.

부자 아빠는 꿈이 중요하다고 믿었다. 그는 자주 이렇게 말했다.

"꿈은 신이 우리에게 준 선물이야. 하늘에 떠 있는 개개인의 별과 같은 것. 그것은 일생을 통해 우리가 살아갈 길을 인도해준단다."

꿈을 좇지 않았다면, 현실에 만족하고 포기했다면 나의 부자 아빠는 절대 부자가 되지 못했을 것이다. 그는 늘 이렇게 말했다.

"꿈을 꺾으면 그 사람의 삶을 꺾는 것이다."

내가 만든 캐시플로 보드게임에서 게임을 시작할 때 가장 먼저 꿈을 선택하도록 만든 이유다. 부자 아빠의 말을 떠올리며 우리 부부는 의도적으로 게임의 첫 번째 미션을 그렇게 설계했다.

부자 아빠는 또 이런 말을 자주 했다.

"별을 좇아라. 별에 닿지는 못하더라도, 일생을 통해 길을 인도해줄 것이다."

열 살 때 나는 콜럼버스나 마젤란과 같이 세계를 여행하는 꿈을 꾸었다. 왜 그런 꿈을 꾸었는지는 모르겠다. 그냥 그랬다.

열세 살 때 목공 수업에서 나는 길이가 2.5미터 되는 배를 만들었다. 작은 배가 완성되자마자 배에 올라타 머나먼 나라들을 찾아 항해하는 꿈을 꾸었다. 열여섯 살 때 진로 상담 선생님이 나에게 물었다.

"고등학교를 마치면 뭘 하고 싶니?"

"배를 타고 타히티로 가서 신나게 맥주를 마시면서 예쁜 여자들을 만나고 싶어요."

선생님은 미소를 지으며 해양사관학교 안내 책자를 내밀었다.

"네가 갈 학교는 여기구나."

해양사관학교에 가려면 성적도 좋아야 하지만 무엇보다도 미국 의회의 추천서를 받아야 한다. 1965년 우리 학교에서 단 두 명이 선발되었는데, 그중 하나가 나였다. 타히티로 배를 타고 가는 꿈을 꾸지 않았다면 그 학교에 입학하지도 못했을 것이다. 꿈은 나의 힘이었다.

1968년 나는 해양사관학교의 학생이 되어 스탠더드오일의 유조선을 타고 타히티로 항해했다. 유조선의 뱃머리가 수정같이 깨끗한 바다를 부드럽게 헤치며 지구상에서 가장 아름다운 섬을 향해 나아가는 동안 나는 너무나 기뻐서 어쩔 줄을 몰랐다. 물론 그곳에서 맥주를 마시고, 아름다운 타히티 여자들을 만났다. 4일 후 나는 유조선을 타고 다시 하와이로 향했다. 어린 시절 꿈을 이뤘다는 생각에 너무나 행복했다. 이제 나는 새로운 꿈으로 나아갈 수 있었다.

부자 아빠는 버는 한도 안에서 만족하며 생활하기보다는 끊임없이 삶의 경계를 밀어붙이도록 격려했다. 나는 돈이 부족할 때도 좋은 차를 타고 아름다운 해변에 자리 잡은 콘도에서 살았다. 부자 아빠는 절대로 가난한 사람처럼 생각하고 말하고 행동하지 말라고, 가난한 모습으로 다니지 말라고 이야기했다. 그는 끊임없이 이렇게 말했다.

"내가 나를 대하는 대로 세상은 나를 대한다."

내가 돈에 개의치 않는다는 뜻이 아니다. 수준 높은 삶을 살고 싶어 하는 나의 욕심은, 돈이 없을 때도 호화로운 삶을 유지하기 위한 방법을 찾도록 나를 계속 격려했다. 내 안에 있는 가난한 마음을 물리침으로써 부자처럼 생각하는 훈련을 계속한 것이다. 부자 아빠는 종종 이렇게 말했다.

"돈이 없을 때는 머리를 써라. 네 마음속에 있는 가난한 사람에게 절대 굴복해서는 안 된다."

나는 머리를 써서 내가 원하는 것을 얻었다. 메르세데스 컨버터블을 타기 위해 컨설팅 일을 시작했으며, 하와이의 아름다운 해변에 자리 잡은 콘도에서 살기 위해 집주인의 마케팅 일을 대신했다. 그들을 위해 일해주는 대가로 나는 그들이 소유한, 다이아몬드헤드에서 가장 아름다운 해안가에 위치한 콘도를 매달 300달러만 내고 살 수 있었다. 하룻밤 숙박비 정도만 내고 무려 한 달을 산 것이다. 버는 한도 내에서 초라하게 살기보다는 나의 지식을 이용해 우아하게 살 수 있는 길을 찾아낸 것이다.

지금도 나는 이런 방식으로 사업을 한다. 내가 갖고 싶은 것을 살

만한 돈이 없으면 나의 머리를 이용해 그것을 얻는 방법을 찾아낸다. 은행 계좌의 잔고는 결코 내 삶의 한계가 되지 못한다.

재정설계사들이 "버는 한도 안에서 살라"고 말할 때는 숨은 의도가 있다. 그들이 말하고자 하는 것은 이런 것이다.

"나는 당신보다 똑똑하다. 살아가는 법을 가르쳐주겠다. 먼저 당신이 가진 돈을 내게 줘라. 내가 대신 관리해주겠다."

수백만 명이 순한 양처럼 그 조언을 따랐다. 허리띠를 졸라매 살아가면서 자신의 돈을 '금융 전문가'라고 하는 사람들에게 퍼주는 것이다. 금융 전문가들은 그 돈을 월스트리트에 퍼준다. 부자 아빠는 '전문가'라는 사람들에게 돈을 주지 말고, 돈, 사업, 투자를 공부해서 직접 전문가가 되라고 말했다.

버는 한도 안에서 사는 것이 어떤 사람에게는 좋은 조언이 될 수도 있겠지만 나에게는 그렇지 않다. 왜 풍요롭고 안락한 삶을 눈앞에 두고 내가 가진 돈만으로 살아야 하는가?

삶을 바꾸고 싶다면 말부터 바꿔라. 꿈을 꾸는 사람의 말을 하라. 실패하고 두려워하는 사람의 말이 아니라, 자신이 되고 싶어하는 사람처럼 말하라. 저주보다 축복의 말을 하라. 문제가 아닌 기회로, 장애가 아닌 도전으로 세상을 바라보라. 게임에서 졌을 때가 아니라 이겼을 때, 겁낼 때가 아니라 용기를 낼 때 자신의 모습을 떠올리고 그런 눈으로 지금의 위기를 바라보라. 힘든 일을 두려워하지 마라. 그런 어려움은 승자와 패자를 구분해주는 분기점이다. 어려움이 다가오면 기꺼이 도전하라. 챔피언으로 올라서기 위한 또 하나의 훈련장이라 생각하고 투쟁하라.

자신이 버는 돈에 만족하지 마라. 꿈은 크게 꾸되 작게 시작하라. 작은 발걸음으로 시작하라. 영리하면서도 간교하게, 금융지식을 갖추고 계획을 세우고 코치를 찾고 자신의 꿈을 향해 나아가라. 부자 아빠는 어릴 적 부르마블을 하면서 자신의 꿈을 게임판에서 찾았다. 멋진 삶을 꿈꾸며 가난에서 벗어나기 위한 구체적인 실행 계획을 세웠다. 작은 별장 하나로 시작했지만, 그의 꿈은 와이키키 해변의 거대한 호텔이었다. 그 꿈은 마침내 20년 만에 실현되었다.

부자 아빠의 멘토링과 코치를 받은 덕분에 나는 꿈을 향해 뛰기 시작한 지 10년 만에 경제적 자유라는 꿈을 실현했다. 물론 쉽지는 않았다. 많은 실패를 경험했다. 남들에게 좋은 말보다는 비난을 더 많이 들었다. 중간에 돈을 모두 날리고 처음부터 다시 시작한 적도 있다. 이 과정에서 많은 사람을 만났다. 좋은 사람들도 있었지만 아주 나쁜 사람들도 많았다.

그들에게서 나는 학교에서 가르치지 않고 책에서도 배울 수 없는 지혜를 얻었다. 내가 걸어온 길은 사실 돈을 모으기 위한 과정이라기보다 나라는 사람이 되어가는 과정이었다. 나는 돈이 있고 없음이 내 삶의 경계를 결정하지 못하는 진정한 부자가 되었다.

독자 코멘트

지금까지 나는 버는 한도 내에서 살라는 말을 의심해본 적이 없다. 버는 돈보다 적게 써야 재산을 제대로 관리할 수 있다고 생각했다. 더 많이 쓰고 싶다면 더 많이 벌어야 한다. 하지만 지금 나는 이 말이 어떻게 우리 경제 관념을 해치는지 알게 되었다. 이 말에는 수입을 늘리는 일에 대한 메시지가 들어 있지 않다. 이 말에 담긴 의미는 기본적으로 이것이다. "네가 가진 것에 만족하며 살라. 그것이 바로 네가 가진 모든 것이기 때문이다." 꿈을 죽이는 말이다.

— Ktyspray

2003년, 딸이 약혼을 할 무렵 우리 가족이 운영하는 사업은 문을 닫아야 할 형편이었다. 빚만 계속 쌓여갔고, 물건을 팔아봐야 손익분기점도 넘기지 못하는 상황이었다. 하지만 소중한 외동딸의 결혼식을 멋지게 치러주고 싶었다. 어떻게 하면 2만 6,000달러나 되는 결혼식 비용을 마련하고, 또 망해가는 사업을 일으킬 수 있을까? 나는 꿈을 크게 가졌다. 그리고 해답을 찾았다.

우리는 호황을 맞고 있던 주택 경기의 끝자락을 잡기로 했다. 우리가 가진 집을 새로 단장해 높은 값에 팔았다. 이 모험은 성공했고, 딸에게 기억에 남는 결혼식을 선사했다. 어려움이 닥친 상황에서 기꺼이 도전하고 끝까지 꿈을 포기하지 않은 결과였다.

— synchrostl

금융 동화 2: 좋은 학교를 나와 안정적인 직장을 잡아라

가난한 아빠는 '직업의 안정성'을 중시했다. 좋은 학교와 학력은 필수였다. 반대로 부자 아빠는 '경제적 자유'를 중시했다. 그가 금융 교육을 그토록 중요하게 생각한 이유다. 부자 아빠는 이렇게 이야기했다.

"안정적인 삶을 최우선으로 여기는 사람들은 감옥에 가야 한다. 이 세상에 감옥보다 안정적인 삶을 누릴 수 있는 곳이 어디 있겠는가? 안정을 추구할수록 자유는 줄어든다."

이 그림을 나는 '캐시플로 4/4분면'이라고 부른다. 각각의 알파벳

이 상징하는 것은 다음과 같다.

- E: employee(봉급생활자)
- S: small business/specialist(중소기업 경영자/자영업자/의사, 변호사와 같은 전문직)
- B: big business(직원이 500명 이상 되는 기업의 소유자)
- I: Investor(투자자)

학교 교육은 4/4분면의 E와 S에 해당하는 사람들을 양산하는 데 가장 효과적인 역할을 한다.

B와 I는 자유가 중시되는 곳이다. 하지만 금융지식이 없는 보통 사람들에게 B/I는 미스터리의 영역일 뿐이다. 그래서 사람들은 대부분 사업을 하거나 투자하는 것이 위험하다고 생각한다. 하지만 사업이나 투자만 위험한 것이 아니다. 교육, 경험, 지침이 없으면 우리가 하는 모든 일은 위험할 수밖에 없다.

전문가를 나의 파트너로 만들어라

나는 금융 조언자들의 이야기에 크게 신경 쓰지 않는다. 하지만 증권전문가 리처드 러셀Richard Russell의 조언은 반드시 귀 기울여 듣는다. 그는 장기적인 주식 투자에 대해 다음과 같이 말했다.

"주식시장은 라스베이거스의 도박장과도 같다. 도박장에서 우리가 이길 확률은 도박장이 이길 확률보다 낮다. 처음에 돈을 딴다고 하더라도 게임을 반복하게 되면 무조건 돈을 잃을 수밖에 없다."

러셀은 또 이런 이야기도 했다.

"주식투자는 상상 속의 수익에 대해 오랜 기간에 걸쳐 세금을 매긴다. 전혀 일을 하지 않고 돈을 벌고자 하는 사람들의 돈을 빨아들이는 것이다."

금융 조언자들의 문제는, 그들은 대개 B/I에 속한 사람들의 이익에 봉사한다는 것이다. B/I의 사람들을 위해 일을 하기 때문에 그들을 중개인이라고 부른다. 주식 중개인, 부동산 중개인, 보험 중개인. 이들은 모두 부자들을 대신하여 일을 한다. 워런 버핏은 금융 조언자들에 대해 이렇게 말했다.

"월스트리트는 롤스로이스를 타고 다니는 사람들이 지하철을 타고 다니는 사람들에게서 조언을 듣는 유일한 곳이다."

다음은 리치대드컴퍼니의 금융 조언가 앤디 태너Andy Tanner의 조언이다. 주식 중개인을 통한 분산투자 포트폴리오가 일반적인 투자보다 나을 거라는 생각이 얼마나 헛된 것인지 보여주는 그래프가 있다. 세계적으로 가장 유명한 주식펀드인 피델리티 마젤란 펀드와 다우존스산업지수와 S&P500지수의 수익률을 비교한 것이다.

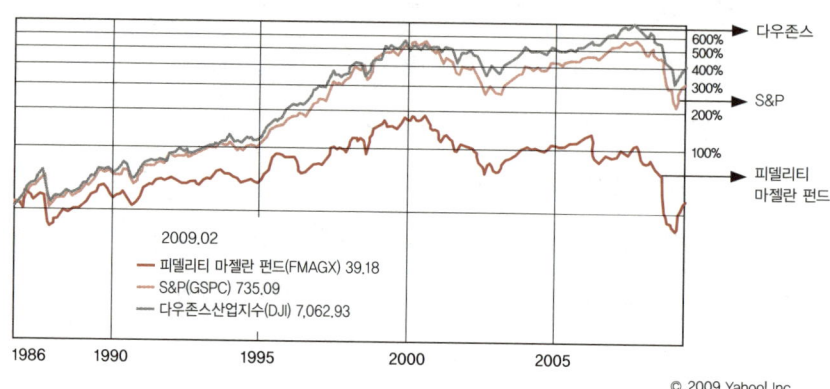

지난 20여 년 동안 전혀 관리하지 않은 다우존스산업지수와 S&P500지수가 피델리티 마젤란 펀드보다 수익률이 훨씬 높은 것을 알 수 있다. 하지만 여기서 끝이 아니다. 다음 그래프는 피델리티 마젤란 펀드와 이 펀드를 운용하는 대가로 떼는 수수료의 관계를 보여준다.

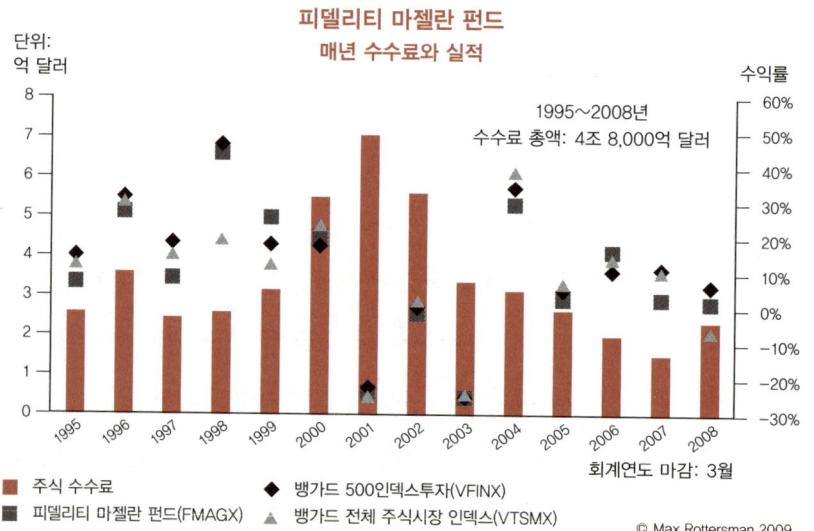

그래프에서 볼 수 있듯이 피델리티 마젤란 펀드는 다우존스나 S&P500의 평균 수익률보다 못한 성과를 내면서도 1995년부터 2008년까지 챙긴 수수료만 해도 4조 8,000억 달러에 이른다. 다우존스나 S&P500주식을 사서 관리하지 않고 그냥 가지고 있기만 해도, 더 많은 수익을 낼 뿐만 아니라 어마어마한 수수료를 절약할 수 있는 것이다.

부유한 삶을 사는 게 목표라면 가장 먼저 캐시플로 4/4분면의 오른쪽과 왼쪽이 어떻게 다른지 알아야 한다. 그리고 E/S에서 빠져나와 B/I 로 들어가는 방법을 알아야 한다.

독자 코멘트

주식시장에 대한 기요사키의 조언에는 내가 지난 15년 동안 직접 주식 투자를 하면서 경험한 내용이 고스란히 담겨 있다. 나는 대학을 졸업하고 직장을 잡고 나서 곧바로 주식 투자를 시작했다. 뮤추얼펀드에도 조금씩 투자를 했다. 하지만 뮤추얼펀드는 대개 가치가 떨어진 뒤, 한동안 오르락내리락하다가 또다시 가치가 떨어졌다. 가치가 조금씩이라도 오르는 펀드는 본 적이 없다. 반면 그 기간 동안 몇몇 기업들의 주가는 계속 올랐다. — obert

금융 동화 3: 사회보장제도와 주식시장은 안전하다

2008년 12월 버나드 매도프Bernad Madoff의 폰지스킴이 온 천하에 정체를 드러냈다. 그때까지 사람들은 버나드 매도프가 누군지, 폰지스킴이 무엇인지 알지 못했다. 폰지스킴Ponzi scheme은 1920년 이탈리아에서 미국으로 이민 온 찰스 폰지Charles Ponzi의 이름을 딴 것으로 '나중에 들어오는 투자자들이 내는 돈으로 먼저 들어온 투자자들에게 수익이나 이자를 주는 것'이다. 간단히 말해 갑의 돈을 훔쳐 을에게 주는 피라미드 금융 사기다.

버나드 매도프는 2009년 3월 12일 투자자들에게서 650억 달러가 넘는 돈을 훔친 것과 관련한 11가지 기소혐의에 대해 자신의 죄를 인정했다.

매도프의 폰지스킴을 역사상 최대의 금융 사기사건이라고 떠들지만, 나는 그렇게 생각하지 않는다. 피라미드 금융 사기가 무엇인지 제대로 이해하는 사람은 많지 않으며, 따라서 거대한 피라미드 금융 사기가 지금도 벌어지고 있다는 사실을 모르고 하는 소리다. 쉽게 말해서 우리가 믿는 금융 동화는 피라미드 금융 사기다. 새로운 투자자들이 들어와 돈을 계속 집어넣는다면, 그래서 그 돈을 먼저 들어온 투자자들에게 계속 지급할 수 있다면 그것이 바로 피라미드다. 자금을 운용하기 위한 현금흐름을 스스로 만들어내지 못하면 피라미드 금융 사기다.

이러한 정의와 함축적인 의미를 안다면, 오늘날 미국의 사회보장제도 역시 거대한 피라미드 금융 사기라는 결론에 도달할 것이다. 오늘날 사회보장기금이 바닥났다는 사실은 누구나 안다. 젊은 노동자들이 계속 들어와 돈을 메워주어야만 작동한다. 사람들은 그저 자신이 퇴직할 때까지는 기금이 고갈되지 않기만을 기도한다. 이것이 바로 정부가 운영하는 피라미드 금융 사기다.

정부가 운영하는 피라미드 금융 사기는 사회보장제도뿐만이 아니다. 조지 W. 부시 대통령은 젊은 노동자들이 주식시장에 더 많은 돈을 집어넣도록 촉진하는 법안을 만들었다. 주식시장은 지구상에서 가장 큰 피라미드 금융 사기 제도다. 주가가 오르는 한 투자자들은 돈을 번다. 주가가 오르기 위해서는 새로운 돈이 시장으로 계속 쏟아져 들어와야 한다. 시장에서 돈이 빠져나가면 주가는 떨어지고, 투자자들은 돈을 잃는다. 부시는 이러한 피라미드를 계속 유지하기 위해서 새로운 노동자들이 더 많은 돈을 집어넣을 수 있도록 만든 것이다.

그렇기 때문에 우리는 자본이득과 현금흐름이 어떻게 다른지 알아야 한다. 모든 피라미드 금융 사기는 자본이득을 기반으로 작동한다. 가격이 오르기 위해서는 새로운 돈이 시장에 들어와야 한다. 그렇기 때문에 주식시장 역시 피라미드 사기라고 말하는 것이다. 외부에서 돈이 들어오지 않으면 시장은 붕괴한다. 부동산 시장이나 채권시장도 마찬가지다. 현금이 들어와야 자본이득은 늘어나고 피라미드는 생명을 유지해나간다. 하지만 사람들이 수익을 얻기 위해 돈을 빼내는 순간 가격은 떨어진다. 실제로는 모든 사람이 자신의 몫을 받아갈 만큼 시장에 돈이 없기 때문이다.

2009년 뮤추얼펀드 회사들이 직면한 가장 큰 문제는 현금이 계속 빠져나간다는 것이다. 뮤추얼펀드 회사들은 떠나가는 투자자들에게 돌려줄 돈을 마련하기 위해 골치를 썩고 있다. 이제는 많은 사람들이 뮤추얼펀드가 합법적인 피라미드 금융 사기라는 사실을 알고 있다.

가장 먼저 '파는 방법'을 배워라

오늘날 성공하고 싶다면 기본적으로 세 가지 유형의 교육을 받아야 한다.

1. **학문 교육:** 읽고 쓰고 셈할 줄 아는 능력
2. **직업 교육:** 돈을 벌기 위해 일을 하는 능력
3. **금융 교육:** 돈이 자신을 위해 일하도록 만드는 능력

우리 교육 제도는 학문 교육과 직업 교육 부문에서는 적절한 역할을 하고 있지만 금융 교육 부문에서는 낙제점을 받고 있다. 그래서 석사, 박사 학위 따위를 받고도 금융에 대해서는 완전히 바보가 되어 남이 시키는 대로만 하다가 돈을 몽땅 날린다.

나는 학교 성적이 좋지 못했다. 읽고 쓰고 셈하는 것을 잘하지 못했다. 또한 E/S에 들어가고 싶지도 않았다. 지금의 교육 제도에서는 내가 승자가 될 수 없다는 사실을 어릴 때 이미 깨달았다. 그래서 나는 금융 교육에 초점을 맞췄다. B/I에 들어가기 위한 공부를 하면서 나는 새로운 사실을 깨달았다. E/S에 들어가기 위해 준비하는 사람들보다 훨씬 많은 돈을 벌 수 있고 훨씬 자유롭게 살 수 있다는 것이었다.

대공황 이후의 삶

지난 대공황은 나의 가난한 아빠에게 큰 충격을 주었다. 그래서 자신의 금융 동화였던 '교사'라는 안전하고 안정적인 직장을 얻었다. 아

버지는 4/4분면의 E에서 편안함을 느꼈다.

하지만 직장을 잃었을 때, 나쁜 금융 조언을 따르다가 퇴직금을 모두 잃었을 때, 아버지가 꿈에 그리던 동화는 악몽으로 바뀌었다. 사회보장제도에 의지해 살아가야 하는 처지가 되었다.

대공황은 나의 부자 아빠에게도 상당한 영향을 미쳤다. 그는 자신의 미래를 B/I에 걸기로 했다. 학력은 별 볼일 없었지만 금융지식 측면에서는 아주 영리하고 민첩했다. 경제가 살아나면서 그의 금융 IQ가 빛을 발했고, 그의 사업은 성공가도를 달리기 시작했다. 그의 꿈은 현실이 되었다.

지금 수백만 사람들이 나의 가난한 아빠가 택한 길을 가고 있다. 많은 사람들이 학교로 돌아가 E/S 안으로 들어가기 위해 학습하고 훈련한다. 하지만 금융지식을 늘리는 데는 관심을 두지 않는다. 그저 힘든 시기를 잘 버티고 살아남는 것이 목표다. 근검절약을 종교처럼 신봉한다. 자신이 버는 한도 안에서 살아가는 기술을 익히고 자신의 꿈을 축소한다. 무조건 싼 것을 찾는다.

하지만 나의 부자 아빠의 길을 따르는 사람들도 있다. 그들은 금융지식을 더 튼튼하게 쌓는 데 관심이 있다. 그래서 하버드나 옥스퍼드와 같은 명문 대학들도 경영 관련 강좌를 더 강화하고 있다. 기업 경영, 부동산 투자, 종이자산 거래에 대한 세미나에 수많은 사람들이 몰려든다. 새로운 미래, 새로운 경제체제에서 자신의 꿈을 이루기 위해서는 금융지식을 갖춰야 한다는 것을 깨달은 것이다.

당신은 어떤 미래를 꿈꾸는가?

다가오는 공황이 끝날 때 당신은 어떤 모습으로 남고 싶은가? 게임의 선두에서 앞서나갈 것인가? 뒤처져 허겁지겁 따라갈 것인가?

두 가지 유형의 선생

내가 아는 사람 중에 그렉이라는 젊은이가 있다. 그는 사회기업가로서, 캘리포니아에서 심각한 학습장애를 가진 아이들을 위한 특수학교를 운영하고 있다. 일반학교에 들어갈 수 없는 아이들이 다니는 학교다.

오바마 대통령이 취임하고 나서 특수학교 운영사업에 수십억 달러를 풀면서 그렉의 사업에 돈이 넘치기 시작했다. 그의 사업이 호황을 맞은 것이다. 그는 이 기회를 이용해 더 많은 학교를 사들이고 더 많은 특수교육 교사들을 고용하고 있다.

내가 하고 싶은 말은 이것이다. 그렉은 교사이면서도 B/I의 영역에서 활동하는 사회기업가다. 그가 고용한 교사들은 E/S에서 활동하는 피고용자들이다. 그렉은 다른 교사들과 함께 학교에서 아이들을 가르치지만 그들이 속한 세계는 완전히 다르다.

그는 서른세 살에 백만장자가 되었다. 자신이 성공한 것은 phD(박사학위)를 가지고 있기 때문이라고 농담처럼 말한다. 그가 말하는 phD란 'public high-school degree'를 의미한다. 그가 고용하는 교사들 중에는 진짜 박사학위를 가진 사람들이 많다. 하지만 그렉과 그가 고용한 교사들은 추구하는 목표에서 결정적 차이를 드러낸다. 그렉은 학교를 수십 개로 늘리고 수백 명의 교사를 고용하여 수천 명의 학습장애아들을 가르치는 것이 꿈이다. 그의 꿈은 계속 경계를 넓혀 무한하게 뻗어간다. 하지만 그가 고용한 교사들의 꿈은 학교라는 테두리를 벗어나지 못한다.

'무엇인가 판다'는 말을 사람들은 싫어한다. 학문적·지적 소양을 중시하던 나의 가난한 아빠에게 무엇을 판다는 것은 불경스러운 생각이었다. 그는 외판원을 인간쓰레기 취급했다. 하지만 부자 아빠는 '파는 것'이야말로 기업가로서 성공하기 위한 본질적인 요소라고 말했다.

그렉의 이야기를 이어가자면, 사회적 기업가 그렉과 그가 고용한 교사들 사이의 차이는 '판다'라는 말에 대한 태도에서 찾을 수 있다. 많은 교사들이 교육을 '팔아서' 부자가 되는 것을 자신의 믿음을 위반하는 것이라고 생각한다. 하지만 그렉이 교육을 팔지 않으면 교사들에게 월급을 주지 못한다.

또한 더 많은 교육을 팔아서 더 많은 돈을 벌수록 더 많은 학교를 사들일 수 있고, 이로써 더 많은 교사를 고용할 수 있고 더 많은 아이들을 가르칠 수 있다. 그렉은 교사인 아내와 함께 학생들을 가르치며 다른 교사들과 똑같은 월급을 받는다. 하지만 그들은 교사들과 다르다. 그들 부부는 4/4분면의 오른쪽에 있고, 다른 교사들은 왼쪽에 있다.

그렉은 또한 학교를 더 많이 소유할수록 캘리포니아에 더 많은 '티켓'을 팔 수 있다. 그가 고용한 교사들은 자신의 노동을 판다. 그들이 팔 수 있는 티켓은 겨우 한 장, 즉 자기 자신밖에 없다. 제품이든 서비스든 많은 티켓을 팔 수 있는 사람은 자신의 노동이라고 하는 단 한 장의 티켓을 파는 사람보다 더 많은 돈을 번다.

영화산업에서 가장 많은 티켓을 팔 수 있는 스타가 가장 많은 돈을 번다. 음악산업에서도 마찬가지다. 가장 많은 파생상품(CD, 티켓, 다운로드 등)을 팔 수 있는 음악가가 가장 많은 돈을 번다. 스포츠에서도 슈퍼

볼이나 윔블던을 주최하는 사람이 가장 많은 돈을 번다. 그들은 엄청난 티켓뿐만 아니라 중계권도 팔 수 있다. 쉽게 말해서 팔 수 있는 티켓(자신이 만든 파생상품)이 없으면 자신의 노동을 팔아야 한다. 나는 책, 게임, 이벤트 등 다양한 형태의 파생상품을 통해 수백만 장의 티켓을 판다. 나는 팔 수 있는 티켓이 많기 때문에 금융위기 속에서도 줄곧 번창할 수 있는 것이다.

> **독자 코멘트**
>
> 나는 '판매'가 가장 위대한 직업이라고 생각한다. 우리는 모두 세일즈맨이다. 친구와 함께 영화를 보고 맛있는 레스토랑에 가서 밥을 먹는 것은 친구를 팔아서 수익을 남기는 것이다. 남편에게 쓰레기를 내다버리라고 시키는 것도 남편을 팔아 수익을 남기는 것이다. 아이들에게 사회성과 노동윤리를 길러주기 위해 노력하는 것도 아이를 머지않아 시장에 내다팔아야 하기 때문이다. 우리가 멋진 옷을 입는 것도 우리 자신을 높은 값에 잘 팔아보려는 마음에서다. 그러면서도 돈이 오가는 판매에 대해서는 부정적으로 생각한다.
>
> 하지만 잠깐 생각해보자. 판매행위 없이 우리는 존재할 수 있었을까? 우리가 가진 모든 것은 누군가 우리에게 판 것이다. 우리는 좀 더 성숙해져야 한다. 우리가 처음에 그런 것들을 원하지 않았다면, 어떠한 것도 팔 수 없었다는 것을 알아야 한다. '세일즈맨'을 경시하지 마라. — synchrostl

성공의 비밀은 '판매'에 있다

1974년 해병대를 제대한 나는 가난한 아빠의 길을 따르지 않겠다고 마음먹었다. E/S 안으로 들어가고 싶지 않았다. 나는 스탠더드오일 유조선으로 돌아가거나 항공사 파일럿이 되지도 않았다. 나의 꿈은 E/S가 아니라 B/I에 있었다. 나는 직업적 안정성을 추구하지 않았다. 또한 내가 번 돈 안에서 살아가는 것을 원하지도 않았다.

나는 부자 아빠의 발자국을 따르기로 결심했다. B/I에 들어갈 수 있는 길을 알려달라고 했을 때, 부자 아빠는 이렇게 말했다.

"가장 먼저 파는 방법을 배워야 한다."

그의 조언에 따라 나는 제록스에 입사해 판매사원으로 훈련을 받기로 했다. 판매 훈련은 비행기 조종 훈련만큼이나 어려웠다. 나는 타고난 판매사원이 아니었다. 거절당하는 것이 두려웠다. 문 앞에서 노크도 하지 못하고 망설이다가 돌아선 적이 숱하게 많다. IBM 복사기 판매사원과 경쟁하다 매번 수모를 당하고 해고될 뻔하기도 했다.

그렇게 2년을 고생한 끝에 판매 기술을 조금씩 터득하게 되었고 자신감도 붙었다. 판매하는 일에서 느낄 수 있는 원초적인 희열도 경험했다. 그 결과 입사한 지 3년 만에 제록스 호놀룰루 지점에서 최고 판매 실적 5위권 안에 들었다. 나의 수입은 하늘 높이 치솟았다. 넘치는 돈도 좋았지만, 판매 기술을 제대로 배웠다는 사실이 뿌듯했다. 무엇이든 팔 수 있다는 강한 자신감이 생겼다.

1978년 나는 제록스를 그만두고, 1979년부터 스포츠용 나일론 지갑을 만드는 사업을 시작했다. 나일론에 벨크로를 붙여 만든 이 제품은 1982년 개국한 MTV에서 듀란듀란, 폴리스, 밴 헤일런과 같은 록밴드들이 들고 나와 유행을 불러일으키며 엄청나게 팔려나갔다.

1993년 내가 쓴 첫 책 《행복한 부자가 되고 싶거든 학교에 가지 마라 *If You Want to Be Rich and Happy, Don? Go to School*》가 미국, 오스트레일리아, 뉴질

랜드에서 베스트셀러가 되었다. 1999년에는 《부자 아빠 가난한 아빠》가 〈뉴욕 타임스〉 베스트셀러가 되었다. 2000년 〈오프라 윈프리 쇼〉에 출연한 다음, 이 책은 세계적인 베스트셀러가 되었다. 50여 개 언어로 번역되어 100여 개 나라에서 팔려나갔다. 1970년대 제록스에서 판매 훈련을 받지 않았다면 가능하지 않았을 것이다. 나의 성공의 비밀은 '판매'에 있었다.

수많은 사람들이 경제적 어려움을 겪는 가장 큰 이유는, 다른 사람에게 팔 것이 없거나 파는 법을 모르기 때문이다. 물론 이 두 가지를 다 갖춘 불행한 사람들도 많다. 경제적으로 어려울수록 팔 것을 찾아야 하고, 더 잘 파는 법을 배워야 한다. 혼자 배우기 힘들다면, 믿을 만한 판매 훈련 프로그램의 도움을 받는 것도 좋다. 어느 4분면에 있건 판매 기술을 습득하는 것은 수입을 늘리는 가장 좋은 방법이다.

가장 훌륭한 제품이나 서비스를 만들 필요는 없다. 시장에서 가장 잘 팔리는 것은 가장 좋은 제품이나 서비스가 아니라 가장 잘 파는 사람의 제품이나 서비스다. '팔 수 있느냐 팔 수 없느냐' 하는 것은 단순한 비용 문제가 아니다. 팔지 못한다고 해서 비용이 더 나가는 것은 아니다. 다만 사업 자체가 망하게 될 뿐이다!

진정으로 기업가가 되고 싶다면, 지금부터 시간을 할애하여 판매 기술을 배우라. 몇 년이 걸리더라도 몸에 밴 판매 기술, 특히 거절에 대한 두려움을 극복하는 기술은 값으로 따질 수 없는 소중한 자산이 될 것이다.

2002년 토론토 주식거래시장에 내가 세운 회사를 최초로 상장했다. 이 회사는 중국에 위치한 광산 벤처기업이었다. 사업체를 만들어 그것을 주식시장에 상장하는 것, 즉 사람들이 자신의 회사 주식을 사고팔 수 있게 하는 것은 기업가의 궁극적인 목표일 것이다. 기업을 주식시장에 상장하면서 나는 속으로 부자 아빠에게 감사하다는 말을 했다. 나에게 '파는 법'을 먼저 배우라고 가르쳐주었기 때문이다.

기업을 거래소에 상장하는 것은 곧 주주들에게 주식을 판다는 뜻이다. 돈의 세계에서는 언제나 파는 사람과 사는 사람이 있다. 내가 주식을 팔면, 어떤 사람들이 그것을 살까? 돈의 세계에서 부자는 팔고 가난한 사람들과 중산층은 산다. 판매자는 B/I에 있고, 구매자는 E/S에 있다.

오늘날 세계경제를 보면, 미국이 금융위기를 겪을 수밖에 없는 이유를 알 수 있다. 중국은 팔고 미국은 산다. 미국은 팔 수 있는 것보다 더 많은 것을 사들이고 있다. 더 나아가 미국인들은 자신의 집을 은행에 담보로 맡기고 마치 현금지급기에서 돈을 꺼내듯이 대출받은 돈으로 물건을 사들인다. 전 세계 국가들은 지금 미국인들은 무조건 소비자라고 생각한다. 이 때문에 미국은 늘 적자를 면치 못한다. 또한 미국의 부채는 수조 달러로 치솟고 세금은 계속 높아진다. 중국은 미국의 가장 큰 채권자가 되었다. 미국은 사들이기만 할 뿐 파는 능력을 잃었다. 결국 수많은 기업이 무너질 수밖에 없다.

수익이 떨어질 때, 경제가 어려울 때, 기업들은 광고 예산부터 삭감한다. 하지만 어려운 시기일수록 광고를 늘리고 시장점유율을 높이기 위해서 노력해야 한다. 많이 팔리기만 하면 기업의 모든 문제는 해결된다. 하지만 광고하지 않고는 판매할 수 없다.

개인도 마찬가지다. 다람쥐 쳇바퀴 도는 삶에서 빠져나와 부유하고 여유로운 삶을 살고 싶다면 거절당하는 것에 대한 두려움을 극복해야 한다. 판매 기술을 배워야 한다. 돈으로 살 수 없는 귀중한 자산이 될 것이다.

명심하라! 무엇을 살까 고민하기보다 무엇을 팔까 고민하라.

수많은 사람들이 경제적 어려움을 겪는 이유는, 파는 것을 싫어하고 사는 것은 좋아하기 때문이다. 부자가 되고 싶다면 사들이는 것보다 파는 것이 많아야 한다. 버는 한도 안에서 살라는 뜻이 아니다. 버는 한도 안에서 살 궁리를 하지 말고 더 많은 돈을 벌 수 있는 방법을 모색하라. 수입을 늘리고 꿈을 향해 전진하라.

사는 것보다 파는 것이 많다면 버는 한도 안에서 살 필요가 없다. 직업 안정성에 목매달 필요도, 다람쥐 쳇바퀴 도는 삶을 살 필요도 없다.

10

미래를 위해 집을 지어라

당신의 집은 금융위기에 안전한가

아기돼지 삼형제와 늑대 이야기를 알고 있을 것이다. 첫 번째 아기돼지는 지푸라기로 집을 짓고, 두 번째 아기돼지는 나뭇가지로 집을 짓고, 세 번째 아기돼지는 벽돌로 집을 짓는다.

지푸라기집이 가장 먼저 완성되었다. 지푸라기로 집을 지은 돼지는 나뭇가지로 집을 짓고 있는 돼지에게 가서 빨리 일을 끝내고 같이 놀자고 재촉한다. 나뭇가지 집이 완성되자 두 돼지는 신나게 뛰어놀면서, 아직도 힘들게 벽돌로 집을 짓고 있는 세 번째 돼지를 놀렸다. 드디어 벽돌집도 완성되었고 세 돼지는 모두 행복하게 살았다.

어느 날 커다란 늑대가 이 먹음직스러운 아기돼지들이 살고 있는 곳을 발견한다. 늑대가 다가오는 것을 본 아기돼지들은 각자 자신의 집으로 도망친다. 늑대는 가장 먼저 지푸라기 집 앞에서 아기돼지에게 밖으로 나오라고 유혹한다. 돼지가 안 나오고 버티자, 늑대는 훅 바람을 불어 집을 날려버렸다. 아기돼지는 재빨리 나뭇가지로 지은 집으로 달아났다. 늑대는 나뭇가지 집 앞에 가서 돼지들에게 나오라고 으름장을 놓았으나 돼지들은 나오지 않았다. 늑대가 깊게 숨을 들이쉬어 힘껏 바람을 불자 나뭇가지 집도 날아가버렸다. 두 아기돼지는 벽돌집으로 도망쳤다.

늑대는 세 마리 아기돼지를 한꺼번에 잡아먹을 생각에 군침을 흘리며 벽돌집으로 가서 나오라고 소리쳤다. 이번에도 돼지들은 꼼짝도 하지 않았다. 늑대는 있는 힘을 다해 숨을 들이쉬어 바람을 불었다. 하지만 벽돌집은 끄떡도 하지 않았다. 늑대는 있는 힘껏 여러 차례 깊이 숨을 들이쉬어 바람을 불었으나 벽돌집은 꿈쩍도 하지 않았다. 늑대는 결국 지쳐서 마을을 떠났고 세 아기돼지는 목숨을 건졌다.

원래 동화에서 첫 번째와 두 번째 아기돼지는 자신의 잘못을 뉘우치고 자신들도 벽돌집을 지었다. 그리고 오래오래 행복하게 살았다. 하지만 '아기돼지 삼형제'는 현실과 다른 동화일 뿐이다.

실제 현실에서 지푸라기나 나뭇가지로 집을 짓고 살다가 집이 날아가버린 사람들은 어떻게 하고 있을까? 정부에 도움을 요청한다. 그러고는 또다시 지푸라기와 나뭇가지로 집을 짓는다. 자신의 잘못을 깨닫지 못하고 배우지 못한 것이다. 늑대는 여전히 어둠 속에 숨어서 우리를 노리고 있다.

2007년 늑대가 숲에서 나왔다. 서브프라임 사태가 들이닥친 것이다. 늑대가 깊이 숨을 들이쉬어 훅 바람을 불자, 지푸라기로 만든 집과 나뭇가지로 만든 집들이 순식간에 날아가버렸다. AIG, 리먼브라더스, 메릴린치, 씨티은행, 뱅크오브아메리카, GM, 크라이슬러와 같은 거대 은행들과 기업들이 풀썩 주저앉았다.

벽돌로 만든 집이라고 생각했던 거대 기업들이 알고 보니 지푸라기와 나뭇가지로 얼기설기 만든 집이었다는 사실에 세상은 충격과 혼란에 휩싸였다. 거인들의 집이 무너지자, 그들을 믿고 일을 하던 작은 기업들과 개인들 역시 바람에 날아갔다.

지금 전 세계의 기업들이 문을 닫고 있고, 실업자들이 쏟아져 나오고 있다. 집값이 떨어지고 은행 금고도 고갈되었다. 아이슬란드는 국가 전체가 파산하였고 미국, 특히 캘리포니아 같은 주들은 파산의 낭떠러지 끝에서 떨고 있다(캘리포니아는 세계에서 8번째로 큰 경제구역이다). 아기 돼지들은 뒤늦게라도 벽돌로 다시 집을 지었지만, 우리는 연방준비제도, 월스트리트, 정부 지도자들이 문제를 해결해줄 것이라고 기대하며 아직도 정신을 못 차리고 있다.

사람들이 묻는다.

"지도자들은 지금의 난국을 어떻게 해결해줄까?"

하지만 나는 다른 질문을 해야 한다고 생각한다.

"나는 무엇을 할 것인가?"

더 구체적으로, 이렇게 물어야 할 것이다.

"나는 어떻게 해야 벽돌집을 지을 수 있을까?"

경제적인 균형을 잡기 위한 8가지 요소

　벽돌집을 짓는 일은 나 자신을 재구축하고 교육하는 것에서 시작한다. 돈의 네 번째 규칙을 기억하라. "힘든 시기를 대비하라. 그러면 좋은 시절만 누릴 것이다."

　1984년 나는 아내와 함께 앞으로 경제 상황이 어떻게 될 것인지, 어떻게 준비해야 하는지 깊이 고민했다. 우리는 두려움에 떨며 움츠리기보다는, 손을 잡고 고단한 삶의 여행을 함께 시작했다. 둘이 힘을 모아 튼튼한 벽돌집을 지었다. 처음 여행을 시작할 때 우리는 빚밖에 없었다. 사업 실패로 인해 76만 달러를 손해 봤는데, 그중에서 40만 달러가 여전히 빚으로 남아 있었다. 돈도 직장도 집도 차도 없었다. 우리가 가진 것이라고는 슈트케이스 몇 개에 든 옷가지들, 그리고 사랑, 미래에 대한 꿈이 전부였다.

　1986년 우리 부부는 드디어 샴페인을 터뜨렸다. 빚에서 해방된 것이다. 불과 2년 만에 나쁜 빚 40만 달러를 갚아버렸다. 이후 우리는 줄곧 경제적인 자유를 누리고 있다. 우리는 함께 벽돌집을 지었다. 힘든 시기를 함께 준비했고, 그 이후 좋은 시절만을 누려왔다. 최악의 금융위기가 찾아왔을 때도 그랬다. 물론 우리가 좌절, 고통, 실패, 손실을 한 번도 겪지 않았다는 얘기가 아니다. 수많은 경험을 하며 쓰디쓴 교훈을 배웠다. 하지만 그 모든 것은 튼튼한 벽돌집을 짓기 위한 과정일 뿐이었다.

> **독자 코멘트**
> 내가 실패한 이유는 너무나 쉽게 쓸 수 있는 신용카드 때문이었다. 나는 몇

번이나 그 구덩이에 빠져 허우적거렸다. 복리이자가 단순히 흥미로운 수학 문제가 아니라는 사실을 깨달았다. 지금 나는 복리효과에 이용당하기보다는 그것을 이용하기 위한 작업을 하고 있다.

— Robertpo

벽돌집을 짓기 위한 계획

다음 그림은 벽돌집을 짓기 위한 계획이다. 이것을 B-I 삼각형이라고 부른다.

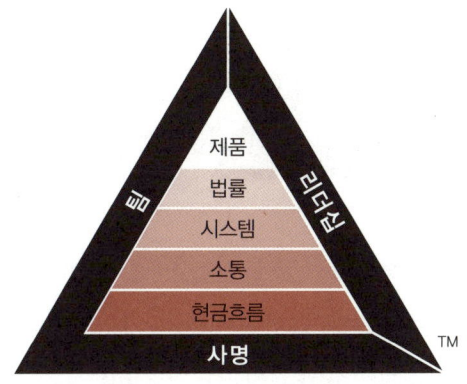

B-I 삼각형은 9장에서 이야기한 캐시플로 4/4분면의 파생상품이다.

쉽게 말해서 아내와 내가 B-I 삼각형을 설계하고 실행한 것은 B/I에 들어가기 위한 것이었다. 하지만 E/S에 속한 사람들에게도 B-I 삼각형은 중요한 역할을 한다. 그 이유는 다음과 같다.

1. 기술적으로 말해서, B-I 삼각형은 4/4분면의 어디에나 적용할 수 있다.

2. 인간의 삶은 B-I 삼각형에 있는 여덟 가지 요소로 구성되어 있으며, 우리는 이들의 영향을 받는다. 문제는 대부분의 사람들이 B-I삼각형이 무엇인지 모른다는 것이다.

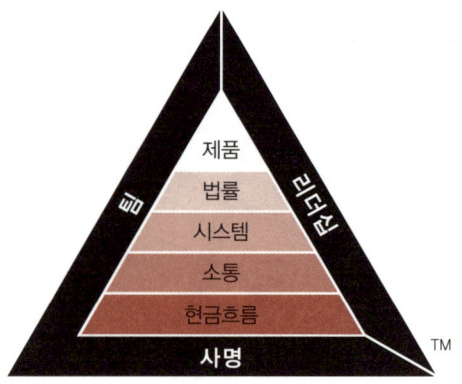

여덟 가지 요소 중 하나라도 빠져 있다면 아무리 정직하고 열심히 일한다고 하더라도 경제적으로 균형을 잡기 어렵게 된다. 경제적인 균

형이 깨지면 안정된 삶을 누리지 못한다. 여덟 가지 요소를 간단하게 설명하면 다음과 같다.

균형 요소 1. 사명

누구나 개인적인 사명이 있을 것이다. 자신의 사명이 무엇인지 이해하고 글로 써서 명확하게 만들고 계속 점검해야 한다. 개인의 사명은 계속 변하게 마련이다. 내가 1965년 해양사관학교에 들어갔을 때 처음 한 일은 사관학교의 사명을 외우는 것이었다. 4년 동안 내 삶의 사명은 사관학교의 사명을 지키고 실천하는 것이었다. 베트남에서 해병항공대 조종사로 근무할 때 나의 사명은 단순했다. 동료들을 무사히 집으로 데려오는 것이었다. 그것은 영적인 사명이기도 했다.

지금 나의 사명은 세상 사람들에게 금융 교육을 함으로써 인류의 경제적 안녕을 증진하는 것이다. 1970년대 후반, 나일론 지갑을 만들어 큰돈을 벌면서도 나는 신이 나지 않았다. 부족한 것은 없었지만 뭔가 허전했다. 비참한 느낌마저 들었다. 살아가는 목적이 없었기 때문이다.

1981년, 풀러 박사의 책을 읽고 나서 제조업자의 삶은 나의 길이 아니라는 것을 깨달았다. 부자 아빠가 나에게 가르쳐준 것을 사람들에게 가르치는 사람이 되겠다고 다짐하고, 새로운 세상으로 도약할 준비를 했다. 1984년 낯선 세계로 뛰어들 준비를 할 때 아내를 만났고, 우리는 함께 같은 사명을 위해 매진하기로 약속했다. 사업을 처음 시작할 때 우리가 가진 것은 사명감뿐이었다.

아내와 나는 삶의 균형이 조화롭게 잡히지 않으면, 그리고 자신의 사명과 어긋난 방향으로 나아가면 문제가 생긴다고 생각했다. 개인의 사명, 즉 살아가는 영적인 이유는 여덟 가지 균형 요소 중에서도 가장 중요한 핵심이자 모든 삶의 근본이다.

균형 요소 2. 팀

누구도 혼자 세상을 살아갈 수 없다. 사업을 하건 투자를 하건 자신의 목표를 이루기 위해서는 변호사나 회계사와 같은 전문가들이 팀을 이뤄 도움을 줘야 한다. 팀은 자신의 약점을 보완해주고 강점은 북돋아준다. 팀은 또한 훌륭한 자극제이자 동기부여자로서 우리가 중도에 포기하지 않도록 도와준다.

학교 교육의 문제점은 학생들끼리 서로 협력하는 법을 가르쳐주지 않는다는 것이다. 시험 문제를 해결하기 위해서 친구들의 도움을 받거나 협력할 수 없다. 그것은 부정행위로 치부된다. 이런 시스템은 사람들을 고립시킨다. 결국 사람들은 서로 협력하는 것을 두려워하게 된다.

우리 삶의 성공은 팀과 얼마나 잘 협력하느냐에 달려 있다. 우리 부부의 경우 서로 건강을 지켜주는 훌륭한 팀이다. 더 나아가 우리가 해결할 수 없는 문제에 부딪혔을 때 믿고 맡길 수 있는 기술자, 배관공, 하청업자, 공급자 등과 훌륭한 팀을 이루고 있다. 우리 회사에도 사업적인 다양한 문제를 해결하도록 도와주는 직원들과 환상적인 전문가 집단이 있다. 또한 영적으로 우리의 마음, 생각, 감정을 고양시켜주는 팀이 있다. 팀 없이는 누구도 성공하지 못한다.

균형 요소 3. 리더

군사학교에 가면 지도자가 되는 훈련을 받는다. 사람들은 대부분

리더가 되기 위해서는 모든 것을 알아야 하고 사람들이 그의 명령에 무조건 따라야 한다고 생각한다. 하지만 이것은 전혀 진실이 아니다. 진정한 리더의 가장 가치 있는 통찰은 팀이며, 팀이 곧 성공의 핵심 요소라는 것을 안다.

리더가 되기 위해서는 먼저 스스로 훌륭한 팀 구성원이 되는 법을 배워야 한다. 팀원들을 통해 계속 배우고 그들의 피드백을 받아야 한다. 귀에 거슬리는 이야기도 받아들일 줄 알아야 한다.

내가 지금까지 받았던 최고의 리더십 훈련은 바로 코앞에서 나의 단점을 거칠게 지적해주는 것이었다. 영화에서 해병대 조교들이 훈련병에게 가까이 얼굴을 대고 침을 튀기며 소리 지르는 모습을 보았을 것이다. 이것이 바로 피드백을 받아들이는 훈련이다.

세상은 모두 피드백이라는 메커니즘으로 움직인다. 저울 위에 올라갔을 때 몸무게가 10킬로그램 늘었다면, 그것은 살이 쪘다는 피드백이다. 해고당했을 때, 파산했을 때, 이혼했을 때도 그것은 모두 피드백이다. 피드백을 받아들이는 태도는 리더가 되기 위한 가장 기본적인 자질이다. 그런데 안타깝게도 요즘 기업의 리더, 노동계 리더, 정치계 리더, 교육계의 리더들은 세계경제가 보내는 메시지, 즉 피드백을 받아들일 줄 모르는 것 같다. 그들은 오히려 그러한 피드백을 깡그리 무시해버린다.

개인이든 가족이든 기업이든 국가든 어려운 상황에 처했다면, 모두 엉터리 리더십 때문에 그렇게 된 것이다. 고기는 머리부터 썩는 법이다. 하지만 우리가 가장 먼저 던져야 할 질문은 이것이다.

"나는 어떻게 내 삶의 훌륭한 리더가 될 수 있는가?"

자신의 가족은 물론 자신이 일하는 회사, 자신이 사는 도시, 국가의 측면에서도 우리는 모두 리더십을 발휘해야 한다. 그런 것들이 잘못되어가고 있다면 자신의 리더십에 문제는 없는지 살펴봐야 한다. 가족, 고객, 상사, 친구들에게 정직한 피드백을 받는 것을 두려워하지 마라. 피드백을 받아들이는 것만이, 그리고 그러한 피드백을 바탕으로 긍정적인 변화를 시도하는 것만이 더 나은 리더로 발전하는 방법이다.

균형 요소 4. 제품

제품은 우리가 시장에 내놓고 파는 것을 말한다. 제품은 사과 같은 상품일 수도 있고 법률상담, 웹디자인, 계단 청소와 같은 서비스일 수도 있다. 제품은 경제 세계에서 우리가 돈과 바꾸는 것으로, 현금을 끌어들이는 도구다.

개인이든 회사든 그가 가진 제품이 나쁘면, 질이 떨어지면, 느리거나 시대에 뒤처지면 경제적으로 곤란을 겪게 된다. 음식이 늦게 나오고 맛도 없고 값도 비싼 식당 주인의 수입은 떨어질 것이 분명하다. 느리고 볼품없고 비싼 제품은 자신은 물론 가족, 기업, 정부를 고통 속에 빠뜨린다.

경제적으로 어려움을 겪는 사람을 만났을 때 내가 가장 먼저 보는 것은 그가 만들어내는 제품이다. 자신의 제품을 개선하거나 업데이트하기 위해 노력하지 않는다면 그 사람의 경제적 어려움은 오래 지속될 것이다. 또한 그 사람의 사명과 그 사람이 만드는 제품이 일치하지 않는 경우에도 경제적 상황은 나아지지 않는다.

예컨대 나는 나일론 지갑을 만들어 처음에는 큰돈을 벌었으나 결국에는 곤란에 처하고 말았다. 내가 만드는 제품에 영적으로 공감하지 못했기 때문이다. 나의 진짜 사명은 금융 교육자였지 제조업자가 아니었다. 내가 만든 책, 게임, 사업이 지금까지 순조로웠던 것은, 그것들이 나의 영혼과 사명의 파생상품이기 때문이다.

균형 요소 5. 법률

우리는 좋든 싫든, 규칙에 따라 세상을 살아가야 한다. 규칙을 이해하고, 그러한 규칙과 조화를 이루며 막힘없이 일을 풀어나갈 때 우리는 성공을 훨씬 앞당길 수 있다. 그렇기 때문에 훌륭한 변호사를 자신의 팀으로 만들라고 말하는 것이다.

규칙이 없으면 문명은 무너진다. 예컨대 미국인이 영국의 교통 법규를 따른다면, 중앙선을 침범하여 역주행을 하다가 결국 병원 신세를 지거나 철창에 갇히는 신세가 될 것이다. 규칙을 따르지 않는 사람은 고달픈 삶을 살게 된다. 먹고 마시고 운동을 하지 않고 담배까지 피운다면, 몸의 규칙을 위반하는 것이다. 결국 건강에 이상이 올 것이다. 상점을 털면 그 사람은 감옥에 끌려가게 될 것이다. 배우자 몰래 바람을 피우면 가정이 파탄 날 것이다. 돈도 마찬가지다. 규칙을 깨는 것은 개인은 물론 가족, 기업, 국가에게 좋지 않은 결과를 가져온다.

균형 요소 6. 시스템

사업과 인생에서 성공하려면 효율적인 시스템의 중요성을 이해해야 한다. 우리 몸도 수많은 시스템이 조화롭게 작동함으로써 움직인다. 예를 들어 우리 몸에는 호흡기관, 골격기관, 소화기관, 순환기관 등 여러 시스템이 작동한다. 이 중 하나라도 조화가 깨지면 우리 몸 전체에 이상이 생긴다.

기업에서도 회계 시스템, 법률 시스템, 소통 시스템이 작동한다. 정부에서도 사법 시스템, 복지 시스템, 세금 시스템, 교육 시스템, 고속도로 운영 시스템 등 수많은 시스템이 제대로 돌아가도록 관리해야 한다.

지금 많은 가정의 경제 시스템이 제대로 작동하지 않고 있다. 아무리 돈을 많이 번다고 해도, 아무리 열심히 일을 한다고 해도 시스템이 망가졌을 때는 곤경에서 헤어나기 어렵다.

균형 요소 7. 커뮤니케이션(소통)

조직이 어려움을 겪는 가장 큰 이유 중 하나는 소통이 안 되기 때문이다. 베트남전쟁에서 나는 커뮤니케이션의 실패가 어떤 비극과 재앙을 불러오는지 수없이 목격했다. 잘못된 의사 전달로 인해 아군에게 폭탄을 투하하고 대포를 쏘아댔다.

소통은 조직뿐만 아니라 개인이나 가족 차원에서도 중요하다. 이 책에서 내가 하는 이야기도 대부분 소통에 관한 것이다. 돈의 언어를 배우고 그 말을 사용하는 법을 배우는 것이기 때문이다. 많은 사람들에게 돈의 언어는 외국어일 뿐이다. 돈의 언어를 배워 돈과 소통하는 능력을 키워야 한다.

균형 요소 8. 현금흐름

현금흐름은 자신의 능력을 보여주는 '핵심 정보'다. 은행에 대출을 의뢰하면 은행은 당신의 금융 IQ를 평가한다. 금융 IQ를 보여주는 성적표는 바로 신용 실적이다. 서브프라임 사태는 세계에서 가장 큰 은행들이 돈 없는 가난한 사람들, 기업들, 나라들에게 마구 외상을 퍼주었기 때문이다.

"현금흐름을 통제하는 법을 배워라."

이것은 돈의 세 번째 규칙이다. 현금흐름을 통제해야만 나머지 일곱 가지 요소를 통제할 수 있기 때문에 이 규칙은 매우 중요하다. 현금흐름을 통제할 수 있다면, 돈을 조금밖에 벌지 못한다고 하더라도 자유로운 삶을 살 수 있다. 내가 캐시플로 게임을 만든 것도 바로 현금흐름을 통제하는 법을 사람들에게 가르치기 위해서다.

B-I 삼각형의 여덟 가지 요소를 돌아보고 각각 자신이 어떤 측면에서 강하고 어떤 측면에서 약한지 생각해보라. 다음과 같이 질문해보라.

"나에게 법률 조언을 해줄 수 있는 팀은 있는가?"

"세금과 회계에 관해 조언해주는 사람은 누구인가?"

"돈과 관련된 결정을 내려야 할 때, 투자를 해야 할 때 나는 누구에게 물어볼 수 있는가?"

여덟 가지 균형 요소로 이루어진 B-I 삼각형의 프리즘을 통해서 자신의 인생과 사업을 바라보는 것은 B/I에 속한 사람들, 즉 부자들의 눈으로 자신의 삶과 세상을 바라보는 것이다. 이렇게 여덟 가지 균형 요소를 판단하여 튼튼한 벽돌집을 지어야 한다.

경제적으로 어려움에 처한 사람이나 기업들은 모두 여덟 가지 균형 요소 중 하나 이상이 취약하거나 부재하기 때문이다. 따라서 지금 당장 자신의 상태를 분석하여 여덟 가지 요소 중 무엇이 부족한지 진단

해야 한다. 용기가 있다면, 튼튼한 벽돌집을 짓고 싶다면 가까운 친구들을 모아 서로 여덟 가지 균형 요소의 상태가 어떠한지 토론하라. 진정한 피드백을 주고받아라. 자신의 눈에는 보이지 않는 것이 다른 사람들 눈에는 보이는 경우가 많기 때문이다.

주기적으로, 예를 들면 6개월마다 한 번씩 토론을 한다면 더욱 좋을 것이다. 그러한 과정에서 자신도 어느새 벽돌로 튼튼한 성을 쌓고 있다는 것을 알게 될 것이다.

독자 코멘트

나는 스스로 균형 잡힌 삶을 즐기고 있다고 생각했다. 균형 잡힌 삶을 사는 방법에 대해 사람들에게 조언까지 했다. 모든 것이 조화로웠다. 배우자를 속이지도 않았고, 모든 것이 평온했다. 하지만 균형 잡힌 삶이 경제적인 측면에도 적용된다는 것은 알지 못했다. 이 글을 읽고 내 삶을 점검해보니 경제적으로 균형 잡힌 삶을 살고 있지 않다는 사실을 깨달았다. 덕분에 인생 여정의 방향을 바꿀 수 있게 되었다.　　　　　　　　　　　　　　— msrpsilver

집을 짓기 위해 가장 먼저 해야 할 일

많은 사람들이 혼자 힘으로 삶이라는 시험을 통과하기 위해 애를 쓴다. 다른 사람들에게 도움을 요청하지도 않고 혼자 헤쳐 나가려다 거대하고 강력한 조직에 이용만 당하다 결국 버려지고 만다. 그럼에도 많은 이들은 이러한 주문을 왼다.

"뭐든지 제대로 하려면 혼자 해야 돼."

하지만 나의 부자 아빠는 늘 이렇게 말했다.

"사업과 투자는 팀플레이다."

많은 사람들이 불이익을 당하는 이유는 돈이 움직이는 금융놀이터에서 홀로 움직이기 때문이다. 세상을 지배하는 거인은 엄청나게 많은 사람들이 협동하여 움직이는 팀이다. 개인들은 이리 치이고 저리 치이다 짓밟혀 죽기 십상이다.

우리에게 투자를 상담해주는 재정 설계사들은 대부분 팀에 소속된 선수일 확률이 높다. 그들이 속한 팀이란 바로 거대 기업이다. 우리 지갑 속에 있는 신용카드들은 B/I에 속하는 거대 기업을 위한 플레이를 한다. 집을 살 때 받는 대출은 가장 큰 금융시장인 채권시장을 위한 플레이를 한다. 집이나 자동차는 물론 자신의 삶 자체도 거대 보험사들에게 담보로 맡긴다. 보통 사람들이 E/S 안에서 열심히 뛰어다니며 일을 할 때, 대기업들은 B/I 안에 머물며 우리 삶을 가지고 돈놀이를 한다.

많은 사람들이 정부의 도움을 바란다. 하지만 앞에서도 말했듯이 우리 정부는 물론 법률은 B/I에서 활동하는 거대 기업들의 지배를 받는다. 그들이 선거자금으로 수십억 달러씩 내는 것은 공짜로 내는 것이 아니다. 당신은 투표권이 하나밖에 없지만, 그들은 수백만 개의 투표권에 영향을 미칠 수 있는 어마어마한 돈을 가지고 있다.

의료계도 마찬가지다. 의료비가 오르고 병원들이 망하는 이유는 의료 관련 규칙을 거대 기업들이 만들기 때문이다. 제약회사와 보험회사들은 B/I에서 엄청난 권력을 발휘하는 반면, 의사들은 E/S에서 아무런 힘도 없이 뛰어다닐 뿐이다. 교육계도 마찬가지다. 출세만을 꿈꾸며 정치권력과 결탁한 부패한 교육 관료들이 교육 관련 규칙을 만들기 때문이다. 그들은 자신들의 기득권을 지키는 일에만 신경 쓸 뿐 아이들 교육에는 전혀 신경 쓰지 않는다.

내가 하고자 하는 말은 간단하다. B/I에서 움직이는 거대한 늑대로부터 자신의 삶, 가족, 집을 지키고 싶다면 자신만의 B-I 삼각형을 구축해야 한다. 여덟 가지 균형 요소가 자신의 팀으로 활동할 수 있도록 만들어라.

실제로 여덟 가지 균형 요소를 모두 갖춘 사람은 거의 없다. 그래서 많은 사람들이 개인적인 소명은 뒷전에 미룬 채 자신이 속한 회사의 사명을 위해 헌신한다. 직업 안정성에 매달리며 해고될지 모른다는 두려움 속에서 살아간다. 지푸라기와 나뭇가지로 지은 집에서 살고 있기 때문이다.

우리 부부가 벽돌집을 짓기 위해 가장 먼저 한 일은 들어오고 나가는 돈을 정리하기 위해 회계 담당자를 고용한 것이다. 경리업무는 팀을 하나로 모으기 위해 가장 먼저 해결해야 하는 일이다. 믿을 수 있는 법률 자문도 구해야 한다.

그리고 무엇보다도 소통하는 법을 끊임없이 배워야 한다. 소통하는 법을 배워야만 자신의 제품이나 서비스를 팔 수 있고, 자신의 경력을 팔아 더 나은 대우를 받을 수 있다. 너도나도 시끄럽게 떠들어대는 이 시대에 자신을 팔 수 있는 능력은 성공과 실패, 취업과 실업, 돈과 파산을 가르는 중요한 기술이다.

팀을 구축하는 것은 쉬운 일이 아니다. 단숨에 완성할 수 있는 일도 아니다. 수년에 걸쳐 일을 하면서 나는 훌륭한 팀원을 만나기도 했지만 형편없는 팀원도 많았다. 하지만 그 모든 것은 성공으로 가는 과정의 일부일 뿐이었다. 지식과 부가 증대할수록 자신의 팀을 계속 업그레이드해야 한다. 벽돌집을 성으로 확장하기 위해서는 끊임없이 발전을 거듭해야 한다. 성공으로 가는 길은 언제나 공사 중이어야 한다.

집값 폭락

힘든 시대를 준비하는 자세로 산다면 검은 구름이 몰려와도 한 줄기 빛을 볼 수 있고 무지개 너머 금단지를 찾을 수 있다. 지푸라기와 나뭇가지로 집을 지은 사람들 눈에는 당장 쏟아지는 폭풍우만 보일 뿐이지만, 벽돌집을 지은 사람들 눈에는 폭풍우가 걷힌 뒤 곧 다가올 기회가 보일 것이다.

지푸라기와 나뭇가지로 집을 지은 사람들에게 최악의 상황은 정말 올까? 의심하는 사람도 있겠지만, 어김없는 사실이다. 이것을 확실하게 보여주는 그래프를 몇 개 준비했다. 이 그래프에 주목한 사람들은 별로 없다. 나 역시 금과 은에 관한 조언을 해주는 마이클 맬로니Michael Maloney 덕분에 알게 되었다.

A 그래프는 연방준비제도가 설립된 1913년부터 시장에 돌아다니는 모든 본원통화(동전, 종이돈, 은행 지급준비금)의 총량을 보여준다. 1913년에서 2007년까지 94년 동안 시장에 쏟아져 나온 돈은 8,250억 달러였다. 1971년 닉슨 대통령이 금본위제도를 폐지하고 난 뒤 달러 공급량의 변화를 보라. 서서히 통화 발행량이 늘어나기 시작했다. 서브프라임 사태가 세계를 뒤흔든 2007년에는 이전 84년 동안 찍어낸 돈만큼

A. 연방준비은행의 조폐량

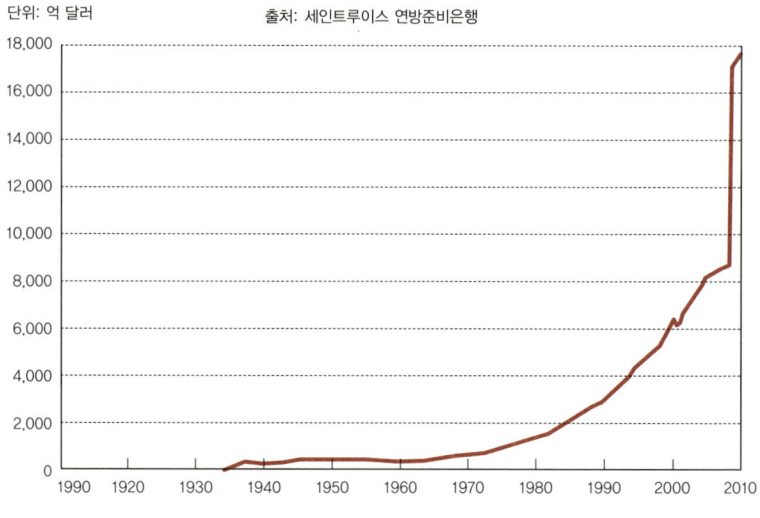

순식간에 새로 돈을 찍어내, 시장에 돌아다니는 본원통화는 대략 1조 7,000억 달러로 치솟았다.

이 그래프가 무엇을 의미하는지 아는가? 다음과 같은 시나리오가 가능하다는 뜻이다.

1. 하이퍼인플레이션

식품과 에너지 같은 기초 생필품의 가격이 전례 없는 수준으로 치솟는다는 뜻이다. 저소득층과 중산층은 재앙에 빠질 것이다.

2. 모든 나라가 돈을 찍어내야 한다

미국이 계속 돈을 찍어내면 다른 나라들도 돈을 찍어내야 한다. 이

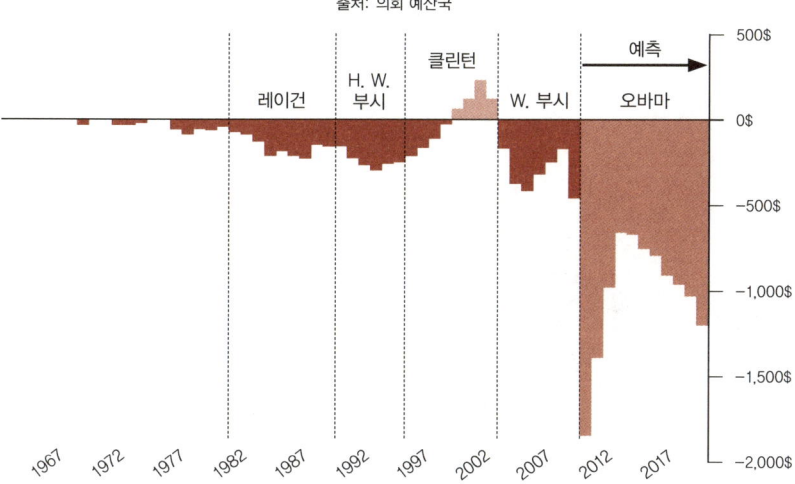

B. 오바마 대통령이 입안한 예산 그래프

예산 적자: 과거 기록과 미래 예상치
출처: 의회 예산국

렇게 찍어내지 않으면, 자국의 통화가치가 미국 달러에 비해 계속 높아지게 되고, 따라서 미국에 물건을 팔기 어려워진다. 특히 수출로 먹고 사는 나라들은 다른 선택을 하기 힘들다. 미국 수출이 줄어드는 상황은 곧바로 경기침체로 이어지기 때문이다. 결국 미국이 하이퍼인플레이션에 빠진다면, 미국과 무역을 하는 나라는 모두 하이퍼인플레이션에 빠진다는 뜻이다.

3. 생계비의 증가

지푸라기와 나뭇가지로 지은 집은 모두 날아갈 것이다. 물가는 치솟는 반면 임금은 오르지 않기 때문에 중산층과 서민은 몰락할 수밖에 없다.

B 그래프는 레이건 대통령 이후 예산 보고서와 오바마의 예산 계

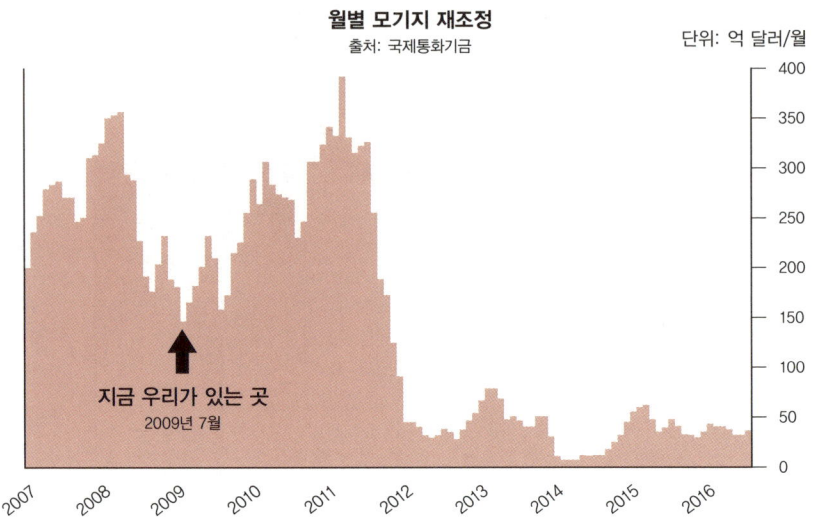

C. 모기지 재조정 그래프

획을 토대로 앞으로의 예측을 보여준다.

이 그래프는 우리에게 무엇을 의미할까? 더 큰 정부, 더 높은 세금, 더 많은 빚을 의미한다. 결국 정부가 지푸라기와 나뭇가지로 사람들의 집을 다시 지어줄 수밖에 없는 상황이 계속된다는 뜻이다.

C 그래프는 전 세계의 모기지 재조정 규모를 보여준다. 모기지 재조정은 모기지 만기일이 올 때 은행에서 현 시세에 맞춰 이자율을 재조정하는 것을 말한다. 재조정을 하면 대개 구매자에게 적용하는 이자율은 높아지고, 따라서 갚아야 할 돈이 늘어난다.

예컨대 한 부부가 서브프라임 대출을 통해 3억 원짜리 집을 샀다고 해보자. 이들에게 돈을 빌려주기 위해서 은행은 집값의 110퍼센트인 3억 3,000만 원을 터무니없는 이율인 2퍼센트에 빌려주겠다고 약속한다. 하지만 이후 은행은 대출 재조정을 통해 이율을 5퍼센트로 올리고,

그다음에는 7퍼센트로 올린다. 재조정이 있을 때마다 매달 모기지 상환금은 올라가고, 결국 이들 부부는 파산을 하고 집은 경매로 넘어간다.

지금은 집값이 폭락하여 은행이 담보로 잡고 있는 집의 가격이 모기지 대출 총액의 50퍼센트 정도밖에 안 된다. 따라서 이 경우 빚은 3억 3,000만 원이지만 집값은 겨우 1억 5,000만 원이다. 은행은 결국 1억 8,000만 원을 손해 볼 수밖에 없다. 은행은 혼란에 빠지고 주주들은 엄청난 손실을 본다. 경매로 나온 담보 주택만 쌓여간다.

이 그래프의 왼쪽을 보라. 서브프라임 사태는 2007년 중반부터 시작되었다. 모기지 재조정은 매달 200억 달러를 기록했다. 이 책의 앞부분에서 이야기한 서브프라임 사태로 인한 '위기의 시간표'에서 처음 두 사건은 다음과 같다.

2007년 8월 6일 미국의 가장 큰 모기지 대출업체인 아메리칸홈모기지가 파산보호 신청을 했다.
2007년 8월 9일 프랑스 은행 BNP파리바가 16억 유로 규모의 자산유동화증권 펀드에 대해 환매 중단을 선언했다. 미국 서브프라임 모기지 사태로 인해 자산의 가치를 정확하게 평가할 수 없다는 것이 이유였다.

모기지 재조정 그래프를 보면 이 사건이 발생한 이후인 2008년 말 모기지 재조정이 매달 350억 달러로 치솟은 것을 알 수 있다. 서브프라임 폭풍의 최고 정점이었다. 폭풍이 지나가고 난 뒤 모든 것은 폐허가 되었다.

독자 코멘트

차트를 읽고 미래에 대해 생각하면서 엄청난 기회가 임박했다는 사실을 깨달았다. 지금 당장 기회를 활용하기 위한 준비를 해야 한다……. 우리가 태풍의 눈 한가운데 서 있다는 사실을 깨닫게 해주어 감사하다. 나만 그렇게 생각하고 있는 줄 알았다. 아직 은행의 부실은 모두 드러나지 않았다고 생각한다. 더 큰 혼란이 닥칠 것이다.
— newydd105

우리는 태풍의 눈 한가운데 서 있다

앞의 C그래프에서 '지금 우리가 있는 곳' 화살표는 2009년 여름을 가리킨다. 내가 이 글을 쓰는 동안 모기지 재조정 금액은 많지 않았다. 대략 매달 150억 달러 정도 된다. 경제뉴스 해설가들은 태풍은 끝났다고 말한다. 경기회복 조짐이 나타나기 시작했다고 말한다.

지푸라기와 나뭇가지로 지은 집에서 사는 아기돼지들이 늑대가 사라졌다는 소식을 듣고 즐겁게 뛰어나와 논다. 사람들은 백화점에 가서 물건을 사기 시작하고, 몇몇 레스토랑은 사람들로 미어터진다. 하지만 그래프를 보면 2011년 11월에는 380억 달러로 치솟는 것을 볼 수 있다. 늑대는 사라진 것이 아니다. 다만 더 큰 폭풍을 만들기 위해 크게 숨을 들이쉬고 있는 것이다.

이것은 우리에게 무엇을 의미하는가?

이 글을 쓰고 있는 2009년 6월, 태풍이 끝난 것이 아니라 태풍의 눈 한가운데 우리는 들어와 있는 것이다. 최악의 상황은 아직 오지 않았다. 2007년 8월, 모기지 재조정이 한 달에 200억 달러에 불과했을 때 지푸라기로 지은 금융회사 리먼브라더스와 베어스턴스가 날아갔다. 늑대가 처음 내뿜은 바람에 아이슬란드가 무너졌다. 지금은 뱅크오브아메리카, 스코틀랜드 로열뱅크, AIG 등 나뭇가지로 지은 집들이 심하게 흔들리고 있다. 세계에서 여덟 번째로 큰 경제구역인 캘리포니아는 물론 경제대국인 일본도 바람 앞의 촛불과 같은 상황이 되었다.

우리가 고민해야 할 질문은 이것이다. 2011년 10월과 11월, 매월 모기지 재조정이 400억 달러 가까이 치솟을 때는 무슨 일이 벌어질 것인가? 이것은 우리에게, 우리 가족에게, 기업, 나라, 전 세계에 무엇을 의미하는가?

"힘든 시기를 대비하라. 그러면 좋은 시절만 누릴 것이다."

돈의 네 번째 규칙을 기억하라. 모기지 재조정 그래프를 보면 '힘든 시기가 눈앞에 다가왔다. 이를 대비하는 것'은 바로 B-I 삼각형을 강화함으로써 경제적 집을 튼튼하게 보강하는 것이다. 아직 준비할 시간은 남아 있다. 태풍이 몰아치더라도 벽돌로 튼튼하게 지은 집은, B-I삼각형은 어려움을 겪지 않을 것이다.

세 그래프를 종합하면, 미래를 냉정하게 바라볼 수 있다.

1. A그래프: 시장에 풀린 본원통화의 양

총 통화량이 적은 양에서 8,250억 달러까지 늘어나는 데 94년이 걸렸다. 하지만 그 두 배인 1조 7,000억 달러로 늘어나는 데는 겨우 2년이 걸렸다. 물론 정부는 돈을 계속 찍어내고 있다. 이것은 식료품과 에너지와 같은 기초 생필품 값이 치솟는다는 뜻이다. 돈이 아무리 많이 쏟아진다고 해도 상품의 양은 한정되어 있기 때문에 가격은 계속 올라간다.

결국 미국뿐만 아니라 전 세계가 인플레이션에 빠질 것이다. 모든 중앙은행들이 자국 통화의 구매력을 떨어뜨리기 위해 돈을 계속 찍어 내야만 한다. 통화의 가치를 떨어뜨리지 않으면 자신들이 만든 제품과 서비스의 값이 세계시장에서 지나치게 올라가고, 따라서 수출은 둔화된다. 나라 경제가 모두 침체된다. 결론적으로 말하자면, 전 세계 어디든 살아가는 데 더 많은 돈이 들고 힘들어진다는 뜻이다.

2. B그래프: 오바마 대통령의 예산

계속 증가하는 부채를 감당하기 위해서 정부는 통제를 강화하고 세금을 높인다. 생필품의 가격은 치솟지만 집값은 오르지 않는다. 집값이 오르지 않는 이유는 두 가지가 있다. 우선, 사람들의 신용이 떨어지면서 은행은 돈을 빌려줄 수 없게 되고 집을 살 수 있는 사람도 계속 줄어들어 집값은 더 떨어질 수밖에 없다. 또 하나는, 더 높은 세금으로 기업의 성장은 둔화되고 이로 인해 일자리는 줄어든다. 일자리 수는 부동산 가격에 직접 영향을 미친다.

집값 상승을 통한 차익을 노리고 집을 산 사람들에게는 나쁜 소식이다. 집을 팔아봤자 손해만 볼 것이다. 하지만 현금흐름을 통한 수익을 얻기 위해 부동산에 투자한 사람들에게는 좋은 소식이다. 좋은 부동산을 싼 가격에 구입할 수 있는 기회이자, 부동산을 구입하기 위해 대출한 돈은 물론 자산을 유지 보수하는 데 드는 비용을 모두 임대료만으로 충당할 수 있기 때문이다.

3. C그래프: 모기지 재조정

모기지 재조정은 그래프 A와 B를 더욱 심화시킬 것이다. 물론 세계 경제가 독이 묻은 돈의 무게에 짓눌려 완전히 무너진다면 모기지 재조정은 의미가 없을 것이다.

살인적인 인플레이션에서 살아남으려면

동화에서는 언제나 어둠 속에서도 한 줄기 빛이 있고 무지개 너머에는 금단지가 있다. 이것은 현실에서도 어느 정도 진실이다.

다음 차트는 1990년과 2007년 금값과 금의 양을 비교한 것이다.

귀금속 비축량

2009년 6월 현재, 금은 1온스당 900달러 정도이고, 은은 1온스당 15달러 정도다.

시장에 나오는 금은 늘어나는 반면 은은 상당히 줄어든 것을 볼 수 있다. 은의 공급량이 떨어지는 이유는, 은이 다양한 산업에서 여러 형태로 소비되기 때문이다. 휴대전화, 컴퓨터, 전등스위치, 거울의 반사물질 등으로 사용된다. 금은 계속 축적되는 반면 은은 소진되고 있는 것이다. 개인적으로 지금의 금융위기에 가장 좋은 투자 상품, 가장 전망이 밝은 투자 상품은 금과 은이라고 생각한다.

앞의 세 그래프에서 볼 수 있듯이 경제 상황은 계속 나빠진다. 사람들은 머지않아 통화량을 조절하는 정부의 능력을 의심하기 시작할 것이다. 살인적인 인플레이션 속에서 살아남기 위해서는 금과 은을 손에 쥐고 있어야 한다. 대중이 깨어나고 난 다음에는, 탐욕과 공포의 거품이 부풀어 오르기 시작한다. 금은 1온스에 3,000달러가 넘을 것이고, 은은 결국 금과 비슷한 가격으로 치솟을 것이다. 산업 귀금속의 공급은 더욱 부족해질 것이다. 물론 이것은 나의 개인적인 예측일 뿐이다.

하지만 금은시장에 거품이 시작되고 있다는 증거는 충분하다. TV, 신문, 인터넷을 통해 금은을 사들인다는 광고가 늘어나고 있다. 동시에 금은과 관련한 사기도 늘어나고 있다. 이들이 금은에 대한 관심을 더욱 부추길 것이다. 결국 지금부터 위기에 대비하지 않는 아기돼지들은 힘들게 번 돈을 교활한 혀로 지껄이는 늑대의 부드러운 말에 속아 모두 넘겨주고 말 것이다. 어떤 투자든 먼저 그 상품에 대한 지식부터 쌓아야 한다.

돈에 관한 8가지 새로운 규칙 7.

삶은 팀 경기다.
자신의 팀을 신중하게 선택하라

늑대는 가지 않았다. 잠시 숨을 들이쉬고 있을 뿐이다. 거센 폭풍우 속에서 살아남기 위해서는 자신의 금융팀을 조직하여 B-I 삼각형을 청사진으로 삼아 금융 벽돌집을 짓고, 튼튼하게 보강하는 일을 당장 시작해야 한다. 거대 부자들은 강한 팀을 이뤄 플레이한다. 당신도 그렇게 해야 한다.

금융의 집을 벽돌로 튼튼하게 짓고자 한다면, 친구나 금융 조언자들과 함께 둘러앉아 자신의 B-I 삼각형에 대해서 토론하는 것이 가장 좋다. 듣기 싫은 조언이라도 감사하게 받아들여라.

내가 부자 아빠 시리즈를 계속 쓰는 것 또한 나의 팀의 조언을 독자들에게 전해주기 위해서다. 예컨대 나의 팀에는 부동산에 대해 조언을 해주는 전문가도 있고, 금과 은에 대해 조언을 해주는 전문가도 있다. 또한 도널드 트럼프와 스티브 포브스Steve Forbes와 같은 유명한 경제인들도 나에게 금융지식을 전해주는 조언자들이다. 앞으로도 기업 경영과 투자 분야에서 다양한 주제를 가지고 우리 팀과 함께 많은 책을 낼 것이다. 당신은 나의 조언자들의 눈을 통해 세상을 바라볼 수 있다. 그들 조언자들의 지식을 빌려 튼튼한 B-I 삼각형과 벽돌집을 지을 수 있다.

모든 것이 복잡하다면 그냥 은이라도 조금 사두기 바란다. 그리고 가격이 어떻게 변동하는지 살펴보라. 아인슈타인은 이렇게 말했다.

"움직이지 않으면 아무 일도 일어나지 않는다."

11

금융지식을 배워라

살아가는 데 돈이 더 드는 이유

오늘날 제대로 금융 교육을 받은 사람들은 그렇지 않은 사람들에 비해서 부당한 혜택을 누리고 있다. 질 좋은 금융 교육을 받은 사람은 세금, 부채, 인플레이션, 은퇴로 인해 오히려 부자가 된다. 반대로 제대로 금융 교육을 받지 못한 사람들은 세금, 부채, 인플레이션, 은퇴의 힘에 짓눌려 살아간다.

"우리가 문제를 만들 때 사용한 사고방식으로는 그 문제를 해결하지 못한다."

아인슈타인은 이렇게 말했다. 오늘날 진짜 비극의 원인은 바로 이런 것이다. 우리 지도자들은 문제를 만들어낸 낡은 사고방식으로 금융 위기를 해결하려고 하고 있다. 예를 들어 돈을 너무 많이 찍어내 생긴

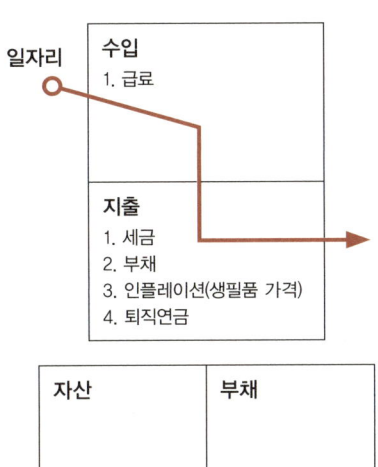

문제를 해결하기 위해서 더 많은 돈을 찍어내고 있다.

개인적인 경우 역시 마찬가지다. 문제를 일으킬 때의 사고방식을 그대로 사용하는 것은 상황을 개선하기는커녕 더욱 악화시킨다. 오늘날 많은 사람들이 세금, 부채, 인플레이션, 은퇴 후의 문제를 해결하기 위해서 더 열심히 일하고 더 많은 빚을 지고, 돈을 아끼고 버는 한도 안에서 살면서 주식시장에 장기적으로 투자한다. 이런 사고방식을 고집하는 사람들에게 살아가는 데 드는 비용은 더욱 높아진다.

위의 그림은 살아가는 데 드는 비용이 상승하는 이유를 한눈에 보여준다.

직업을 가진 평균적인 사람이라면 누구나 세금, 부채, 인플레이션, 퇴직연금 저축 때문에 골머리를 썩고 있다. 더군다나 세금과 퇴직연금

저축은 만져보기도 전에 급료에서 바로 빠져나간다. 다시 말해 내가 번 돈을 다른 사람이 챙겨가는 것이다. 쥐꼬리만 한 월급봉투에서 빼낸 엄청난 규모의 돈이 어딘가로 빠져나간다.

이 게임을 기획한 거대 부자들의 주머니로 들어가는 것이다. 그래도 사람들은 눈치 채지 못한다. 금융 교육을 받아본 적이 없기 때문이다. 자신의 급료가 어디로 빠져나가는지 안다면, 사람들은 반란을 일으킬 것이다. 금융 교육을 제대로 하면 사람들은 그 비용을 최소화할 수 있고, 심지어 그 비용을 활용하여 돈을 벌 수 있다.

내가 뮤추얼펀드에 투자하는 전통적인 퇴직연금에 들지 않는 이유는 두 가지다. 하나는 주식시장이 너무나 위험하기 때문이다. 보통 사람들은 시장에 대한 통제력을 행사할 수 없다. 반면 시장이 붕괴하는 순간 자신들의 돈을 싹 쓸어갈 확률이 높다. 다른 하나는 내 돈을 내 주머니에 넣어두고 싶지 월스트리트를 주무르는 사람들의 주머니 속에 넣고 싶지 않기 때문이다. 자신들의 손실을 메우기 위해 고객들의 돈을 활용하는 뮤추얼펀드 회사들에게 어째서 내 소중한 돈을 내줘야 한단 말인가?

라이프스타일이 다른 부부의 비교 1: 수입

금융 교육이 부당한 혜택이 될 수 있다는 나의 주장을 더욱 분명하게 보여주는 예가 있다. 내 친구 이야기다. 내가 아내와 함께 사업을 하듯이 톰도 아내 캐런과 함께 사업을 한다. 우리는 모두 나이도 비슷하고 대학을 나왔다. 문제는, 톰과 캐런에게는 금융지식이나 투자에 대한 경험이 거의 없다는 것이다.

물론 자신의 회사를 소유하고 있기 때문에 톰과 캐런은 4/4분면의 S(small business/specialist)에 위치한다. 일을 하지 않으면 수입이 끊기는 것이다. 반면 우리 부부는 회사를 소유하고 있지만 B big business에 위치한다. 일을 하건 안 하건 수입이 계속 들어오기 때문이다.

몇 달 전 함께 저녁을 먹으면서 톰과 캐런은 우리 부부에게 미래에 대한 걱정을 털어놓았다. 그들은 사업이 점점 어려워지고 있으며, 비용이 계속 올라가고 있다고 했다. 더욱이 노후자금을 마련하기 위해 금융상품에 투자한 돈의 40퍼센트가 날아간 상태였다. 직원 4명을 자르고 생활방식을 대폭 간소화했음에도 여의치 않았다. 나이 든 뒤에도 계속 일을 해야만 하는 것은 아닌지 걱정했다. 그들은 우리가 어떻게 사업을 하는지, 미래에 대한 불안이나 은퇴 후에 대한 걱정은 없는지 물었다.

"우리도 늘 걱정스럽지. 불안한 것은 마찬가지야."

우리는 이렇게 대답했다. 하지만 우리는 생활방식을 간소화하지 않는다. 대신 수입을 끌어올린다. 세금, 부채, 인플레이션, 퇴직자금을 우리에게 유리하게 활용하기 때문에 가능한 일이다.

그들과 우리의 차이는 단순하다. 그들은 4/4분면에서 E/S의 눈으로 세상을 바라보지만 우리는 B/I의 눈으로 세상을 바라보기 때문이다. 나는 더 쉽게 설명하기 위해 우리 부부의 재정 보고서를 간단한 그림으로 그려서 보여주었다.

두 개의 보고서를 비교해보면, 서로 다른 곳에 초점을 맞추고 있다는 것을 알 수 있다. 우리 부부는 투자에 초점을 맞추고, 더 많은 돈을

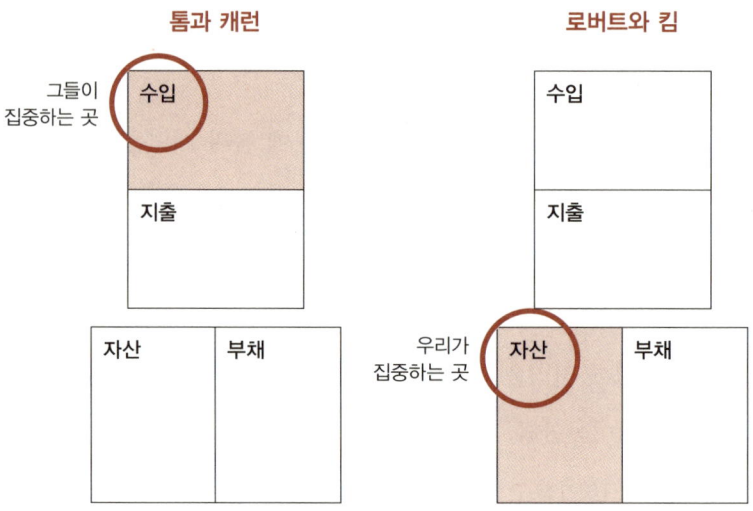

벌기 위해 우리 사업과 개인적 '자산'을 높이는 데 초점을 맞춘다.

사업체를 운영하는 사람으로서 톰과 캐런은 더 많은 돈을 벌기 위해 더 열심히 일해야 한다. 반면 우리 부부는 더 열심히 일하는 데 초점을 맞추지 않는다. 우리는 자산을 늘리고, 이것이 다시 우리 수입을 늘리도록 하는 데 초점을 맞춘다. 자산을 늘리는 데 초점을 맞추기 때문에 우리는 세금을 덜 내고, 빚을 얻어 더 많은 자산을 사들이고, 인플레이션을 이용해 현금흐름을 늘리고, 연금저축을 통해 우리 돈을 월스트리트에 쥐여주기보다는 우리 사업체와 개인 자산에서 얻는 현금흐름을 통해 우리 주머니에 돈을 집어넣는다.

다음의 수입 보고서를 비교해보면 그 차이가 더욱 명백하게 나타난다.

톰과 캐런은 자신들이 운영하는 사업체에서 나오는 수입이 유일하다. 직접 일을 하지 않으면 수입이 전혀 없다. 이것이 바로 그들이 시름

톰과 캐런

수입
1. 급료

로버트와 킴

수입
1. 급료
2. 출판 인세
3. 판권 수입
4. 부동산 임대 수입
5. 원유와 가스 수입
6. 주식 배당

에 잠기는 이유다. 우리 부부의 경우에는 사업체는 물론 출판 인세, 발명판권, 'Rich Dad' 상표 이용권, 부동산 임대, 원유와 가스 채굴, 주식 배당 등 다양한 개인 자산을 통해 돈이 들어온다. 매달 자산에서 수입이 들어온다. 더욱이 부동산이나 사업체와 같은 자산을 통해 벌어들이는 수입에 붙는 세금은 일을 해서 버는 수입(임금)에 붙는 세금보다 낮다. 수입에 붙는 세금은 다음의 3가지 유형이 있다.

1. 직접 노동을 하여 번 돈에 붙는 세금
2. 낮은 값에 사들인 자산을 높은 값에 팔았을 때 생기는 자본이득에 붙는 세금
3. 자산을 통해 벌어들이는 돈에 붙는 세금

미국에서는 1번의 근로소득세가 가장 높고, 3번의 현금흐름을 통한 소득에 붙는 세금이 가장 낮다.

어떤 사람이 연금저축을 통해 뮤추얼펀드에 오랜 기간 투자하다가 은퇴하여 연금을 받게 될 경우, 매달 받는 돈에는 어떤 세금이 붙을까?

역설적으로 1번에 대한 세금이 붙는다. 은퇴 후에도 가장 높은 세율을 적용받는 것이다. 톰과 캐런은 미래를 위해 저축만 할 뿐, 이러한 사실에 대해서는 전혀 모른다. 이것은 금융지식을 갖춘 사람들이 누리는 또 다른 부당한 이득이다. 보통 사람들이 가장 많이 지출하는 단일항목이 바로 세금이라는 것을 떠올린다면, 이는 상당한 혜택이다.

라이프스타일이 다른 부부의 비교 2: 지출

나는 학교 성적이 좋지 않았다. 나의 가난한 아빠는 훌륭한 학교 선생님이자 훌륭한 아버지였다. 아버지의 격려가 없었더라면 학교를 무사히 졸업하지 못했을 것이다. 부자 아빠도 나에게 열심히 공부하라고 격려했다. 하지만 성적표에 대해서는 가난한 아빠와 생각이 달랐다.

"학교를 졸업하고 나면, 은행은 학교 성적을 묻지도 않고 관심도 없어. 은행이 알고 싶어하는 것은 단지 너의 재정 보고서일 뿐이야. 재정 보고서는 사회생활의 성적표지."

20년 동안 일을 하여 누가 더 나은 성적표를 받았는지, 톰과 캐런의 대차대조표와 우리 부부의 대차대조표를 비교해보자.

우리 부부의 경우에는 우리가 운영하는 사업체에서 나오는 수입보다는 책, 게임, 등록상표 라이선스에서 나오는 수입과 우리가 투자한 부동산, 주식, 원유와 가스 채굴사업에서 나오는 수입이 훨씬 많다.

물론 금과 은은 현금흐름 자산이 아니다. 금은은 우리 주머니에 돈을 넣어주지 않기 때문이다. 금은은 미래를 위한 예금일 뿐이다. 금은은

톰과 캐런	
자산	채무
1. 저축	1. 집 한 채
	2. 자동차 두 대

자산에서 나오는 현금: 0

로버트와 킴	
자산	채무
1. 사업체 판권	1. 집 두 채
2. 임대부동산 1,400채	2. 자동차 여섯 대
3. 원유와 가스 채굴	
4. 금과 은	

자산에서 나오는 현금: 수백만 달러

현금화하기 쉬운 자산이다. 정치인들이 더 많은 돈을 찍어낼수록, 금은의 구매력은 더욱 올라갈 것이다.

또 다른 커다란 차이는 지출란에서 찾을 수 있다.

우리는 퇴직연금을 가지고 있지 않기 때문에 우리 부부는 세금, 부채, 인플레이션, 퇴직연금과 관련하여 부당한 이익을 누리고 있다. 우리는 사업자산과 투자에서 대부분의 수입을 얻기 때문에 세금을 훨씬 덜 낸다. 책, 게임, 상표사용권으로 버는 돈에 붙는 세금은 사업체를 경영해서 받는 월급에 붙는 세금보다 훨씬 낮다. 부채를 활용하여 부동산을 확보하고 이로써 매달 현금흐름을 늘린다. 부동산 수입에 붙는 세금은 월급에 붙는 세금보다 훨씬 적다.

자산에서 나오는 수입이 매년 늘어나기 때문에 우리는 미래에 대해 걱정할 필요가 없다. 또한 퇴직연금이 없기 때문에 각종 수수료를 물지 않아도 된다. 우리가 버는 돈을 매달 월스트리트에 퍼주기보다는 직접 투자함으로써 우리는 더 많은 돈을 벌어들인다. 왜 주식시장에 장기간 투자하여 투자에 대한 통제력을 넘기고, 위험은 고스란히 부담하

톰과 캐런	로버트와 킴
수입 지출 1. 퇴직연금	수입 지출

는가? 위험을 조금만 부담하고도 매달 높은 수입을 얻을 수 있을 뿐만 아니라, 빚을 이용하여 더 큰 부자가 되면서 세금도 적게 내고, 인플레이션이 심화될수록 현금흐름도 커지는데 말이다.

금융지식을 배워야 하는 결정적 이유

금융 지식은 앞에서 살펴본 것 외에도 보통 사람들은 누리지 못하는 또 다른 부당한 혜택을 가져다준다. 그중 몇 가지를 들어보자.

1. 버는 돈 안에서 살기보다는 버는 돈을 늘린다

한 해가 시작되기 전에 우리 부부는 매년 금융 목표를 세운다. 버는 돈 안에서 살아가는 데 초점을 맞추기보다는 우리 자산을 확보해 현금흐름 수입을 늘리는 데 초점을 맞춘다. 그림으로 나타내면 다음과 같다.

2009년 우리 부부는 책을 세 권 내고, 임대할 수 있는 부동산을 200~500개 더 사들이고, 더 많은 프랜차이즈를 확보함으로써 사업을 키우겠다는 목표를 세웠다. 우리는 돈을 아끼거나 주식이나 집값 상승을 통한 자본이득을 기대하기보다는 자산을 통해 더 많은 현금을 뽑아내는 데 초점을 맞춘다.

2. 자신의 돈을 찍어낸다

금융지식에 투자함으로써 얻을 수 있는 혜택 중 하나는 내 돈을 찍어낼 수 있다는 것이다. 개인이 자신의 돈을 합법적으로 찍어내는 것이 가능한지 궁금할 것이다. 더 열심히 일해서 더 많은 세금을 내기보다는, 은행에 저금해서 인플레이션과 세금으로 자신의 돈을 허공으로 날리기보다는, 주식시장에 장기간 투자하는 위험을 감수하기보다는, 경제적 관점에서 자신의 돈을 찍어낼 줄 알아야 한다. 자신의 돈을 찍어내는 것은 투자수익률ROI: return on investment이라는 개념을 통해서 가능하다.

은행가, 재정 설계사, 부동산 중개인들은 대개 투자수익률이 5~12퍼센트만 돼도 괜찮은 수익률이라고 말한다. 그것은 금융지식이 떨어지는 사람들의 이야기다. 사람들은 흔히 이렇게 말한다.

"수익률이 높을수록 위험도 크다."

이것은 금융에 대한 두려움을 부추기는 전술이다. 이것은 절대 진실이 아니다. 나는 언제나 무한한 투자수익률을 달성하고자 노력한다. 그러기 위해서는 금융지식이 탄탄해야 한다.

자신의 돈을 찍어내는 방법은 우리 돈에 대한 무한한 투자수익률을 달성하는 것이다. 무한한 수익률은 곧 '불로소득'이다. 더 구체적으

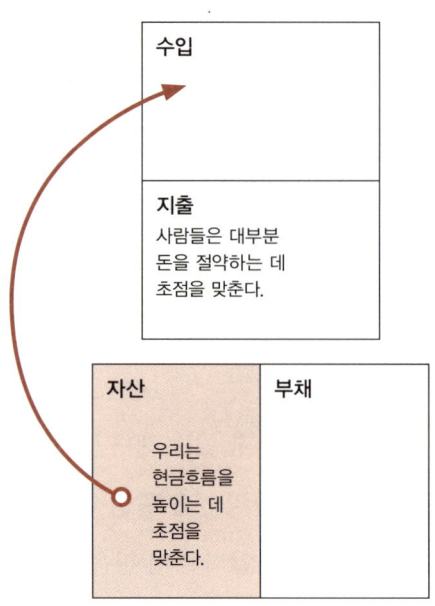

로 말한다면, 자산을 획득하기 위해 들인 돈을 모두 회수하고 난 뒤에도, 여전히 그 자산을 가지고 현금흐름의 혜택을 얻을 수 있다면, 그것이 바로 자신의 돈을 찍어내는 것이다. 금융지식만 제대로 갖춘다면 사업체, 부동산, 주식, 금은, 원유와 같은 상품을 통해서 돈을 찍어낼 수 있다. 다시 말하지만 핵심은 무한 수익을 얻는 것이다. 불로소득을 향해 나아가야 한다.

사업체를 통해 돈 찍어내기

우리 부부는 우리 집 주방에서 리치대드컴퍼니를 시작했다. 우리

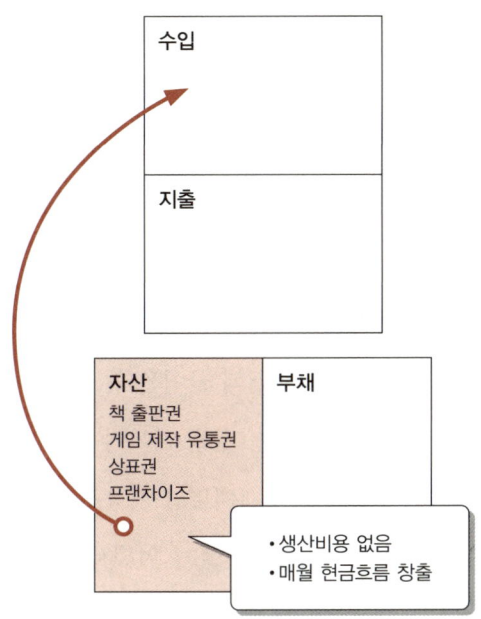

돈은 하나도 들이지 않고, 투자자들로부터 25만 달러를 유치했다. 다시 말하지만 우리가 이렇게 할 수 있었던 것은 파는 법을 배우는 데 시간을 투자했기 때문이다. 우리는 사업적인 아이디어를 투자자들에게 판 것이다.

회사를 설립하고 3년이 채 안 돼 수익이 나기 시작했다. 우리는 투자자들에게 원금은 물론이고 100퍼센트의 이자를 회사 주식으로 되돌려주었다. 오늘날 리치대드컴퍼니를 통해 우리는 매년 수백만 달러씩 벌어들인다. 이 회사를 만드는 데 우리는 돈 한 푼 투자하지 않았다. 개념적으로 따지면 이것은 무한한 수익이다. 우리 사업체는 우리 돈을 찍어내는 것이다.

리치대드컴퍼니가 성공한 비결은 제품을 만들기보다는 자산을 설계하고 창출하기 때문이다. 예컨대 우리는 책을 직접 만들지 않는다. 그보다는 책의 파생상품인 출판권을 만들고, 이것을 여러 언어로 번역하여 출판할 수 있는 권리를 판다. 우리는 또한 게임, 상표, 프랜차이즈를 사용하거나 만들 수 있는 권리를 판다.

우리의 재정 보고서는 위와 같다.

리치대드컴퍼니는 생산비용이 전혀 들지 않기 때문에 부채가 없다. 그러면서도 매달 현금이 수백만 달러씩 들어온다.

다시 말하지만 '파생상품'이라는 말을 알아야 한다. 라이선스는 파생상품이기 때문이다. 파생상품은 제대로만 사용하면 엄청난 돈을 벌어들이는 놀라운 요술방망이다. 돈을 벌기 위해서는 '적게 사고 많이 팔아야 한다.' 리치대드컴퍼니는 장기간 팔 수 있는 자산을 만드는 회사다.

부동산으로 돈 찍어내기

부동산에 관한 우리의 사업 계획은 빚, 즉 다른 사람의 돈으로 무한한 수익을 창출하여 우리 돈을 찍어내는 것이다. 다음은 실제 사례를 알기 쉽게 단순화한 것이다.

구매

우리는 환경이 좋은 지역에 위치한 방 두 개, 욕실이 하나 있는 집을 1억 원에 산다.

융자

계약금으로 2,000만 원을 지불하고 나서, 집값 1억 원과 추가적인 집 수리와 인테리어 비용을 은행이나 투자자들에게서 빌린다.

자산 개선

구조를 변경하여 방과 욕실을 하나씩 더 만든다.

임대료 인상

높아진 자산가치를 반영하여 임대료를 두 배로 높인다. 방 두 개와 욕실 하나짜리 집의 평균 월세는 60만 원이지만, 방 세 개와 욕실 두 개짜리 집의 평균 월세는 120만 원이다.

추가 대출

구조 개선을 통해서 자산의 가치는 1억 5,000만 원으로 오른다. 이 가치를 반영하여 추가 대출을 받는다. 은행은 우리에게 자산가치의 80퍼센트에 해당하는 1억 2,000만 원을 대출해준다. 우리는 계약금 2,000만 원을 돌려받고도 2,000만 원이 남는다. 이 돈은 새로운 자산에 투자하는 데 사용한다.

비용

대출이자가 6퍼센트라고 하면 매달 이자비용은 60만 원 정도 된다. 또한 화재보험을 비롯하여 부동산을 유지하는 데 들어가는 비용도

30만 원 정도 들어간다. 결국 월세 120만 원 중에서 매달 30만 원씩 순이익이 남는다.

핵심

자산을 구입하는 데 필요한 대출과 비용은 임차인이 내는 월세로 충당한다.

최종적으로 결과는 다음 쪽의 그림과 같이 나타난다. 이 투자의 핵심은 다음과 같이 작동한다.

1. 자산을 개선한다.
2. 좋은 위치: 부동산은 일자리가 가까이 있을 때만 가치가 있다.
3. 좋은 자금원 및 투자
4. 좋은 자산 관리

이 네 가지 요소 중 하나라도 어긋날 경우 투자는 곤란을 겪을 것이다.

내가 부동산에 처음 투자한 것은 1973년 마우이 섬에 있는 방 하나, 욕실 하나짜리 콘도를 1만 8,000달러에 사들인 것이다. 나의 아내 킴이 처음 투자한 것은 1989년 오리건 포틀랜드에서 방 두 개, 욕실 하나짜리 집을 4만 5,000달러에 사들인 것이다.

오늘날 내가 가지고 있는 거주용 부동산과 상업용 부동산은 모두 1,400채가 넘는다. 모두 앞에서 이야기한 것과 똑같은 방식으로 사들인 것이다. 이 모든 자산을 소유하는 데 우리 돈은 한 푼도 들이지 않았다.

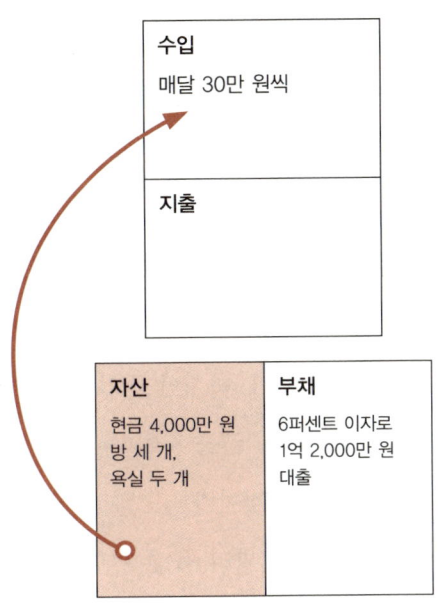

지금도 우리가 사업을 하는 원리는 똑같다. 예전과 달라진 것이 있다면, 투자 단위가 수천 달러에서 수백만 달러로 커졌다는 것뿐이다. 경제가 아무리 어려워도 우리 임대 사업에는 아무 문제가 없다. 임차인을 까다롭게 고르고, 또한 임차인들이 불만이 없도록 전문적인 팀을 꾸려 관리하기 때문이다.

물론 적절한 부동산을 고르고 투자금을 회수하고 자산을 유지 관리하고 계속해서 현금이 나오도록 하기 위해서는 전문가들로부터 기술적인 도움을 받아야 한다. 하지만 중요한 것은, 우리는 절대 투기 목적으로 부동산을 사지 않는다는 것이다. 우리가 돈을 버는 기술은 바로 자산을 사들여 임대를 통해 매달 돈을 번다는 것이다.

종이자산으로 돈 찍어내기

주식과 같은 종이자산으로 돈을 찍어내는 방법은 많다. 그중 하나가 옵션 전략이다. 예컨대 한 주당 2만 원짜리 주식을 1,000주 샀다고 해보자. 나는 옵션 시장으로 가서 30일 후 내 주식을 2만 원에 살 수 있는 권리를 주당 1만 원에 판다. 한 달 후 주가가 3만 원이 넘을 경우 옵션을 산 사람은 내 주식을 살 것이다. 하지만 주가가 3만 원 이하일 경우 옵션을 산 사람은 내 주식을 사지 않을 것이다. 다시 말하면 나는 주식도 한 번 사서 여러 번 쪼개 파는 것이다.

쉽게 단순화한 이 예에서 30일짜리 옵션 판매를 통해 나는 즉각 1,000만 원을 벌어들인다. 한 달이 지난 뒤, 이 주식의 가격이 3만 원이 안 될 경우, 나는 다시 이 주식에 대한 옵션을 판다. 또다시 1,000만 원을 주머니에 넣는다. 단 한 달 만에 투자금 2,000만 원을 고스란히 회수하고, 주식은 그대로 가지고 있는 것이다.

주가가 3만 원 이상으로 뛰지 않는 한, 나는 이 주식에 대한 옵션을 매달 팔아 1,000만 원씩 벌어들일 수 있다. 내가 이렇게 돈을 벌 수 있는 것은 금융지식 덕분이다. 오랜 시간 뮤추얼펀드에 돈을 넣어두어 주식과 옵션을 단기 거래하는 사람들이 합법적으로 자신의 돈을 훔쳐가도록 놔두는 것보다 훨씬 확실한 방법이다.

금과 은으로 돈 찍어내기

나는 금은 광산회사를 만들어 이것을 주식시장에 상장해 이 회사의 주식(파생상품)을 팔아 돈을 찍어냈다. 최근에는 구리 광산회사를 설립하는 일에 관여하고 있다. 이 회사 역시 구리 값이 올라갈 때 상장할 예정이다. 기업을 세워 주식시장에 상장하는 것은 보통 사람들에게는 비현실적인 처방처럼 들릴 것이다. 하지만 아이디어만으로 개인의 돈을 만들어내는 좋은 방법이다.

지금은 전설이 된 켄터키프라이드치킨의 설립자 커넬 샌더스Colonel Sanders도 65세의 나이에 기업을 공개하여 돈을 벌었다. 자신의 치킨가게 앞을 지나가던 고속도로가 우회한 뒤 손님이 크게 줄어들자, 그는 생계를 걱정해야 하는 처지가 되었다. 사회보장제도 또한 별 도움이 못 된다는 것을 뒤늦게 깨달았다. 그는 자신의 요리법(파생상품)을 팔기 위해 길을 떠났지만, 수천 번 거절을 당했다. 마침내 몇몇 사람들이 그의 요리법을 샀고, 그 사람들을 모아 프랜차이즈 회사를 세우고 주식시장에 상장하여 주식(또 다른 파생상품)을 팔았다. 4/4분면의 S에서 운이 따르지 않아 실패했지만 스스로 B로 진화함으로써 불운을 행운으로 바꾼 것이다. 그는 자신의 생각을 바꿈으로써 새로운 삶을 살게 되었다. "변화를 시도하기에는 너무 늙었다"라고 말하는 사람을 볼 때마다 나는 커넬과 그의 치킨 요리법 이야기를 들려준다.

금은을 이야기하는 이유는 내가 현금보다는 금은을 가지고 있는 것을 좋아하기 때문이다. 나는 스스로 돈을 찍어낼 수 있기 때문에 비 오는 날을 대비하여 돈을 저축할 필요가 없다. 정부가 그토록 많은 돈을 찍어낼수록 나는 금과 은을 비축하는 것이 훨씬 안전하게 여겨진다.

돈에 관한 8가지 새로운 규칙 8

돈의 가치가 떨어질수록
자신의 돈을 찍어내는 법을 배워라

아홉 살 때 만난 나의 부자 아빠는 나에게 가장 소중한 선물, 금융지식이라는 선물을 주었다. 돈의 여덟 번째 규칙은 지금까지 이야기한 모든 규칙을 하나로 아우르는 것이다. 지금처럼 돈의 가치가 계속 떨어지는 상황에서는 금융지식을 갖춘 사람들이 전통적인 교육을 받은 사람들에 비해 부당한 혜택을 계속 누리게 된다.

1903년 거대 부자들이 우리 교육 제도를 접수했을 때, 그들의 음모는 우리 마음까지 지배하기 시작했다. 수백만 명을 경제적으로 무능한 사람, 오로지 정부에 의존하여 살아가는 낙오자로 만들었다. 오늘날 세계는 금융 무지와 무능의 혼란 속에 허우적거리고 있다. 역사상 가장 큰 현금 강탈이 벌어지고 있다. 우리의 부는 세금, 빚, 인플레이션, 퇴직연금을 통해 합법적으로 갈취당하고 있다.

우리를 이 혼란 속으로 몰아넣은 것은 금융지식의 부재였고, 이곳에서 빠져나갈 수 있는 힘도 금융지식이다. 우리 지도자들은 지금의 경제 문제를 야기한 사고방식을 그대로 적용하여 그 문제를 풀려고 하고 있다. 그들은 세상을 바꾸지 못한다. 우리가 먼저 변화하는 것이 가장 빠른 길이다. 커넬 샌더스는 65세에 인생을 변화시켰다는 것을 기억하

라. 사고방식을 바꾸고 공부함으로써 우리 자신을 바꿀 수 있다.

> **독자 코멘트**
>
> 나는 높은 수준의 금융 교육을 받았다. 조지타운 대학에서 국제경제와 금융 분야 석사학위를 받았으며, 2년 동안 투자은행에서 일했고, 기업체에서 CFO로 5년을 일했고, 내 회사를 차려 15년 동안 경영을 했다. 하지만 나의 금융지식은 중요한 요소를 놓치고 있었다. 부동산에 투자하는 것을 겁내다가 결국 하지 못한 것이다. 돈은 더 많이 벌었지만, 그만큼 빠져나가는 돈도 많아져 상황은 갈수록 악화되었다……. 나는 리치대드컴퍼니의 인증을 받은 코치를 고용했다. 그는 매주 수요일 오후 회의를 할 때마다 나에게 차분하고 조용한 목소리로 이렇게 말했다. "잊지 마세요. 당신의 목표는 부동산에 투자하는 것입니다." 나는 두 번째 아파트를 사들이기 위해 준비하고 있다. 여전히 아침마다 불안 속에서 깨어난다. 하지만 그것을 뚫고 헤쳐 나가야 한다. — cwylie

우리는 실수를 통해 배운다

사람들이 변화를 거부하는 가장 큰 이유는 실수, 특히 돈과 관련된 실수를 저지를까 두려워하기 때문이다. 사람들이 직업 안정성에 매달리는 이유는 그들이 경제적으로 어려워지지 않을까 두려워하기 때문이다. 사람들이 대부분 자신의 돈을 재정 설계사에게 맡겨버리는 것은 그들은 실수하지 않을 거라고 생각하기 때문이다. 하지만 역설적으로 이 모든 것은 실수다.

내가 보기에 우리 교육 제도의 가장 큰 문제는 아이들에게 실수하지 말라고 가르치는 것이다. 아이들이 실수를 하면 실수에서 무엇인가를 배우라고 가르치기보다는 처벌한다. 지혜로운 사람은 우리가 실수를 통해 배운다는 사실을 안다. 자전거를 타다가 넘어져도 아무렇지 않게 다시 올라타야지만 자전거 타는 법을 배울 수 있다. 물에 뛰어들지 않으면 헤엄치는 법을 배울 수 없다. 실수를 두려워한다면 어떻게 돈에 대해서 배울 수 있겠는가?

다음 페이지의 그림은 1946년 에드거 데일Edgar Dale이 만든 경험 역삼각형을 기초로 브루스 하일랜드Bruce Hyland가 고안한 학습 역삼각형 Cone of Learning이다. 이것을 보면 왜 학교를 10년 넘게 다녀도 별다른 정보를 기억하지 못하는지 알 수 있다.

화살표 1. 읽기

학습 역삼각형에 따르면 학습하고 지식을 기억하는 데 가장 비효율적인 방법은 읽는 것이다. 그중 학생들이 기억하는 것은 10퍼센트가 채 되지 않는다.

화살표 2. 강의

그다음으로 비효율적인 학습 방법은 강의를 통한 것이다. 학교에서 지식을 전달하는 주요 방법은 책을 읽는 것과 강의하는 것이다.

화살표 3. 그룹 토론

학교에서 나는 늘 그룹 토론에 참여했다. 특히 시험 볼 때는 더욱 그러했다. 그런데 학교에서는 그러한 행동을 커닝이라고 부른다. 현실

학습 역삼각형

2주 후 우리가 기억하는 경향		개입의 형태	
우리가 말하고 행동한 것의 90%	실제 경험	능동적	
	실제 경험 시뮬레이션		◯ 4
	극적인 구성을 통한 연기		
우리가 말한 것의 70%	이야기하기		
	토론 참여		◯ 3
우리가 보고 들은 것의 50%	실제로 이루어지는 것을 보기	수동적	
	시연하는 것을 보기		
	전시된 것을 보기 시연하는 것을 보기		
	영상 보기		
우리가 본 것의 30%	사진 보기		
우리가 들은 것의 20%	말하는 것을 듣기		◯ 2
우리가 읽은 것의 10%	읽기		◯ 1

세계에서 금융 시험을 볼 때에는 늘 팀과 함께해야 한다. 한 사람의 생각보다 두 사람의 생각이 훨씬 낫기 때문이다.

화살표 4. 시뮬레이션/게임

시뮬레이션이나 게임은 효과적인 학습 도구다. 왜냐하면 실수가 허용되기 때문이다. 예비 조종사들은 비행 시뮬레이터에서 오랫동안 비행 연습을 한 뒤에 비로소 실전에 들어간다. 오늘날 항공사들은 조종사들을 훈련시키기 위한 시뮬레이터 시설에 엄청난 돈을 쏟는다. 비용대비 효과가 있을 뿐만 아니라, 비행사들이 추락에 대한 공포를 느끼지 않고 비행 기술을 익힐 수 있기 때문이다.

나는 부자 아빠와 함께 몇 시간이고 부르마블 게임을 하면서 B/I에 속한 사람처럼 생각하는 법을 배웠다. 다시 말해 보드게임을 통해서 먼저 실수를 했고, 그런 다음 적은 금액으로 실제 투자를 통해 작은 실수를 하면서 경험을 쌓아나갔다. 내가 오늘날 부자가 된 것은 학교에서 공부를 잘했기 때문이 아니라 실수를 통해 많은 것을 배웠기 때문이다.

일찍 은퇴하는 꿈을 이루다

1994년 우리 부부는 은퇴했다. 아내는 37세, 나는 47세였다. 우리는 부채보다 자산이 더 많았기 때문에 일찍 은퇴할 수 있었다. 지금의 금융위기 사태에서도 우리는 훨씬 더 나은 성과를 올리고 있다. 계속해서 더 많은 자산을 획득하고 만들어내기 때문이다. 수백만 사람들이 경제적인 곤란을 겪는 것은, 시장이 붕괴하면서 자산이라고 생각했던 것이 실제로는 부채였다는 것을 깨달았기 때문이다.

1996년 우리 부부는 진짜 돈으로 투자를 하기 전에 사람들이 미리 실수를 해볼 수 있는 기회를 마련해주기 위해서 캐시플로라는 보드게임을 만들었다. 지금은 난이도에 따라 캐시플로키즈, 캐시플로101, 캐시플로202를 갖추었다. 이 게임을 온라인 게임으로도 만들고 있다. 가까운 곳에 있는 캐시플로 클럽을 통해 함께 게임할 사람들을 찾을 수 있고, 또 이 게임에서 얻을 수 있는 교훈을 극대화해주는 10단계 학습 과정에 참여할 수 있다.

1997년 나는 《부자 아빠 가난한 아빠》를 출간했다. 이 책에서 나는 집은 자산이 아니라고 말했다. 부자들은 세금을 덜 낼 뿐만 아니라, 돈을 위해서 일하지 않으며 자신의 돈을 스스로 찍어낼 줄 안다고 이야기했다. 2007년 서브프라임 모기지 사태가 닥쳤을 때 수백만 사람들은 내가 한 이야기가 진실이라는 것을 깨달았다.

> **독자 코멘트**
>
> 지식은 새로운 돈이 될 수 있지만, B-I 삼각형의 모든 요소들을 완전히 이해하고 구현한 이후에만 유용할 것이다. 이 책은 오늘날 불확실한 시대에, 투자에 대한 명확한 방향과 지침을 찾는 사람들에게 좋은 출발점이 될 것이다. 시장의 혼돈 속에서 갈피를 못 잡고 있는 사람들에게 소중한 경험을 공유할 수 있게 해준 것에 대해 감사하게 생각한다. — Ray Wilson

RICH DAD'S CONSPIRACY OF THE RICH

12

학교에서 가르쳐주지 않는 부자 아빠의 금융 수업

수많은 사람들이 경제적 고통을 겪는 것은 금융 교육을 제대로 받지 못했기 때문이다. 앞에서 줄곧 이야기한 것처럼 지금의 금융위기는 대부분 금융지식의 부재 때문에 생긴 결과다. 그렇기 때문에 나는 교육이 그 어느 때보다 중요하다고 믿는다. 학교에서 '돈'을 핵심 교과목으로 가르치지 않는 것은 우리 아이들에게 현실에 대비할 수 있는 능력을 길러주지 않고 방치하는 것과 같다.

다음은 이 책의 보너스라고 할 수 있겠다. 금융 교육에 대한 나의 생각을 총정리해보았다. 물론 금융 교육이 다뤄야 하는 모든 것을 이야기할 수는 없겠지만, 전통적인 금융 관념과 다른 핵심적인 내용을 담고 있다. 내가 교육 제도를 운영한다면 다음 15가지 주제를 금융 교육 프로그램 속에 포함시킬 것이다.

1
돈의 역사

인간이 진화해온 것처럼 돈도 진화했다. '돈'은 원래 닭, 우유와 같은 것을 직접 맞바꾸는 물물교환에서 시작하여 조개껍데기나 구슬과 같은 상품화폐에서 금·은·구리·동전으로 진화했다. 이들은 모두 손에 잡히는 가치를 지닌 물리적인 대상이었고, 따라서 비슷한 가치를 가진 다른 물품으로 교환할 수 있었다.

지금의 돈은 대부분 종이돈이다. 불환화폐라고 하는 정부가 발행한 차용증이다. 종이돈은 그 자체로서는 가치가 없다. 다른 것의 가치의 파생상품일 뿐이다. 과거에 달러는 금의 파생상품이었지만 지금은 빚의 파생상품이다. 납세자들을 담보로 발행한 차용증이다.

오늘날 돈은 더 이상 닭, 금, 은과 같이 만질 수 있는 대상이 아니다. 정부에 대한 신뢰와 믿음만으로 뒷받침되는 허상일 뿐이다. 나라가 믿을 만하면 돈도 가치 있고, 돈이 가치 있을수록 나라도 믿을 만한 것이 된다. 만질 수 있는 대상에서 눈에 보이지 않는 개념으로 돈이 진화함에 따라 돈 과목은 더욱 복잡해졌다. 볼 수 없고 만질 수 없고 느낄 수 없는 것은 이해하기 힘들다.

돈의 역사에서 중요한 몇 가지 사건

이 책에서 이야기한 중요한 사건들을 간단하게 정리하면 다음과 같다.

1903년: 일반교육위원회

록펠러가 세운 일반교육위원회에서 아이들에게 무엇을 가르칠 것인지 결정하는 순간 미국의 교육 제도는 이미 거대 부자들의 손에 넘어갔다. 그 이후 학교에서는 돈에 대해 가르치지 않는다. 오늘날 학교에서는 돈을 벌기 위해 일하는 법을 가르칠 뿐이다. 하지만 돈이 그들을 위해 일하도록 하는 법을 가르치지는 않는다.

다음은 현금흐름 4/4분면이다.

E: employee(봉급생활자)
S: small business/specialist(중소기업 경영자/자영업자/의사, 변호사와 같은 전문직)
B: big business(직원이 500명 이상 되는 기업의 소유자)
I: Investor(투자자)

학교에서는 E/S에 속하는 사람이 되도록 가르칠 뿐 B/I에 대해서는 가르쳐주지 않는다. MBA 역시 부자들의 사업을 위해 4/4분면의 E에서 일을 하는 법을 가르친다. B에서 가장 유명한 사람으로는 마이크로소프트의 창업자 빌 게이츠, 델컴퓨터의 창업자 마이클 델, 포드자동차의 창업자 헨리포드, GE의 창업자 토머스 에디슨이 있다. 이들은 모두 학교를 제대로 다니지 않았다.

1913년: 연방준비제도의 설립

연방준비은행은 미국인이 만든 것도 아니고, 연방기관도 아니고, 준비금도 없으며, 은행도 아니다. 세계에서 가장 부유하고 정치적 영향력이 가장 큰 소수의 가문이 주무른다. 그들은 허공에서 돈을 찍어내는 권력을 가지고 있다.

조지 워싱턴이나 토머스 제퍼슨과 같은 미국 헌법을 기초한 건국의 아버지들은 연방준비은행과 같은 기관의 설립을 강력하게 반대했다.

1929년: 대공황

대공황의 혼란 이후 미국 정부는 연방예금보험공사FDIC, 연방주택관리국FHA, 사회보장제도와 같은 수많은 기관을 만들었다. 정부는 세금을 통해 사람들의 경제적 삶에 대한 통제권을 더욱 확대했다. 사람들은 각종 사회 프로그램과 정부기관들의 활동을 통해 정부의 간섭을 자연스럽게 받아들였다.

FHA, 패니메이, 프레디맥과 같은 정부기관들이 바로 오늘날 서브프라임 사태를 초래한 주범이다. 오늘날 사회보장이나 의료보장과 같이 자금을 보유하지 않은 정부제도로 인한 부채는 50~60조 달러에 이르는 것으로 추산된다. 지금의 서브프라임 사태는 '새 발의 피'에 불과하다. 다시 말해 대공황에서 벗어나기 위해 정부가 마련한 대책은 미래에 더 기대한 공황의 원인이 된다.

1944년: 브레턴우즈 체제

이 국제통화조약은 IMF와 세계은행을 탄생시켰다. 이 조약의 목표는 연방준비제도를 통해 전 세계에 미국 달러를 세계의 준비통화로 받아들이도록 강요하는 것이다.

전 세계가 전쟁에 몰두하는 동안 은행가들은 게임의 법칙을 바꾸기 위한 책략을 구상하고 실현시키는 데 온 힘을 기울인 것이다. 이것은 전 세계의 통화가 금으로 가치를 뒷받침하는 미국 달러를 기준으로 평가된다는 뜻이다. 미국 달러가 금으로 가치를 뒷받침하는 동안 세계 경제는 안정적일 수 있었다.

1971년: 금태환제 폐지

닉슨 대통령이 의회의 승인도 없이 달러를 금과 교환하는 제도를 폐지했을 때 미국 달러는 빚의 파생상품으로 전락했다. 1971년 이후 미국 경제는 빚을 늘려야만 성장할 수 있었고, 그것은 곧 구제금융의 출발이었다. 1980년대 구제금융은 수백만 달러 수준이었으나 1990년대 수십억 달러 수준으로 불어났고, 지금은 수조 달러 수준이 되었다.

금태환제 폐지는 세계 역사상 가장 큰 경제적 사건에 속한다. 미국이 마음만 먹으면 돈을 찍어낼 수 있게 되었고, 채권이라는 형태로 계속해서 빚을 만들어낼 수 있게 된 것이다. 전 세계의 돈이 한 나라의 빚, 납세자들의 차용증으로 가치를 뒷받침하는 것은 전무후무한 일이다.

1971년: 미국 달러, 통화가 되다

통화를 의미하는 'currency'는 흐름이라는 뜻이다. 다시 말해 통화는 계속 흘러야 한다. 한곳에 머무르는 순간 가치를 잃는다. 가치를 유지하기 위해서 통화는 반드시 한 자산에서 다른 자산으로 이동해야 한다. 1971년 이후 은행이나 주식시장에 돈을 넣어둔 사람들은 실패자가 되었다. 움직이지 않고 고여 있는 통화는 가치가 떨어지기 때문이다. 미국 정부가 계속 돈을 찍어내 부채와 인플레이션이 상승할수록 예금자들은 패자가 되고 대출자들은 승자가 된다.

1971년 이후: 역사상 가장 큰 경제 호황

이론적으로 모든 사람이 빚을 갚아버리면 돈은 전부 사라진다. 2007년 서브프라임 대출자들이 돈을 갚을 수 없는 상황에 처하고, 더 이상 빚을 낼 수 있는 사람도 없게 되자 대출 시장은 붕괴하였다. 이것이 바로 엄청난 금융위기를 초래한 것이다.

미국은 유럽, 일본, 중국에 빚을 팔아서 초과 비용을 충당해왔다. 이들 나라들이 더 이상 미국 정부를 신뢰하지 못하고 우리 빚을 사들이기를 멈추는 순간, 또 다른 금융위기가 찾아올 것이다. 사람들이 집을 사는 것을 멈추고 신용카드 사용을 멈추는 순간 위기는 더 오래 지속될 것이다.

오늘날 돈은 빚이다. 나쁜 빚은 우리를 가난하게 만들고, 좋은 빚은 우리를 부자로 만든다. 좋은 빚과 나쁜 빚을 구분하려면 금융 교육을 제대로 받아야 한다. 금융지식이 있으면 빚을 활용하여 가난해지는 것이 아니라 부자가 되는 법을 배울 수 있다.

1974년: 근로자퇴직소득보장법 ERISA이 제정되다

1974년 이전 노동자들은 대부분 확정 급여형 연금에 가입해 있었다. 이것은 직원이 퇴직한 후에도 고용주가 일생 동안 연금을 제공하는 제도다. 1974년 이후 노동자들은 확정 기여형 연금으로 갈아타야만 했다. 자신의 퇴직연금을 스스로 모아야 한다는 의미다. 퇴직할 때 피고용자들이 받는 돈은 자신이 부은 액수에 따라 달라진다. 더욱이 연금이 고갈되고 주식시장이 붕괴하여 퇴직 후 돈을 받지 못한다고 해도, 그것은 모두 퇴직자들의 운일 뿐이다.

정부가 퇴직연금제도를 확정 급여형에서 확정 기여형으로 바꾼 것은, 불확실한 주식시장에 수백만 노동자들의 돈을 쏟아 부음으로써 주가를 안정적으로 지지하기 위한 음모였다.

오늘날 전 세계 수백만 노동자들이 노후자금을 확보하지 못해 곤란을 겪고 있다. 금융지식이 없는 사람들은 안정된 노후생활을 마련하기 위해 돈을 들고 은행이나 주식시장을 찾는다. 금융위기를 초래한 주범들의 손아귀로 스스로 들어가는 것이다. 이들은 결국 금융위기의 회오리 속에서 가장 먼저 날아갈 사람들이다.

돈의 역사를 간략하게나마 살펴보았으니 금융지식이 왜 그렇게 중요한지 알 것이다. 금융지식을 쌓는 첫 번째 단계는 재정 보고서를 이해하는 것이다.

2
재정 보고서 이해하기

"학교를 졸업하고 나면, 은행은 학교 성적을 묻지도 않고 관심도 없어. 은행이 알고 싶어하는 것은 단지 너의 재정 보고서일 뿐이야. 재정 보고서는 사회생활의 성적표지."

부자 아빠는 이렇게 말했다. 금융지식의 기초는 재정 보고서의 세 부분을 이해하는 것으로 시작된다.

재정 보고서에 대해서는 자산과 부채의 차이를 설명하는 3과에서 다룰 것이다.

3
자산과 부채의 차이

가난한 아빠는 이렇게 말했다.

"우리 집이 자산이다."

부자 아빠는 이렇게 말했다.

"네 아버지가 제대로 금융 교육을 받았다면, 집이 자산이 아니라는 것을 알았을 텐데……. 집은 자산이 아니라 부채란다."

그토록 많은 사람들이 경제적으로 어려움을 겪는 이유 중 하나는 부채를 자산이라고 알고 있기 때문이다. 금융위기가 닥치고 나서야 수많은 사람들이 자신의 집이 자산이 아니라는 사실을 깨달았다. 정치 지도자들조차 부채를 자산이라고 이야기한다. 예컨대 부실자산구제프로그램TARP은 부실자산을 위한 제도가 아니라 부실부채를 위한 제도다. 그것이 진정 자산이라면 정부가 나서서 도와줄 필요도 없을 것이다.

금융지식을 쌓기 위한 중요한 과정은 돈의 용어를 이해하는 것이다. 돈에 대한 통제력을 높이는 첫 단계는 '자산'과 '부채'라는 용어를 쓰는 것이다. 부자 아빠는 '자산'과 '부채'를 단순하게 정의했다.

"자산은 일을 하지 않고도 주머니에 돈을 넣어주는 것이고, 부채는 일을 해도 돈을 빼내가는 것이다."

재정 보고서를 그림으로 그려보면 자산과 부채를 더 쉽게 이해할 수 있다.

화살표는 현금흐름의 상태를 나타낸다. 왼쪽 화살표는 임대 부동산이나 주식 배당금과 같이 자산에서 주머니로 현금이 흘러 들어오는 것

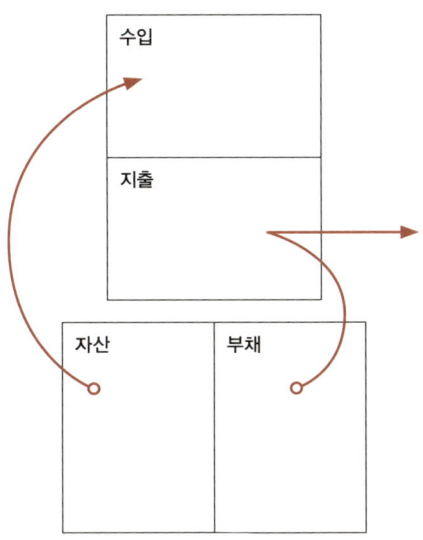

을 나타낸다. 이것은 수입 항목이다. 반면 오른쪽 화살표는 자동차 할부 대금이나 주택자금 대출과 같은 부채를 통해 비용 항목에서 현금이 빠져나가는 것을 보여준다.

부자들이 더 부자가 되는 이유는 진정한 자산을 확보하기 때문이다. 반면 보통 사람들이 자산이라고 생각해 획득하는 것은 대부분 부채일 뿐이다. 많은 사람들이 집이나 차와 같은 부채를 사들이다 경제적 곤란을 겪고 있다. 수입이 늘어나자 부자가 된 기분에 더 큰 집, 더 좋은 차로 바꾼 것이다. 하지만 그들은 사실상 더 가난해지고 있으며, 빚의 무덤 속으로 더 깊이 들어갈 뿐이다.

내 친구 중에 그리 유명하지는 않지만 할리우드에서 활동하는 배우가 있다. 그는 노후자금을 모으기 위해 집에 투자하고 있다고 말했다. 그는 주로 할리우드에 있는 집에서 거주하며, 휴가 때면 아스펜, 마우이, 파리에 있는 별장에 머문다. 최근 그와 함께 TV에 출연할 일이 있어 만난 적이 있다. 어떻게 지내는지 물었더니 그는 얼굴을 찡그리며 이렇게 말했다.

"요즘 일거리가 줄어서 죽을 맛이야. 대출금 갚기도 벅찬데 집값까지 왕창 떨어졌잖아."

그 역시 부채를 자산이라고 착각했으며, 현금흐름의 중요성을 이해하지 못했던 것이다.

마지막 부동산 광풍이 불 때 많은 사람들이 부동산 시장에 뛰어들었다. 하지만 그들은 한낱 투기꾼이자 노름꾼일 뿐이다. 시장의 거품이 꺼지자 그들의 대박의 꿈도 함께 꺼졌다.

자산과 부채를 정확하게 이해하기 위해서는 자본이득과 현금흐름의 차이를 알아야 한다.

4
자본이득과 현금흐름의 차이

많은 사람들이 자본이득에 투자한다. 주식시장이 호황을 맞거나 집값이 뛸 때 사람들이 그토록 흥분하는 이유다. 앞에서 본 할리우드 친구나 부동산 투기꾼들이 투자하는 방식이었다.

대다수의 노동자들이 노후자금을 확보하기 위해 주식에 투자하는 것도 바로 자본이득을 노리는 것이다. 자본이득에 투자하는 것은 도박을 하는 것과 같다. 워런 버핏은 이렇게 말했다.

"주가가 오를 거라고 기대하면서 사는 것은 가장 멍청한 짓이다."

주식시장이 침체하거나 집값이 떨어질 때 많은 투자자들이 침울해 하는 것 역시 그들이 자본이득에 투자하기 때문이다. 투자자들은 시장에서 자본이득의 상승과 하락을 통제하지 못한다. 따라서 자본이득에 투자하는 것은 도박과 다름없다.

이유 1

통화는 이 자산에서 저 자산으로 흘러 현금흐름을 만들어내야 한다. 그렇지 않으면 통화가치는 계속 떨어진다. 다시 말해 가치가 오르거나 주가가 오르기만을 기다리며 돈을 처박아둔다면 통화는 비생산적이 되고 당신을 위해 일을 하지 않게 된다.

이유 2

현금흐름에 투자하는 것은 투자의 위험 부담을 줄이는 것이다. 현금이 자신의 주머니로 계속 들어오는 한, 자산의 가치가 떨어져도 상관이 없기 때문이다. 자산가치가 올라간다면 그것은 보너스일 뿐이다. 투자한 돈은 현금흐름을 통해서 이미 회수했기 때문이다.

다음의 그림은 자본이득과 현금흐름의 차이를 보여준다.

나와 아내는 원유채굴 회사의 주주다. 원유채굴 회사에 투자하는 것은 현금흐름과 자본이득을 모두 얻기 위한 것이다. 원유를 채굴하기 위해 처음 땅을 팔 때 원유는 1배럴에 25달러 정도였다. 우리 주머니로 매달 현금이 들어왔다. 원유 값이 1배럴에 140달러까지 올라갔을 때는 우리가 시추한 유전의 가치도 함께 치솟았다. 우리는 더욱 신이 났다.

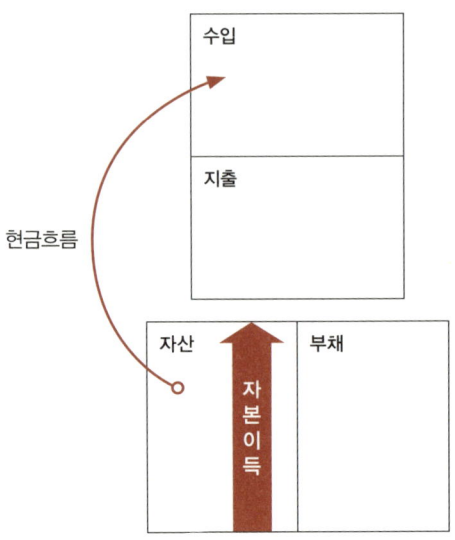

　지금은 1배럴에 65달러 정도로 떨어졌지만 여전히 신이 난다. 유전의 가치가 어찌 되든 현금은 계속 들어오기 때문이다.

　주식에 투자한다면 안정적으로 배당금이 나오는 주식을 사는 것이 좋다. 배당 역시 현금흐름이다. 경제가 침체되면 주가는 떨어지고 배당금을 지급하는 주식을 헐값에 살 수 있다. 주식투자자 역시 현금흐름, 즉 배당수익에 대해 알아야 한다. 배당수익이 높을수록 주식가치가 높다. 예컨대 배당수익이 주가의 5퍼센트라는 것은 가격이 아주 비싼 좋은 주식이라는 뜻이다. 배당수익이 주가의 3퍼센트 미만인 경우 그 주식의 가치는 지나치게 높게 매겨져 있으며 결국 주가가 떨어질 수 있다.

　2007년 10월 주식시장이 역사상 최고치인 1,4164포인트를 찍었다. 귀가 얇은 사람들은 허겁지겁 시장에 뛰어들어 주가(자본이득)가 더 오른다는 데 돈을 걸었다. 문제는 다우지수 전체 배당수익이 총 주가의

1.8퍼센트밖에 되지 않았다는 것이다. 이는 주식이 너무 고평가되어 있으며, 따라서 전문 투자자들은 주식을 팔기 시작한다는 뜻이다.

2009년 3월, 다우지수가 6,547포인트로 주저앉았을 때 많은 사람들이 바닥을 쳤다고 생각하며 시장에 뛰어들었다. 문제는 배당수익이 여전히 1.9퍼센트밖에 되지 않는다는 것이다. 주가가 여전히 높다는 뜻이고, 따라서 주식시장에서 돈이 빠져나가면서 장기투자자들만 더 큰 손실을 본다는 뜻이다. 물론 시장의 등락에 대해 걱정하는 것보다는 현금흐름과 자본이득에 동시에 투자할 수 있다면 가장 좋을 것이다.

등락하는 시장에서 현명하게 투자하기 위해서는 5과를 배워야 한다.

5
근본 투자와 기술 투자의 차이

근본 투자는 회사의 재정 보고서를 통해 재정 상태와 실적을 분석하는 과정부터 시작한다(오른쪽 그림).

금융지식이 있는 사람은 기업이든 재산이든 어떻게 관리되고 있는지 알고 싶어한다. 기업 역시 재정 보고서를 살펴보면 쉽게 알 수 있다. 은행이 재정 상태에 대해 묻는 것은 당신의 재정을 어떻게 관리하고 있는지 알고 싶다는 뜻이다. 장기적으로든 단기적으로든 지출에 비해 소득이 얼마나 되는지, 현금이 들어오는 자산과 현금이 빠져나가는 부채가 얼마나 되는지 알고 싶어하는 것이다. 기업에 투자할 때도 마찬가지다.

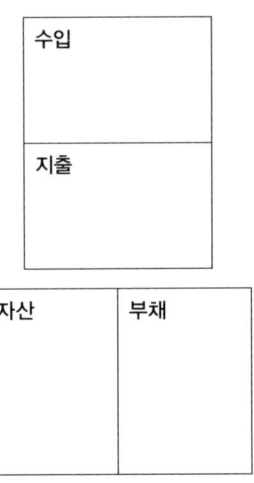

　내가 만든 보드게임 캐시플로101은 기술적 지표를 사용하여 근본 투자의 기초를 가르친다. 반면 기술적 투자자들은 기업의 펀더멘털에 신경 쓰지 않는다. 그들은 다음 쪽의 그림과 같은 주가의 변동을 측정한 차트만을 본다.

　이 차트는 현실, 즉 무엇을 사고파는 가격이 어떠한지 보여준다. 주식은 물론 금이나 원유와 같은 상품의 가격 변동을 알려준다. 그래프가 올라가면 가격이 오른다는 것이고, 이는 곧 시장으로 돈이 들어오고 있다는 뜻이다. 돈이 들어오는 시장은 흔히 강세시장이라고 한다. 그래프가 떨어지면 돈이 시장에서 빠져나가고 있다는 뜻이다. 약세시장이다. 기술적 투자자들은 현금흐름에 기초한 시장의 역사적 흐름을 살피고 과거의 패턴에 기초하여 미래의 시장 변화를 예측하여 투자한다.

　금융지식이 있는 투자자들은 한 발 더 나아가 현금이 어디에서 들어오는지, 또 어디로 빠져나가는지 알려고 한다. 한 예로 주식시장이 붕괴해 많은 사람들이 불안에 떨 때 그 많은 돈은 모두 금시장으로 흘러

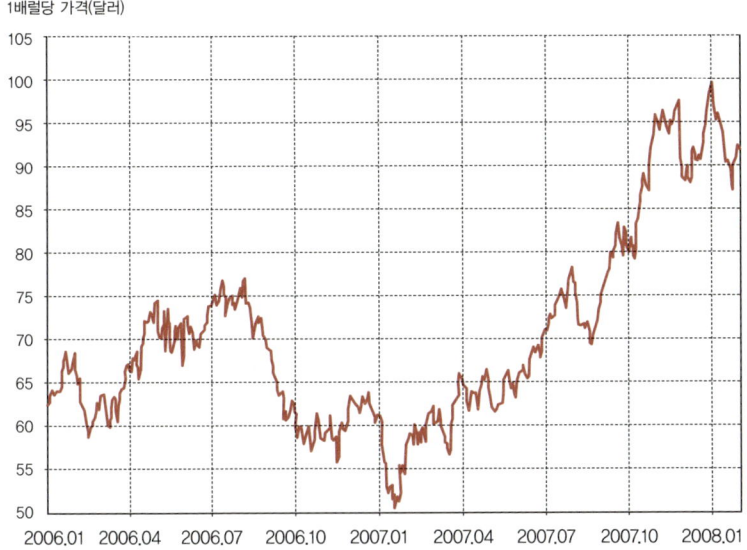

들어갔다. 기술적 투자자들은 기술적 지표를 토대로 금값 상승과 주가 하락을 예측하고, 다른 사람들보다 먼저 금시장에 투자할 수 있었다.

당신도 가격 또는 자본이득에 기초한 현금흐름의 중요성을 알아야

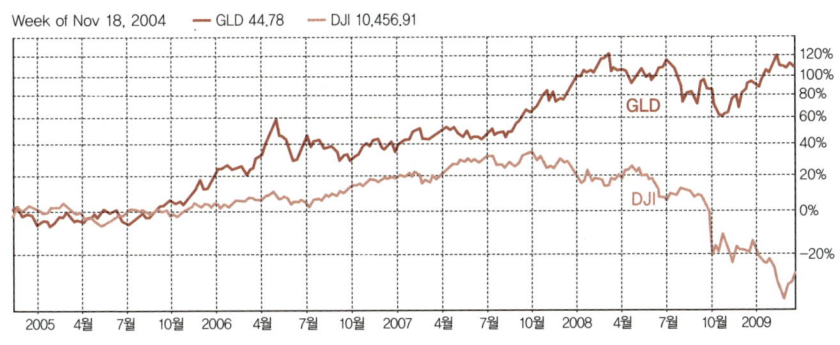

한다. 금융지식을 갖춘 사람들이 돈을 처박아두지 않고 계속 움직이게 하는 것은 하나의 자산 부문에 돈을 묶어두면 나중에 자산을 현금으로 바꿀 때 손해를 보기 때문이다.

모든 시장은 오르락내리락하고, 또 부풀어 올랐다가 터지기 때문에 다음 6과를 배워야 한다.

6
자산의 강점 측정하기

"훌륭한 신제품 아이디어가 있어요."
"투자할 만한 좋은 자산을 발견했습니다."
"이 회사 주식에 투자하고 싶은데, 어떻게 생각하세요?"
이런 질문에 나는 언제나 B-I 삼각형을 보여준다.

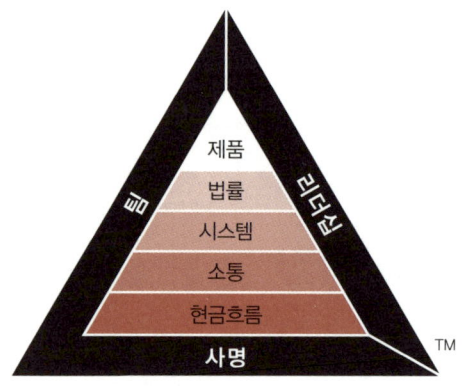

B-I 삼각형은 앞에서도 이야기했듯이 현금흐름 4/4분면에서 나온

이름이다. 현금흐름 4/4분면을 다시 한 번 살펴보기로 하자.

- **E**: employee(봉급생활자)
- **S**: small business/specialist(중소기업 경영자/자영업자/의사, 변호사와 같은 전문직)
- **B**: big business(직원이 500명 이상 되는 기업의 소유자)
- **I**: Investor(투자자)

B-I 삼각형에서 제품은 가장 작은 면적을 차지한다. 그만큼 중요하지 않다는 것이다. 수많은 사람들이 사업에 실패하는 이유는 바로 전체적인 B-I 삼각형이 아니라 제품에 초점을 맞추기 때문이다. 부동산도 마찬가지다. 전체 B-I 삼각형보다는 한두 가지 요소에만 집중하는 경우가 많다.

"B-I 삼각형의 여덟 가지 요소 중 한두 가지가 빠지거나 작동을 하지 않으면, 사람이든 기업이든 투자든 고전을 면치 못한다."

부자 아빠는 이렇게 말했다. 당신도 투자든 사업이든 먼저 전체 B-I 삼각형을 평가하고 그것이 튼튼한 B-I 삼각형을 구축하고 있는지, 또는 그렇게 할 수 있는지 스스로 물어야 한다.

기업가들 역시 튼튼한 B-I 삼각형을 구축하는 법을 알아야 한다. 그래야만 E/S에 있는 사람들에게 더 많은 일자리를 만들어줄 수 있다.

정부는 단순히 일자리를 만들어내는 것보다는 더 많은 기업가를 키우는 데 초점을 맞춰야 한다. 튼튼한 기업을 만들기 위해서는 7과를 배워야 한다.

7
좋은 파트너 찾기

"좋은 파트너를 찾는 비법은, 나쁜 파트너가 어떤 사람인지 아는 것이다."

부자 아빠는 늘 이렇게 말했다. 나는 사업을 하면서 좋은 파트너도 만났지만 끔찍한 파트너들도 많이 만났다. 부자 아빠가 말했듯이 좋은 파트너를 알아보는 방법은 나쁜 파트너를 만나 직접 고생을 해보는 것이다. 나쁜 파트너와 함께 일할 때 어떤 고통이 따르는지 직접 겪었기 때문에 누구보다도 파트너의 중요성을 절감하고 있다.

인생의 많은 일이 그러하듯이, 상황이 나빠지기 전까지는 좋은 파트인지 나쁜 파트너인지 알 수 없다. 다행히 나는 파트너를 잘못 만나 무던히도 애를 먹다가 좋은 파트너를 만날 수 있었다. 귀중한 인생 수업이 되었다고나 할까. 어쨌든 나쁜 파트너와 결별하고 지금의 부동산 파트너인 켄 매켈로이Ken McElroy를 만나게 되었다. 잘못된 계약으로 인한 수백만 달러의 손실을 충당하기 위해 나는 켄과 함께 협력했고, 지금까지도 이상적인 파트너 관계를 유지하고 있다.

켄에게 배운 한 가지 교훈은 훌륭한 거래를 하려면 다음 세 가지 요소가 충족되어야 한다는 것이다.

1. 파트너
2. 자금 융통
3. 관리

우선 거래를 하는 상대방을 잘 알아야 한다. 어떤 투자나 사업도 마찬가지다. 돈을 투자하는 것은 그 기업의 파트너가 된다는 뜻이다. 뮤추얼펀드에 투자하는 것도 마찬가지다. 어떤 뮤추얼펀드에 가입한다면 그것도 역시 투자 파트너가 된다는 뜻이다. 투자할 때 가장 먼저 봐야 하는 것은 파트너가 어떤 사람인지 주의 깊게 살피는 것이다. 그런 다음에 주머니에서 돈을 꺼내야 한다. 부자 아빠는 이렇게 말했다.

"나쁜 파트너와는 좋은 거래를 할 수 없다."

거래의 두 번째 요소는 자금 융통이다. 투자금이 어떻게 구성되어 있는지, 또 파트너로서 얼마나 공정하게 경제적 혜택이 분배되는지 주의 깊게 살펴봐야 한다.

내가 뮤추얼펀드를 좋은 파트너로 평가하지 않는 이유는 다음 네 가지다.

1. 뮤추얼펀드의 재정 구조는 뮤추얼펀드의 소유권을 가진 가입자가 아닌 뮤추얼펀드 회사의 수익을 우선시한다.

2. 뮤추얼펀드의 비용은 너무나 높을 뿐만 아니라 세부 내역이 베일에 싸여 있다. 돈은 100퍼센트 내가 내고, 위험도 100퍼센트 내가 부담하면서도 수익의 80퍼센트는 뮤추얼펀드가 가져간다. 내 돈을 맡길 수 있는 좋은 파트너가 아니다.
3. 부동산에 투자할 때는 차입금을 활용할 수 있는 폭이 크다. 뮤추얼펀드에 투자할 때는 거의 내 돈을 써야 하지만, 부동산에 투자할 때는 은행 돈을 끌어다 쓸 수 있다.
4. 뮤추얼펀드로 돈을 번다고 해도 세율이 가장 높은 자본이득 세금을 물어야 한다. 이는 매우 불공정한 처사다.

만족스러운 거래를 하기 위한 세 번째 요소는 관리다. 좋은 파트너는 좋은 관리자다. 회사든 부동산이든 제대로 관리하지 않는다는 것은, 투자자들의 수익을 극대화하기 위해 노력하지 않는다는 뜻이고, 망할 확률이 높다는 것이다. 그토록 수많은 소기업들이 실패하고 부동산이 제값을 받지 못하는 것도 관리를 소홀히 하기 때문이다.

나는 투자를 할 때마다 누가 나의 파트너이고, 어떤 파트너를 원하는지 스스로 묻는다. 이로써 더 많은 투자를 빠르게 분석할 수 있다. 재정 구조는 어떠한가, 또 얼마나 탄탄한가? 각각의 요소들은 어떻게 관리되고 있는가? 이 질문에 일단 만족스러운 답이 나오는 경우에만 투자를 고려한다.

8
어떤 자산이 나에게 가장 적합한가

투자할 수 있는 자산에는 기본적으로 네 가지 유형이 있다.

자산	채무
1. 기업 2. 부동산 3. 종이자산 4. 상품	

1. 기업

- **장점:** 기업은 개인이 소유할 수 있는 자산 가운데 가장 강력한 것이다. 세금 혜택은 물론, 다른 사람들을 이용하여 현금흐름을 늘리고 전반적인 운영을 직접 통제할 수 있기 때문이다. 세계에서 가장 큰 부자들은 예외 없이 자신의 기업을 가지고 있다. 애플의 설립자 스티브 잡스, GE의 설립자 토머스 에디슨, 구글의 설립자 세르게이 브린이 바로 그런 사람들이다.

- **단점:** 기업은 사람이다. 직원, 의뢰인, 고객 등 수많은 사람을 관리해야 한다. 대인관계와 리더십이 뛰어나야 하고, 팀을 꾸려 함께 일을 잘 할 수 있어야 한다. 이것이 기업 성공의 본질이다. 네 가지 자산 가운데 아마 기업이 성공하기 가장 어려울 것이다. 금융지식도 뛰어나야 하고 경험도 풍부해야 하기 때문이다.

2. 부동산

- **장점:** 부동산은 은행의 돈을 차입하거나, 다른 사람들의 투자를

받아 높은 수익을 낼 수 있다. 다양한 세금 혜택을 누릴 수 있을 뿐만 아니라 잘만 관리하면 꾸준하게 현금을 벌어들일 수 있다.
- **단점:** 부동산은 관리하는 데 많은 노력이 들어간다. 잘못 관리하면 엄청난 비용이 들어가고 처분하기도 어렵다. 기업 다음으로 부동산은 높은 수준의 금융지식을 요구한다. 많은 사람들이 부동산투자신탁REITs(리츠)이라고 하는 뮤추얼펀드를 통해 부동산에 투자하는 이유다.

3. 종이자산
- **장점:** 종이자산은 투자하기 쉽다. 유동성이 뛰어나다. 이는 투자자들이 약간의 주식을 적은 돈으로도 살 수 있다는 뜻이다. 다른 유형의 자산보다 부담 없이 투자할 수 있기 때문에 많은 사람들이 선호한다.
- **단점:** 종이자산의 가장 큰 단점은 유동성이 너무 크다는 것이다. 즉 쉽게 사고팔 수 있다. 시장에서 갑자기 돈이 빠져나갈 때 재빠르게 행동하지 않으면 급격하게 가치가 떨어져 엄청난 손실을 볼 수 있다는 뜻이다. 따라서 종이자산에 투자하기 위해서는 계속해서 변동 패턴을 관찰해야 한다. 금융지식이 없는 사람들이 대부분 종이자산에 투자한다.

4. 상품: 금, 은, 원유 등
- **장점:** 상품은 인플레이션을 대비하기 위한 좋은 투자 대상이다. 지금과 같이 정부가 엄청난 돈을 찍어낼 때 특히 중요하다. 상

품이 인플레이션의 영향력을 완화시켜주는 것은 이들이 통화로 구매할 수 있는 물리적인 자산이기 때문이다. 통화 공급량이 늘어날수록 같은 양의 상품을 사기 위해 써야 하는 돈은 많아진다. 물가가 오르고 인플레이션이 발생하는 것이다. 금, 은, 원유 등이 상품의 대표적인 예다. 또한 연방준비은행이 계속 돈을 찍어내는 바람에 몇 년 전에 비해서 가치가 올라간 것은 무엇이든 투자 대상이 될 수 있다.

- **단점**: 상품은 물리적인 자산이기 때문에 변질되지 않도록 안전한 장소에 보관해야 한다.

어떤 자산 부문이 투자하기에 가장 적합한지, 어떤 자산 부문에 가장 관심이 가는지 결정했다면, 그 자산 부문에 대해서 공부하라. 상당한 훈련을 거친 다음에 돈을 투자하라. 자산 그 자체가 당신을 부자로 만들어주지는 않기 때문이다. 어떤 자산 부문이든 손해를 볼 수 있다는 점을 잊어선 안 된다. 각각의 자산 부문에 대한 지식을 쌓을 때 당신은 비로소 부자가 될 수 있다. 가장 좋은 자산은 자신의 생각이라는 것을 명심하라.

또한 각각의 자산 부문에 대한 언어가 다르다는 것을 알아야 한다. 예를 들면 부동산 투자자들은 주로 자본환원률이나 NOI와 같은 말을 쓰는 반면, 주식투자자들은 P/E나 EBITA와 같은 말을 쓴다. 또한 같은 자산 부문에 속한다고 하더라도 종목마다 언어가 다르다. 원유 투자자들이 쓰는 말과 금 투자자들이 쓰는 말은 다르다. 하지만 더 많은 용어를 이해할수록 수익률은 더 높아지고 위험은 낮아진다. 그 분야의 부자들이 쓰는 말을 당신도 쓸 수 있기 때문이다.

9
집중할 때와 분산할 때

사람들은 시장의 불확실성에 대비해 분산투자를 해야 한다고 말한다. 하지만 워런 버핏은 이렇게 말한다.

"분산투자는 자신의 무지함으로 인한 손해를 보지 않으려고 하는 행동일 뿐이다. 자신이 무엇을 하고 있는지 아는 사람들은 그럴 필요가 없다."

사람들은 대부분 뮤추얼펀드 내에서 분산투자한다. 이것은 진짜 분산투자가 아니다. 뮤추얼펀드는 주식시장, 종이자산에만 투자할 뿐이다.

진정한 분산투자는 한 자산 부문 안에서 여기저기에 투자하는 것이 아니라 네 가지 자산 부문에 골고루 투자하는 것을 말한다. 나의 자산 항목에는 사업, 부동산, 종이자산, 상품, 이 네 가지 자산이 골고루 포함되어 있다. 각각의 자산 부문에서 주요 종목에만 초점을 맞춰 투자한다. 초점FOCUS이라는 말에는 성공의 법칙이 담겨 있다.

성공할 때까지 한 가지 길만 따르라 Follow One Course Until Successful.

4분면의 B/I에서 성공하고 싶다면 하나에 집중해야 한다. 자신이 잘 아는 자산 부문, 잘 알고 싶은 자산 부문을 선택해 성공할 때까지 그 길을 파고들어야 한다. 예컨대 부동산에 관심이 있다면 공부하고 연습해야 한다. 작은 돈으로 시작해서 은행계정에 현금이 들어올 때까지 흔들림 없이 집중해야 한다. 작은 규모라도 현금흐름을 만들어낼 수 있다는 확신이 서면 조금 더 큰 거래로 신중하게 옮겨가고, 그 투자가 다시 현금흐름을 만들어낼 수 있도록 파고들어야 한다.

버는 한도 안에서 살아가라는 말이 아니다. 돈을 아끼기보다는 자산을 늘리는 데 초점을 맞춰야 한다. 한 해가 시작될 때마다 우리 부부는 투자 목표를 세운다. 우리 자산에서 들어오는 현금흐름의 양을 늘림으로써 우리 수입도 올라간다.

1989년 나의 아내는 오리건 포틀랜드에서 방 두 개, 욕실 하나짜리 부동산에 투자하는 것부터 시작해서 지금은 1,400채가 넘는 부동산을 소유하고 있다. 내년에 아내는 부동산을, 나는 유전을 세 개 더 사들일 계획이다.

우리는 또한 창업을 하고 싶어하는 사람들을 대상으로 리치대드컴퍼니 프랜차이즈 사업을 확장할 계획이다. 리치대드프랜차이즈 사업권을 따기 위해서는 3만 5,000달러를 내고 교육을 받아야 한다. 우리가 제시하는 트레이닝 프로그램만 제대로 따른다면 2년 후부터는 매년 10~20만 달러를 벌 수 있다. 이 정도면 상당한 투자수익률이라고 할 수 있다.

1966년 나는 항해사 견습을 하기 위해 스탠더드오일 유조선에 승선하면서 처음 원유에 대해 공부했다. 1972년, 비행기 조종사로 베트남전쟁에 참전했을 때는 금을 공부했다. 1973년, 베트남전쟁에서 돌아온

다음에는 부동산을 공부했다. 나는 여러 차례 부동산 프로그램을 통해 투자 연습을 하고 나서 실전에 들어갔다.

1974년에 해병대를 제대한 후에는 판매 기술을 배우기 위해 제록스에 들어갔다. '판매'는 사업을 하기 위해서는 꼭 필요하다고 생각했기 때문이다. 1982년에는 주식시장과 옵션시장에 대해 공부하기 시작했다.

지금 나는 네 가지 자산을 모두 갖고 있다. 분산투자를 하고 있는 것이다. 그러면서도 결코 초점을 잃지 않은 덕분에 금융위기 속에서도 자유와 경제적 안정을 누리고 있다.

10
위험을 최소화하는 법

사업체를 세우고 투자하는 것이 반드시 위험한 것은 아니다. 물론 금융지식이 없으면 위험하다. 따라서 위험을 최소화하기 위한 첫 단계는 금융지식을 쌓는 것이다. 비행기를 조종하고 싶다고 비행 훈련도 받지 않은 채 무작정 조종석에 올라타면, 어찌어찌 이륙했다고 해도 결국 추락하고 말 것이다.

두 번째 단계는 투자로 인한 손실에 미리 대비하는 것이다. 전문 투자자들은 투자를 할 때 반드시 보험 장치를 마련해둔다. 우리는 보험도 들지 않고 자동차를 몰지 않는다. 하지만 많은 사람들이 투자할 때는 보험을 들지 않는다. 아주 위험한 행동이다.

예컨대 나는 주식시장에 투자할 때 풋옵션put option(옵션 거래에서 특정한 기초자산을 장래의 특정 시기에 미리 정한 가격으로 팔 수 있는 권리를 매매하는 계약)으로 보험 장치를 마련한다. 10만 원에 주식을 샀을 경우에, 주가가 떨어질 경우 9만 원에 살 수 있는 풋옵션을 1만 원에 산다. 이 주식이 5만 원으로 떨어지면 나는 풋옵션을 통해 이 5만 원짜리 주식을 팔아 9만 원을 지급받을 수 있다. 이것이 바로 전문 투자자들이 주식시장에서 보험처럼 사용하는 투자 방법 중 하나다.

부동산도 마찬가지다. 화재, 홍수, 그 밖의 자연재해로 인한 손실에 대비하여 나는 여러 보험을 들고 있다. 하지만 이러한 보험비용은 모두 임차인들이 지급하는 임대료로 충당한다. 나의 재산이 모두 불에 타 사라진다고 해도 나는 돈을 전혀 잃지 않는다. 보험회사가 손실을 고스란히 보전해주기 때문이다.

주식시장 안에서 아무리 분산투자를 한다고 해도 소용없다. 2007년 시장이 붕괴했을 때처럼 누구도 예외 없이 손해를 본다. 분산투자를 해도 손해를 보는 이유는 보험에 들지 않았기 때문이고, 또 보험에 드는 방법을 모르기 때문이다. 무엇보다도 주식시장에 100퍼센트 투자하는 것은 실제로 분산투자를 하는 것이 아니다.

B-I 삼각형에서 위험을 최소화하는 또 다른 방법을 찾을 수 있다.

여덟 가지 균형 요소 가운데 '법률'이 있다는 것을 주목하라. 변호사를 팀원으로 두는 것은 위험을 최소화하기 위한 필수적인 요소다. 좋은 법률 조언은 결코 값으로 따질 수 없다. 법적인 분쟁에 휘말리지 않도록 미리 법률 조언을 받아두는 것은, 문제가 생기고 난 다음에 법률 조언을 받는 것보다 훨씬 싸게 먹힌다.

또한 제품이나 서비스를 설계할 때부터 내가 만든 것을 훔쳐가기 위해서 호시탐탐 노리는 도둑들, 해적들로부터 제품이나 서비스를 보호해야 한다. 나는 무엇을 만들건 특허, 상표, 저작권 등을 최대한 활용하여 내 작품을 보호하는 장치를 마련한다. 이 책 역시 먼저 법적으로 판권을 확보하고 난 다음 출판사에 판권을 판다. 내가 만든 제품은 법적 보호장치 없이는 아무런 가치도 인정받지 못하며, 자산으로도 인정받지 못한다.

금융지식이 없는 사람들은 보험도 들지 않고 손실을 최소화하기 위해 분산투자를 한다. 이런 투자 행태가 가장 위험하다. 수익이 난다 해도 세금으로 왕창 빠져나갈 것이다.

11
세금을 최소화하는 법

아이들에게 "좋은 학교를 나와서 좋은 직업을 얻으라"고 말하는 것은 열심히 벌어서 세금으로 내라고 말하는 것과 같다. 많은 부모들이 아이들을 의사나 변호사로 키우고 싶어하지만 이들은 4/4분면의 E/S에 있는 직업일 뿐이다.

이 현금흐름 4/4분면에서 왼쪽에 있는 사람들은 가장 많은 세금을 낸다. 반면 오른쪽에 있는 사람들은 세금을 적게 내고 때로는 거의 내지 않는다. 심지어 수백만 달러를 벌어들일 때도 마찬가지다. 그 이유는 B/I에 속하는 사람들이 국가가 필요로 하는 부의 상당 부분을 창출하며,

또한 사람들을 위해 일자리를 창출하고 집과 사무실과 같은 건물들을 만들어내기 때문에 국가가 일종의 보답을 하는 것이라고 볼 수 있다.

수입에는 기본적으로 세 가지 유형이 있다.

- **근로소득**: 세금이 가장 많이 붙는다.
- **포트폴리오 소득**: 세금이 중간 정도 붙는다.
- **불로소득**: 세금이 가장 적게 붙는다.

근로소득

생계를 잇기 위해 다른 사람에게 고용되어 일하는 사람들이나 자영업자들로, 가장 높은 세율이 적용된다. 많이 벌수록 세율도 높아진다. 역설적으로 은행에 저금했을 때 이자소득에 대한 세금도 근로소득과 비슷한 세율이 적용된다. 퇴직연금 역시 근로소득 수준의 세율이 적용된다. E/S에 있는 사람들은 결국 가장 불리한 패를 쥐게 된다.

사람들은 대개 퇴직을 하고 나면 가난해지는 것을 당연하게 받아들인다. 가난해질 것을 대비한다면 세금은 그리 중요한 요소가 되지 못한다. 하지만 퇴직을 하고 나서 부자가 될 계획이라면 세금은 민감한 문제가 된다. 저축이나 연금에서 세금으로 돈이 빠져나가지 않도록 계획을 세워야 한다.

포트폴리오 소득

사람들은 대부분 포트폴리오에 투자한다. 포트폴리오 소득이란 일반적으로 자본이득, 즉 싼값에 사서 비싼 값에 팔아 얻는 소득을 말한다. 오바마 대통령은 자본이득에 대한 세율을 높이겠다고 공언하고 있다. 현재 자본이득에 대한 최고 세율은 28퍼센트다.

덧붙여 이야기하자면, 주식을 사고파는 사람들이나 부동산 투기를 하는 사람들은 모두 자본이득을 바라는 것이다. 하지만 이들은 대개 자산을 1년 이상 보유하지 않기 때문에 사고파는 과정에서 근로소득에 준하는 세금을 내야 한다. 단지 낮은 가격에 사서 높은 가격에 팔기 위해 투자에 대한 위험은 모두 떠안으면서 가장 높은 세금을 내는 것은 경제적 측면에서 미친 짓이다. 자신이 투자할 4/4분면을 결정하기 전에 먼저 세무사와 상담해보기 바란다.

불로소득

아파트와 같은 자산에서 나오는 현금흐름은 불로소득으로 분류되며, 가장 낮은 세율이 부과된다.

부동산을 통한 불로소득은 약간의 세금까지 상쇄할 수 있는 눈에 보이지 않는 다양한 현금흐름이 존재한다. 감정평가, 양도, 감가상각 등을 활용하면 세금을 전혀 물지 않고도 소득을 얻을 수 있다. 나는 이러한 보이지 않는 현금흐름을 사랑한다.

다시 말하지만 현금흐름에 투자하려면 먼저 세무사와 상담을 하는 것이 가장 좋다.

12
부채와 신용의 차이

앞에서도 여러 번 이야기했지만, 부채에는 좋은 부채와 나쁜 부채가 있다. 자기 집을 사기 위해 대출받는 것은 나쁜 부채다. 자기 주머니에서 돈이 빠져나가기 때문이다. 매달 돈이 나오는 임대 부동산을 갖는 것은 좋은 자산이다. 임대료만으로 대출금도 갚을 수 있고 자기 주머니에도 돈이 들어오기 때문이다.

좋은 빚은 세금이 붙지 않는다. 빌린 돈에 대해서는 세금을 내지 않는다. 임대 부동산을 구입하기 위해 계약금으로 2,000만 원을 주고 8,000만 원을 빌리는 경우, 2,000만 원은 계약금이기 때문에 세금이 안 붙고 8,000만 원은 빌린 돈이라 세금이 안 붙는다.

빚을 활용하기 위해서는 현명하게 돈을 빌리고 그 돈을 갚는 법을 알아야 한다. 돈을 현명하게 빌릴 줄 알고, 그 돈을 갚기 위해 임차인을 구하거나 사업을 펼쳐나갈 수 있다면 그것은 곧 자신의 신용이 된다. 신용이 높을수록 더 많은 빚을 얻을 수 있고 더 부자가 될 수 있다. 부자가 되기 위한 핵심 열쇠는 금융지식과 실제 경험이다.

오늘날 금융위기 속에서도 은행들은 여전히 신용이 높은 투자자들에게 수백만 달러씩 빌려주고 있다. 은행이 나처럼 신용이 높은 사람들에게 돈을 빌려주는 데는 다섯 가지 이유가 있다.

1. 우리는 B등급에 속하는 아파트에 투자한다

아파트에는 A, B, C등급이 있다. A등급은 최고급 호화 아파트로, 지금은 이런 아파트를 살 만큼 여유 있는 사람이 드물기 때문에 팔리지도 않는다. C등급은 저소득층에게 빌려주는 싼 아파트다. B등급은 직장에 다니는 사람들에게 빌려주는 아파트다. 나의 부동산 회사는 깨끗하고 안전한 아파트를 합리적인 가격에 임대한다. 금융위기 속에서도 우리 아파트는 여전히 빈 곳 없이 임대료가 들어온다. 계속해서 현금이 들어오기 때문에 은행은 우리에게 돈을 빌려준다.

2. 우리는 일자리가 있는 곳에 아파트를 산다

부동산의 진정한 가치는 일자리와 연관되어 있다. 우리는 텍사스와 오클라호마에 아파트를 가지고 있다. 이곳은 정유산업이 발달한 곳이라 일자리가 많다. 일자리가 사라져가는 디트로이트에는 부동산을 갖고 있지 않다. 그곳의 부동산 가치는 계속 떨어지고 있다.

3. 우리는 자연적으로든 인위적으로든 더 이상 개발할 수 없는 곳의 부동산을 산다

예컨대 우리는 개발제한구역으로 둘러싸여 있는 도시에 아파트를 산다. 도시가 더 이상 퍼져 나갈 수 없기 때문에 부동산의 가치는 갈수록 높아진다. 또한 강이나 산과 같은 자연적인 환경으로 인해 도시가 더 확장할 수 없는 곳에 부동산을 가지고 있다.

4. 우리는 수년 동안 같은 사업을 해왔으며 좋은 평판을 유지하고 있다.

이 사실은 시장이 나빠질수록 더욱 빛이 난다. 은행들은 덩치가 큰 거래 제안이 들어올 때마다 우리에게 먼저 알려준다. 우선 은행이 우리를 믿기 때문이고, 자금 규모가 커서 다른 투자자들은 엄두도 내지 못하기 때문이다.

5. 우리는 아는 것만 한다

부동산에도 다양한 유형이 있다. 우리는 사무실이나 쇼핑센터에는 투자하지 않는다. 상업용 부동산은 주거용 부동산과는 다르다. 우리가 잘 아는 사업 분야가 아니다. 물론 현금이 넘쳐 주체할 수 없을 정도가 된다면 사업 분야를 확장할 수도 있을 것이다.

맥도날드의 창업자 레이 크록Ray Kroc이 사람들에게 "맥도날드가 무슨 사업을 하는 회사인지 아느냐?"고 물었을 때 사람들은 대부분 '햄버거'라고 대답했다. 하지만 레이 크록은 이렇게 대답했다.

"맥도날드의 사업 분야는 부동산입니다."

맥도날드는 패스트푸드 사업을 통해 부동산을 사들였다. 나는 아파트 임대사업을 통해 부동산을 사들인다. 자신이 하는 사업을 정확하게 알고 그 분야에 능숙해질수록 우리 신용은 높아진다. 지금처럼 신용이 경색되어 있는 상황에서도 좋은 신용은 좋은 빚, 즉 세금이 붙지 않는 빚을 쓸 수 있도록 해준다.

13
파생상품 사용법

지금의 금융위기는 부채담보부증권CDO이나 모기지증권MBS과 같은 금융 파생상품에 기인한 것이다. 간단히 말해서 이것은 빚의 파생상품이다. 이것을 무디스와 S&P가 멋지게 포장하여 AAA라는 딱지를 붙여 시장에 자산으로 팔았다.

서브프라임 대출자들이 대출금을 제대로 갚는 동안에는 아무 문제가 없었다. 은행은 돈을 빌려갈 사람을 찾아 다녔고, 집을 사려는 사람들이 늘어날수록 부동산 가격은 치솟았다. 하지만 빚을 갚지 못하는 대출자들이 하나둘 늘어나기 시작하자 은행은 그제야 대출을 제한하기 시작했다. 경매로 나오는 집은 쌓여가고 집을 살 사람은 줄어들면서 집값은 폭락했다. 전 세계 수백만 사람들의 부가 날아갔다.

하지만 금융 파생상품은 엄청난 금융 창출의 수단이기도 하다. 1996년 우리 부부는 우리 생각의 파생상품인 리치대드컴퍼니를 세웠다. 또한 우리 생각의 파생상품인 캐시플로 게임을 만들었으며, 《부자 아빠 가난한 아빠》를 비롯하여 이 책까지 만들어냈다. 이러한 게임과 책을 만들어낼 때 우리는 연방준비은행처럼 돈을 찍어내는 것이다.

지금 우리는 우리 생각의 파생상품인 리치대드컴퍼니를 통해 버는 돈으로 사업을 한다. 부동산에서 우리는 2차 모기지 대출을 통해 세금이 붙지 않는 돈을 끌어다 쓴다. 이 역시 또 다른 파생상품이다. 모기지 대출금은 임차인의 월세로 갚는다. 주식시장에서 나는 주로 콜옵션과 같은 내가 가진 주식의 파생상품을 팔아서 돈을 번다. 나는 파생상품만으로 돈을 벌어들이는 것이다.

명심하라. 당신의 가장 훌륭한 자산은 금융지식이다. 제대로 된 금융지식만 갖추면 자신만의 대량 금융 창출 파생상품을 발명할 수 있다.

14
부는 어떻게 빠져나가는가

개인 재정보고서를 보면 E/S에 속한 사람들이 왜 경제적 곤란을 겪는지 알 수 있다.

이 비용들은 모두 B/I에서 활동하는 사람들에게로 빠져나간다.

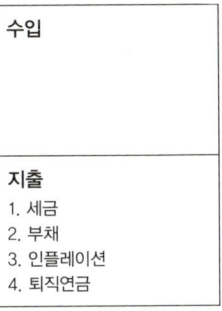

B/I에 있는 사람들은 세금 한 푼 내지 않고 수백만 달러를 합법적으로 벌어들일 수 있다. 빚을 이용하여 부를 늘리고, 인플레이션으로 수

익을 만들고, 주식, 채권, 뮤추얼펀드, 예금과 같은 위험한 종이자산으로 채워진 퇴직연금에도 가입하지 않는다.

E/S에서 돈을 벌기 위해 일하는 사람들과 B/I에서 현금흐름을 만들어내는 자산을 확보하기 위해 일하는 사람들 사이에는 커다란 차이가 있다.

15
실수하는 법

우리는 행동하지 않고 배울 수 없다. 행동하는 것은 곧 실수를 저지른다는 뜻이다. 아기에게 넘어지는 것을 야단치면 걸음마를 배우지 못할 것이다. 물에 들어가지 않으면 수영을 배우지 못한다. 책을 읽고 강의만 들어서는 비행기 조종법을 배우지 못한다. 학교에서는 책과 강의를 통해 아이들을 가르치면서 실수하면 가차 없이 처벌한다.

다음 그림은 학습 역삼각형이다. 우리가 가장 잘 배울 수 있는 방법을 설명한다. 읽기는 고작 10퍼센트만 기억에 남는다. 그다음으로 말로 하는 것, 즉 강의를 듣는 것은 20퍼센트가 기억에 남는다.

실제 경험을 시뮬레이션할 때 우리는 90퍼센트를 기억할 수 있다. 실제로 그 일을 해보는 것 다음으로 효과적인 학습 방법이다.

시뮬레이션이나 게임이 그토록 강력한 학습 도구가 될 수 있는 것은 실수를 통해 배울 수 있기 때문이다. 비행학교에서 나는 많은 시간을 비행 시뮬레이션을 하는 데 보냈다. 배우는 데 돈도 들어가지 않고

학습 역삼각형

2주 후 우리가 기억하는 경향		개입의 형태
우리가 말하고 행동한 것의 90%	실제 경험	능동적
	실제 경험 시뮬레이션	
	극적인 구성을 통한 연기	
우리가 말한 것의 70%	이야기하기	
	토론 참여	
우리가 보고 들은 것의 50%	실제로 이루어지는 것을 보기	수동적
	시연하는 것을 보기	
	전시된 것을 보기 시연하는 것을 보기	
	영상 보기	
우리가 본 것의 30%	사진 보기	
우리가 들은 것의 20%	말하는 것을 듣기	
우리가 읽은 것의 10%	읽기	

무엇보다도 안전하다. 비행 훈련을 하면서 많은 실수를 했지만, 실수를 통해 배움으로써 더 숙련된 비행사가 될 수 있었다.

내가 B/I에서 살아가는 것을 두려워하지 않는 한 가지 이유는, 어릴 때부터 부르마블 게임을 하면서 별장이나 호텔과 같은 자산을 통해 현금을 벌어들이는 힘을 이해했기 때문이다. 시뮬레이션 학습을 통해 현실세계의 투자를 배우는 것도 방법이다. 실수를 하고, 실수를 통해 배우고, 이로써 현실세상을 준비할 수 있게 된다. 사람들이 투자를 꺼리는 것은 실수를 할까 봐, 돈을 잃을까 봐 두려워하기 때문이다. 캐시플로 게임을 해보라. 실수를 해도 돈을 잃지 않는다. 종이돈일 뿐이다. 더 많이 실수할수록 더 영리해진다.

부자들의 게임에서 당신은 어느 편에 설 것인가

오늘날 금융 교육의 가장 큰 잘못은 은행가나 재정 설계사들을 학교로 초빙하여 아이들을 가르치는 것이다. 지금의 위기를 초래한 기관의 피고용자들이 아이들을 가르치는데, 어떻게 금융위기가 끝날 수 있겠는가?

이것은 금융 교육이 아니라 금융 착취다. 미래의 현금 강탈을 위해 사람들을 세뇌하고 준비시키는 것이다. B/I의 눈을 통해 세상을 바라볼 수 있도록 사람들을 가르쳐야 한다. 그래야 경제적으로 풍요롭고 기회가 넘치는 세상이 될 것이다.

최근 트럭 운전사에서 기업가로 변신한 사람을 만나 이야기를 나누었다. 그는 오랫동안 트럭을 운전하며 돈을 모았지만 경제적 안정을 느낀 적은 한 번도 없었다. 연료비가 오르고 상황이 악화되자 그는 회사에서 쫓겨났다. 그는 뒤늦게야 금융지식을 쌓고 금융 IQ를 높이기 시작했다. 그리고 마침내 화물운송 프랜차이즈 사업을 시작했다. 자신이 잘 알고 있는 분야였다. 기업가가 된 것이다. 이제 그는 경제적으로 자유롭다.

기업가가 되기 전에 그는 세상의 가능성은 제한되어 있다고 생각했다. 장시간의 노동, 낮은 임금, 높은 세금, 치솟는 물가, 각종 연금과 보험료로 숨 쉴 틈이 없었다. 지금 그는 세상이 무한한 기회로 가득 차 있다고 생각한다. 마음가짐을 바꾸고 E의 시선에서 B/I의 시선으로 세상을 바라보기 시작하면서 그의 삶도 완전히 바뀌었다. 그는 회사에서 쫓겨난 뒤 실업자로 살아갈 수도 있었고, 다른 일자리를 찾을 수도 있었다. 하지만 그는 금융지식을 높이는 일을 선택했다.

바로 이와 같은 이유로, 나는 사람들에게 돈을 주는 것으로는 문제가 해결되지 않는다고 믿는다. 배고픈 사람에게 물고기를 던져주는 일은 이제 멈춰야 한다. 그 대신 물고기를 잡는 방법을 가르쳐줌으로써 스스로 경제적인 문제를 해결할 수 있게 해야 한다. 금융 교육은 세상을 바꾸는 힘이 있다. 돈이 있든 없든 모든 사람들, 모든 학생들이 금융 교육을 제대로 받았을 때 우리의 미래는 어떤 모습으로 바뀔까?

부자들의 음모를 탐구하는 여정이 어느새 막바지에 다다랐다. 이 책은 끝나지만 이야기가 끝난 것은 아니다. 당신의 이야기는 이제부터 시작이다. 학교에서 가르치지 않는 15개의 과목을 되새기면서 자신의 금융 IQ를 높여보라. 나의 부자 아빠가 그러했듯이 아이들에게 가르쳐 보라. 이 교훈에 따라 살아보라. 아이들에게 이 교훈에 따라 살도록 지도하라. 부자들의 게임에서 어떤 편에 설 것인지는 당신의 선택에 달려 있다. 자기 자신과 사랑하는 사람들을 위해 우리는 모두 부자의 삶을 선택해야 한다.

리치대드컴퍼니의 사명은 책, 게임, 제품, 세미나, 고급 교육, 코칭 프로그램을 통해 우리 모두의 경제적 행복을 높이는 것이다. 이 책이 인터넷을 통해 퍼져나간 것과 마찬가지로 리치대드컴퍼니의 메시지, 부자들의 삶, 경제적 자유도 전 세계로 퍼져나가기를 바란다. 우리는 전 세계 사람들의 경제적 행복을 높일 수 있다. '지식이 새로운 돈'이고 '우리 생각이 가장 위대한 자산'이라는 메시지를 퍼뜨릴 수 있다.

에필로그

부자가 되고 싶다면 부자들의 언어를 써라

우리는 끊임없이 경제적으로 세뇌를 당해왔다. 우리 주변에서 매일같이 현금 강탈이 일어나는데도 아무것도 보지 못하는 것은 말을 통해 우리 자신의 잠재력을 스스로 무시하도록 경제적으로 프로그래밍되어 있기 때문이다. 우리는 아무 생각 없이 절대 자신은 부자가 될 수 없다고 주문을 외고 있다.

말은 우리를 부자로 만들어주기도 하고 가난하게 만들기도 한다. 어떤 말을 쓰느냐에 우리의 운명이 바뀌는 것이다.

학교는 우리에게 4/4분면의 E/S에 들어가 평생 가난한 삶을 살라고 등을 떠미는 역할을 할 뿐이다. 우리가 자라면서 학교나 가정에서 들어왔던 경제적 지혜들은 사실 우리의 잠재성을 훔쳐가고 온순한 사람으로 길들이기 위한 것이었다. B/I의 사람들에게 힘들게 번 돈을 알아서 갖다바치게 하려는 음모인 것이다. 금융 교육을 받지 못한 많은 사람들이 평생 E/S에 남게 된다.

우리 지도자들은 E/S에서 B/I으로 옮겨가기 위한 길을 찾아보라고 격려하지 않는다. 그들은 더 많은 돈을 벌려고 욕심내지 말고 버는 한도 안에서 먹고살라고 말한다. 하지만 버는 한도에서 먹고살라는 말은 우리 영혼을 죽이는 것이다.

E/S에 속한 사람들의 돈은 세금, 빚, 인플레이션, 퇴직연금을 통해 계속 빠져나가고 있다. 우리의 부를 빼내가는 거짓 조언들이 우리 잠재성을 어떻게 박탈하는지 보여주는 예들을 살펴보자.

세금: 좋은 학교를 나와서 든든한 직장을 잡아라

이 말은 가장 높은 세율로 세금을 내는 피고용자가 되게끔 세뇌한다. 아이들에게 열심히 일해서 돈을 많이 벌라고 조언하는 것은, 곧 아이들에게 열심히 돈 벌어서 세금을 많이 내라고 부추기는 것이다.

B/I의 마음가짐으로 교육을 받은 사람들은 전혀 다른 규칙에 따라 움직인다. 더 많은 돈을 벌면서도 세금은 적게 내거나, 전혀 내지 않는다. B/I에 속한 사람들은 합법적으로 세금을 한 푼 물지 않고서도 수백만 달러를 벌어들인다.

빚: 집부터 사라. 뭐니 뭐니 해도 집이 가장 큰 자산이다

사람들에게 집에 투자하라고 말하는 것은 사람들에게 빨리 은행에 가서 빚을 얻으라고 광고하는 것이다. 집은 자산이 아니라 부채다. 주머니에서 돈이 빠져나가게 하기 때문이다. 또 집보다 더 좋은 투자 대상은 없다고들 말한다. 그렇지 않다. 집은 절대 당신 주머니에 돈을 넣어주지 않는다. 금융위기 속에서 진실은 더욱 분명하게 드러난다.

B/I에 있는 사람들은 빚을 이용하여 아파트와 같은 현금이 나오는 부동산을 산다. 주머니에서 돈을 빼내가는 자산이 아니라 돈을 넣어주는 자산을 사는 것이다. 그들은 좋은 빚과 나쁜 빚의 차이를 잘 안다.

인플레이션: 돈을 아끼고 저축하라

은행에 돈을 저축하는 것은 통화량을 높여서 인플레이션을 발생시키는 결과를 낳는다. 이것은 역설적으로 저축한 돈의 가치를 떨어뜨린다. 부분지급준비금제도에 의해서 은행은 개인의 저축을 몇 배로 튀겨서 빌려줄 뿐만 아니라 예금에 대해 지급하는 이자보다도 훨씬 높은 대출이자를 적용하여 돈을 거둬들인다. 다시 말해 은행에 예금을 하는 것은 자신의 구매력을 스스로 떨어뜨리는 것이다. 저축이 늘어날수록 인플레이션도 높아진다.

그래도 인플레이션은 디플레이션보다 나은 편이다. 디플레이션은 훨씬 파괴적이며 쉽게 멈추지 않는다. 문제는 어마어마한 구제금융과 경기부양책으로 디플레이션을 막지 못했을 때, 정부가 찍어낸 엄청난 돈은 하이퍼인플레이션을 불러오고 예금자는 결국 실패자가 되고 만다는 것이다.

당신이 저축하는 돈은 은행에게 더 많은 돈을 찍어낼 수 있게 해주는 면허증과 같다. 이러한 개념을 이해한다면, 금융지식을 제대로 갖춘 사람들이 부당한 혜택을 누릴 수밖에 없다는 사실을 알게 될 것이다.

퇴직연금: 주식, 채권, 뮤추얼펀드에 골고루 분산하여 장기투자하라

이것이 바로 월스트리트를 오랫동안 부자로 만들어준 지혜다. E/S에 속하는 수백만 명이 매달 월급을 그들에게 보내고 싶어한다. 나는 이렇게 묻고 싶다. 내 돈을 합법적으로 찍어내는 방법을 안다면 월스트리트에 내 돈을 줄 필요가 있는가?

학교에서 금융 교육을 빼버림으로써 부자들의 음모는 성공했다. 일상적으로 현금 강탈이 벌어지는 현상을 다들 자연스럽게 받아들이게 된 것이다. 자신의 삶을 바꾸고 싶다면, 말부터 바꿔라. 부자들이 쓰는 말을 써라. 금융 교육은 부당한 혜택을 가져다줄 것이다.

'지식이 새로운 돈이다.' 이것이 내가 말하고자 하는 진실이다. 끝까지 읽어준 독자들에게 감사한다.

인터넷으로 독자들과
직접 교류하며 쓴 첫 책

《부자들의 음모》를 처음 기획했을 때는 어떤 결과물이 나올지 전혀 예상하지 못했다. 인터넷을 통해 독자들과 상호작용하며 책을 쓴다는 것은 매우 낯설고 새로운 발상이었지만, 나를 흥분시키기도 했다. 경제위기가 실시간으로 전 세계에 퍼지고 있었기 때문에 나 또한 실시간으로 책을 써내려가야 했다.

기존의 방식으로 책을 썼다면《부자들의 음모》는 1년, 아니 몇 년이 걸렸을지도 모른다. 내 생각을 종이 위에 글자로 만들어내는 동안 경제위기가 지나치게 깊어지거나 또는 경제위기가 모두 끝나버려 정작 이 책은 아무 도움도 주지 못하고 무용지물이 되었을 것이다. 빠르게 변하는 경제 상황과 인터넷을 통한 독자들의 열정적인 피드백을 보면서 나는 이 모험적인 방식에 확신을 가질 수 있었다.

한 장 한 장 쓸 때마다 세계적인 대형 사건들이 이곳저곳에서 터져

나왔다. 베트남에서 헬리콥터를 타고 사방에서 총알이 날아오고 폭탄이 터지는 전장을 누비며 임무를 수행하던 시절이 떠올랐다. 내가 베트남에서 임무를 무사히 완수했듯이, 이 책 역시 완벽하게 끝냈다.

수년 동안의 경험을 통해 나는 사람들이 쉽게 이해할 수 있는 현실적인 금융지식에 갈증을 느낀다는 사실을 알았다. 나는 또한 수많은 사람들이 정치인들과 경제에 좌절하고 실망하고 두려워하고 있다는 것을 알았다. 이 책에서 나는 우리 경제 현실과 연관된 금융지식을 쉽고 직설적인 방식으로 설명함으로써 이러한 갈증과 두려움을 해결해주고 싶었다. 물론 보통 사람들의 생각, 두려움, 기쁨까지 그대로 보여줌으로써 독자들의 목소리를 그대로 전달하고 싶었다.

무엇보다도 나를 놀라게 했던 것은 독자들의 반응이었다. 정말 나는 감동을 느꼈다. 기대했던 만큼 지적이고 세련된 질문이나 코멘트, 또는 통찰이 제대로 올라오지 않을 수도 있다는 우려를 불식하고, 독자들의 피드백 수준은 정말 놀라웠다. 그리고 이 책의 내용과 형식에 엄청난 영향을 미쳤다. 독자들이 전하는 경험과 관점은 믿을 수 없을 만큼 폭넓고 다양했다.

인터넷을 통해 《부자들의 음모》를 집필하면서 우리가 거둔 성공은 실로 엄청난 것이다. 그중에서도 눈에 띄는 놀라운 기록을 몇 가지 소개하자면 다음과 같다.

- 3,500만 번이 넘는 페이지뷰
- 웹사이트 방문자 120만 건 이상
- 167개국에서 접속, 회원 가입 독자 9만 명

- 댓글 1만 개 이상
- 《부자들의 음모》에 관한 내용을 전 세계에 퍼뜨려준 2,000명 이상의 블로거

이러한 성공을 거둘 수 있었던 것은 바로 독자 여러분 덕분이다.

《부자들의 음모》 커뮤니티에 참여하고, 이 프로젝트가 큰 성공을 거둘 수 있도록 힘이 되어준 여러분에게 개인적으로 감사를 표한다. 지금 손에 들고 있는 이 책은 내가 만든 것이기도 하지만 여러분이 만든 것이기도 하다. 여러분의 생각, 코멘트, 질문은 이 책 내용에 상당한 영향을 주었다. 실제로 수많은 코멘트를 이 책 속에 넣기도 했다.

우리는 출판의 역사를 함께 만든 것이다.

우리는 부자들의 음모를 함께 폭로한 것이다.

모든 이들에게 감사한다.

— 로버트 기요사키